中国马球
POLO IN CHINA

近现代篇

王婧婵
王国华　　著
栾　奕

文物出版社

图书在版编目 (CIP) 数据

中国马球 / (加) 王婧婵 , (加) 王国华 , (加) 栾奕著 . -- 北京 : 文物出版社 , 2023.9
ISBN 978-7-5010-7996-4

Ⅰ. ①中… Ⅱ. ①王… ②王… ③栾… Ⅲ. ①马球运动 – 体育运动史 – 中国 – 图集 Ⅳ. ① G882.392-64

中国国家版本馆 CIP 数据核字 (2023) 第 045058 号

中国马球

著　　者　王婧婵　王国华　栾奕
责任编辑　孙漪娜　王霄凡
责任印制　王芳
书籍设计　XXL Studio　刘晓翔　张宇
出版发行　文物出版社
地　　址　北京市东城区东直门内北小街 2 号楼
邮　　编　100007
网　　址　http://www.wenwu.com
经　　销　新华书店
印　　刷　北京雅昌艺术印刷有限公司
开　　本　787mm×1092mm　1/8
印　　张　64.5　插页 5
版　　次　2023 年 9 月第 1 版
印　　次　2023 年 9 月第 1 次印刷
书　　号　ISBN 978-7-5010-7996-4
定　　价　1680.00 元

前言

《中国马球》近现代篇，介绍了马球在中国近现代的发展历程，展现了从清朝末年现代马球传入中国到2005年前后中国马球的发展状况。清末及民国时期，现代马球通过生活或驻扎在上海、北京、天津等地的外国人传入中国。起初我们认为近现代马球不过百年多的历史，还可能找到马球历程的见证人和他们的后代，搜集相关资料图片应该是件容易的事情，但事实往往和想象不同。近年关于中国古代马球历史研究的学术专著和论文较多。但关于中国近现代马球的研究专著和论文却较少，只有庞复庭、王士斌根据个人经历总结出的一段近现代马球历史，但也没有形成系统的成果和图录。显然，中国近现代马球的相关图片和资料不像中国古代马球文物一样，能够集中在博物馆、考古所等机构。于是，我们首先通过深入检索民国时期的报刊，查找当年马球赛事和活动的资料，尤其是华人马球手、马球队及各种马球赛事奖杯等；其次联系查找海外相关数据库中的资料和图片；最后，通过现场实地调研获得一手资料。通过不懈努力，我们取得了意想不到的收获。

民国时期报刊检索

通过查阅大量清末及民国时期的报刊，如《字林西报》《大陆报》《北华捷报》《字林西报行名录》《上海泰晤士报》《竞乐画报》《申报》《时报》《南洋商报》《新闻报图画附刊》《海峡时报（新加坡）》《东方杂志号外·第六届全运会画刊》《体育世界（上海1935）》等，我们基本厘清了西方人在上海、北京、天津、青岛、汉口、香港等地打马球的活动脉络，同时梳理出这一时期华人马球手和马球队的相关信息。

1932年，上海出现了第一支由中国人组成的马球队。1932年8~9月，在《大陆报》和《上海星期日泰晤士报》上分别刊登了队员的英文名：William Hu、L. P. Wong Quincey、T. Y. Tung和Z. L. Koo。但对于他们的中文名和个人背景，报纸上却没有介绍。通过检索大量当时的报纸，反复查阅中英文资料，我们最终确定了他们的中文名字——胡惠林、王昆山、童振远和顾兆麟。这四名马球手在上海江湾跑马场的马球会组成了中国人的马球队。关于国民革命军第三十二军马球队与上海外国联队马球队的比赛情况，庞复庭在《中国马术运动史》中撰写的比赛经历和《1935年英国赫林汉姆马球协会年鉴》描述的信息以及当时报纸上的报道并不完全一致，我们经过反复阅读和比对，最终确定了甲乙两队四场比赛的成绩，还原了比赛的实际情况。

海外的图片资料库

在中国近代马球资料和图片的查询过程中，收集海外图片资料也是重点之一。资料来源包括英国布里斯托大学的中国历史照片网站、英国达勒姆郡档案办公室、英国报刊数据库、英国女王皇家军团萨里郡档案馆、美国国家海军陆战队博物馆、美国萨姆休斯敦州立大学牛顿格雷森图书馆，还有在美国北卡罗来纳州格林斯博罗市的诺伍德·阿乐满后人提供的资料等。由此，我们收集到了许多民国时期外国人在上海、北京、天津等地租界打马球的珍贵资料，丰富了中国近代马球的相关史料。

实地走访和调研

我们对中国近现代马球的发源地上海、北京、天津和呼和浩特进行了实地走访和调研。尽管岁月流逝，物是人非，但每到一处曾经的马球场和相关建筑，我们都能联想到当年马球赛上球手们风驰电掣的英姿，感受到当时球员打马球的激情，记录当年的马球历程也就成了我们的一种情怀。在上海，我们到人民公园和人民广场，也就是当年的上海跑马总会马球赛场的位置体验一番。当年的马球场变成了人民广场，当年的跑马总会大楼变成了现在的上海历史博物馆，巍峨高耸的建筑仿佛依然向人们诉说着当年的马球赛事。我们还拜访了复旦大学历史系陈雁教授，她根据史料推断当年的江湾跑马场就是现在的复旦大学学生公寓区。我们还与上海的马球奖杯收藏家陈骏捷先生会面，了解到他是如何从海外拍卖行拍得这几件马球奖杯的。在北京，当年崇文门附近的马球场已经变成了东单公园和东单体育中心。在天津，我们重访五大道，在马场道上寻找当年的骑马痕迹，从400多米高的天塔上俯视天津干部俱乐部和周边的环境，遥想当年外国跑马场上的赛马和打马球场景。在呼和浩特，我们走访和联系了数位20世纪50~60年代的马球名家及其后人。首先拜访了内蒙古体育职业学院殷俊海先生，他竭尽所能提供了各个方面的信息；接着拜访了原内蒙古自治区马球队教练和裁判白明老师，白明老师特意从外地赶回来，邀请我们到他家做客，把他整理出的相关照片和资料交给了我们；又冒雨驱车30多千米走访了仍在担任内蒙古奥威马业马球教练的原内蒙古自治区马球队队员图门陶格陶（1972年9月9日加入内蒙古自治区马球队），听他回忆当年的各种赛事，辨认当年图片中的人物；之后还联系上20世纪50年代著名马球球员赛吉拉乎先生的儿子陈双玉，他也是原内蒙古自治区马球队队员，他春节回家期间整理了赛吉拉乎留下的一手资料和图片，邮寄给我们翻拍。还联系到庞复庭先生的儿子庞立煌和女儿庞丽勤、常胜先生的儿子常巴特尔，请他们帮助辨认当年的照片，得到了不少相关信息。在此，向他们表示由衷的感谢和敬意！

新疆塔吉克族马球

在开始编写本书前，我们对新疆塔吉克族的石头城马球场早有耳闻。塔吉克族男子从小在马背上成长，很多都是打马球的高手，然而他们留下的文字记录非常少，只有在牧歌和民谣中有一些零星的记忆世代相传。我们搜索到郭红霞在2013年完成的硕士学位论文——《新疆塔吉克族马球研究》，现在郭红霞已经是北京师范大学克拉玛依附属学校的一名教师。之后，我们联系到新疆维吾尔自治区塔什库尔干塔吉克自治县非物质文化遗产保护中心的都力坤·米那瓦尔老师，他提供了打马球的塔吉克族人、旧马球场遗址及保存至今的毛丸马球、球杆、计时器等珍贵照片。

我们编著的本书近现代篇通过大量的图片，把现代马球传入中国以及现代马球在中国的发展历程展示给读者，期盼它能为当代中国马球的复兴和繁荣贡献一份力量！

王婧婵 王国华 栾奕

2022年12月2日

目 录

1859
1945
年

1978—2005年

四 中国现代马球进入新时代 / 171

一 现代马球传入中国

1859
1945
年

现代马球（Modern Polo）和古代马球相关，且其发展脉络有明确的时间节点。名曰现代马球，实际发端于近代，为与古代马球相区分，故称现代马球。

现代马球开端于1859年印度东北部的曼尼普尔地区。当时驻扎在印度的英国中尉约瑟夫·谢勒（1829~1901年）看到当地人在打马球，被马球运动带有的军队骑兵气质深深吸引，他决定："我们必须学习这项运动！"1859年3月，在印度东北部卡查尔的一个小镇，英国上尉罗伯特·斯图尔特在他的房间里举行了一次会议，这位英国军官和当地的7名茶农共同成立了近代第一家马球俱乐部——西尔查马球俱乐部，这是现代马球的开端。约瑟夫·谢勒中尉作为罗伯特·斯图尔特上尉的助手也出席了这次会议。保留在印度的古老马球传统由英国人主导，开启了现代化的历程，现代马球从此发展并传遍全世界。

自1840年鸦片战争以来，清政府被迫签订了中国近代史上一系列的不平等条约，外国使、领馆陆续建立，各通商口岸被迫开放，欧美各国的政界、外交界、经济界、文化界和宗教界人士纷纷进入我国，他们携家带口，划地而居，外国军队也堂而皇之地进入中国。清末、民国时期，外国人在北京的使馆界及上海、天津、青岛、汉口等地的租界内相继修建了马球场，组建了马球队和马球会，举办马球比赛。马球一度成为最受在华西方人欢迎的运动之一。

I 1861年在印度曼尼普尔的约瑟夫·谢勒和他的随从

约瑟夫·谢勒出生于1829年，1848年加入孟加拉军队，1879年退役，1901年去世。1859年，在阿萨姆的卡查尔期间，他与罗伯特·斯图尔特上尉和7个当地茶农一起建立了世界上第一家马球俱乐部——西尔查马球俱乐部。因此，1859年也被认为是现代马球的开端之年。1864年，谢勒领导组建了曼尼普尔马球队。由于在卡查尔、加尔各答和曼尼普尔对现代马球的开拓贡献，约瑟夫·谢勒赢得了“现代马球之父”的称号。1973年，印度加尔各答马球俱乐部开始举办“谢勒奖杯联赛”。

1863年1月，在印度的西尔查康加俱乐部会议上，第一个英语版的马球规则被制定。同年4月，加尔各答马球俱乐部创立，该马球俱乐部分别于1906年、1908年和1909年获得当年的印度马球协会公开赛冠军，是世界上现存最古老的马球俱乐部之一。此后，英国人把现代马球带到世界各地——1868年马球在马耳他出现，1869年在英国出现，1870年在爱尔兰出现，1875年在阿根廷出现，1876年在美国出现。

1873年4月，英格兰蒙茅斯郡马球俱乐部制定了马球规则并予以公布。1875年5月12日，英格兰赫林汉姆马球俱乐部制定的马球规则公布。赫林汉姆马球俱乐部由弗兰克·希思科特于1869年创立，是英国韦斯特切斯特杯比赛和1908年奥运会马球比赛的场地，在英国和世界马球管理机构中一直处于领导地位。 最初，英国赫林汉姆马球俱乐部试图将马球马的身高限制在14手掌高，1895年提高到14.2手掌高，但最终在1919年放弃了这一限制。现如今，大多数马球马在15.1手掌高左右。

1875年，英国人把马球带到了阿根廷。1875年8月30日，阿根廷第一场马球比赛在布宜诺斯艾利斯省兰乔斯附近的内格里特庄园举行。这个庄园的主人大卫·申南成为阿根廷马球运动的先驱。阿根廷人用当地的克里奥罗马和纯血种马杂交出优秀的马球马。优秀的马球马具有速度快、耐力久和灵活性强的特点，能够将所有的精力集中在比赛上。

美国《纽约先驱报》的出版商詹姆斯·戈登·贝内特在英国之行中第一次观看了马球比赛，1876年初，他带着马球球杆、球和一本《赫林汉姆马球规则》回到纽约。1876年春天，在韦斯特切斯特县的野外，美国第一家马球俱乐部——韦斯特切斯特马球俱乐部成立。马球比赛这项运动很快就在北美各地流行。1886年，在美国罗得岛州的纽波特举行的第一场韦斯特切斯特杯马球比赛中，英国队击败了美国队。1890年，美国的7个俱乐部联合成立了美国马球协会（USPA）。1900年，美国马球俱乐部达到了23家。

1890年，美国马球协会首次颁布了马球规则。1892年3月，管理整个印度的马球比赛的印度马球协会成立，并且颁布了马球规则。这些规则与公认的赫林汉姆规则基本一致。因此，在马球比赛的早期，世界各地的马球手都是按照几乎完全相同的规则进行比赛的。

·

约瑟夫·谢勒肖像

·

1861年在印度曼尼普尔的约瑟夫·谢勒和他的随从

英国国立陆军博物馆藏

2 1873年5月22日上海《字林西报》刊登马球规则相关消息

1873年5月22日，上海的英文报纸《字林西报》刊登了印度曲棍球俱乐部马球规则（马球通常被称为马上曲棍球），这可能是中国关于现代马球的最早报道：

我们刊登了“马球”的比赛规则，“马球”在孟买非常受欢迎，在上海也应受到欢迎。这项运动很像一场马上的曲棍球比赛。良好的骑术显然是一名优秀马球运动员所应具备的主要能力，而我们在上海有许多热情的骑手，以及相当数量的能够达到所需高度的马球马。如果能够建立“马球俱乐部”，那么毫无疑问，这项运动在印度和国内都会受到欢迎。棒球场地可以用作马球比赛的场地，当然曲棍球棒和球也可用于马球比赛中。

……

马球场地长200码、宽200码；马球马的最高高度为13手掌高；参加任何比赛的大多数会员都有权排除任何踢、咬或其他令人反感的马球马；当击球越过底线时，应允许发球方将球带出10码，并进行任意击球，发球方的其他球员都保持在发球球员的身后，直到他击球为止。

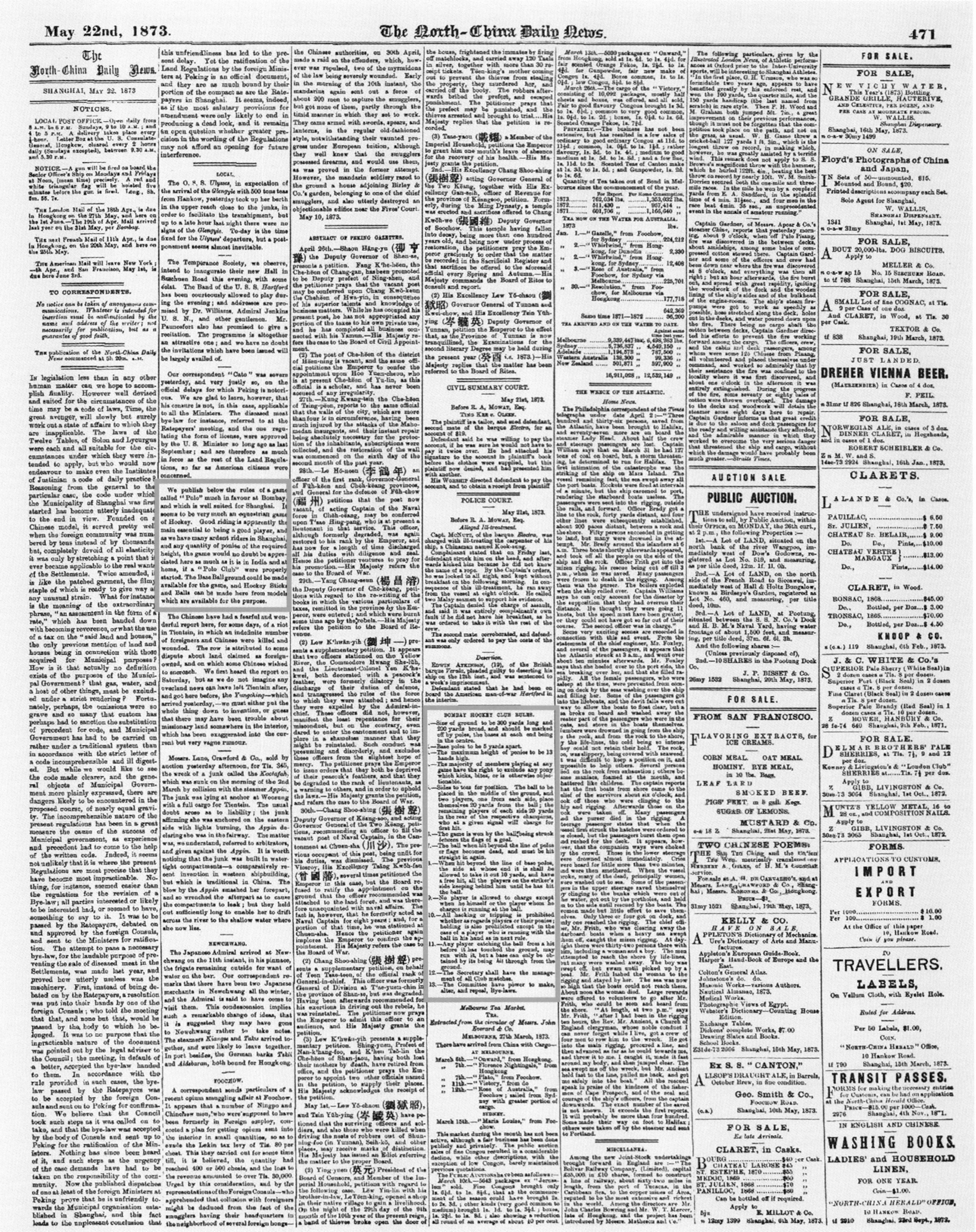

May 22nd, 1873. The North-China Daily News. 471

The North-China Daily News.

SHANGHAI, MAY 22, 1873

NOTICES.

TO CORRESPONDENTS.

LOCAL.

NEWCHWANG.

FOOCHOW.

ABSTRACT OF PEKING GAZETTES.

CIVIL SUMMARY COURT.

POLICE COURT.

BOMBAY HOCKEY CLUB RULES.

THE WRECK OF THE ATLANTIC.

MISCELLANEA.

FOR SALE.

AUCTION SALE.

PUBLIC AUCTION.

FROM SAN FRANCISCO.

TWO CHINESE POEMS.

KELLY & CO.

Ex S. S. "CANTON,"

CLARETS.

DREHER VIENNA BEER.

KNOOP & CO.

J. & C. WHITE & Co.'s

FORMS.

IMPORT AND EXPORT

TRAVELLERS.

LABELS,

TRANSIT PASSES.

WASHING BOOKS.

1873 年 5 月 22 日上海《字林西报》刊登马球规则相关消息

3 1885年6月12日上海《字林西报》刊登马球赛消息

1885年6月12日,《字林西报》刊登上海轻骑兵马球会第一次马球赛的消息。这是上海轻骑兵马球会成立以来第一次举行马球比赛，对阵双方分别为蓝白队和黑红队。双方进行了一个小时的激烈比赛，最终黑红队以3比0战胜蓝白队。

1845年上海开始出现租界。1850年英国商人霍格在英租界内开辟第一所跑马场——上海跑马总会，又称上海跑马厅；1854年在南京东路、浙江路一带修建了第二所跑马场；1861年在南京路南侧建设第三所跑马场。1898年上海跑马总会成立了马球会（一般称为“上海马球会”），在上海跑马总会赛马场辟出专用的马球场地进行马球比赛。1908年，上海富商叶澄衷之子叶贻铨集资筹建江湾跑马场，这是由中国人建立的最早的跑马场。1911年后江湾跑马场吸收外资与洋人股东加入，并请外国人管理，后改名为万国体育会。江湾跑马场的中心空地建有看台、餐厅、舞厅等豪华设施。1928年英国人海斯在江湾跑马场创办了江湾马球会并开展马球活动和比赛，其马球场设在江湾跑马场的中心位置。复旦大学历史系陈雁教授根据相关史料，推测当年江湾跑马场的位置就是现在的复旦大学北区学生公寓区。1936年上海跑马总会作为万国体育会的债务担保人，收购了万国体育会62.5%的股票，1938年接收了万国体育会的全部资产，上海跑马总会成为江湾跑马场所有场地的主人。

基于上海跑马总会和江湾跑马场，两个具有专业性质的、以外国人为主的马球会——上海马球会与江湾马球会形成。它们是上海主要的马球会，活跃着多支外国人组成的马球队，如美国军人马球队、海军马球队、轻骑兵马球队、牛仔马球队、混合烧烤马球队、蓝猪马球队等。上海马球队和江湾马球队分别隶属于这两个马球会，它们之间相互进行比赛，也共同组队参加全国的盖西克杯通商口岸马球联赛。1936年9月19日的上海《竞乐画报》报道：江湾马球队在对阵上海马球队的比赛中打入制胜一球。

上海俨然成为当时中国的马球运动中心，马球活动此起彼伏，马球赛事层出不穷。活跃在上海马球会和江湾马球会的各支马球队，代表着当时中国马球技术与战术的最高水平。

SHANGHAI LIGHT HORSE POLO CLUB.

BLUE AND WHITE *v.* BLACK AND RED.

This match, the first since the formation of the Club, was played last evening on the grazing ground inside the Race Course. The following were the sides :—

Blue and White: Messrs. Keswick (Capt.), Hough, Fabris, Rennie, Bell-Irving, Malherbe and Howie.

Black and Red: Messrs. Liddell (Capt.), Hutchings, Wickham, Milles, Buck, Morgan and Hall.

After one hour's play, the match resulted in a victory for the Black and Red by three goals to nil. Mr. Buck secured the first goal for Mr. Liddell's side, and Mr. Hutchings, playing in capital form, finished off the match by obtaining two goals in quick succession. For the Blue and White, Messrs. Keswick and Hough did excellent work.

It is hoped that the Club will be the means of securing a large number of desirable recruits for the Light Horse.

1885 年 6 月 12 日上海《字林西报》刊登马球赛消息

4 1904年英国人乔治·诺尔斯在天津打马球

此为乔治·斯坦利·诺尔斯1904年在天津打马球的照片，这是目前查到的最早的在天津进行马球活动的照片。此外，20世纪20~30年代，还有一些天津马球活动的相关报道：

1921年10月2日《大陆报》报道：10月1日在北京举行的通商口岸马球联赛比赛中，北京马球队以5比0战胜天津马球队。虽然天津马球队的坐骑很好，但北京马球队在骑行、击球和团队合作方面更胜一筹。

1923年9月23日《大陆报》报道：在通商口岸马球联赛中，天津马球队战胜汉口马球队。

1925年10月15日《大陆报》报道：10月10日在北京举行的通商口岸马球联赛福布斯杯比赛中，天津马球队以2比1战胜北京马球队，获得了福布斯杯。

1930年9月25日《上海泰晤士报》报道：在北京举行的通商口岸马球联赛比赛中，天津马球队以7比5击败北京马球队。

1933年8月10日《上海泰晤士报》报道：天津通商口岸马球队在上海江湾马球场竞争盖西克杯。

1904 年英国人乔治·诺尔斯在天津打马球

5 1904~1906 年 龙纹图案马球比赛奖杯

这件有龙纹图案的马球比赛奖杯的时代为1904~1906年，是上海收藏家陈骏捷的私人收藏。有人推测奖杯上的“TPC”字样为天津马球俱乐部（Tientsin Polo Club）的缩写。另外一件1900~1903年的有同样龙纹图案的“TPC”马球奖杯由国际马球联合会（FIP）前主席尼古拉斯·科尔古洪-丹佛收藏。

1904~1906 年龙纹图案马球比赛奖杯（正、背）

陈骏捷藏

6 1906 年外国人在北京天坛打马球的茶歇场景

此照片为1906年外国人在北京天坛附近打马球的茶歇场景，其中一人手持马球杆面向镜头。图片来自英国布里斯托大学建立的中国历史照片网。

1906 年外国人在北京天坛打马球的茶歇场景

英国布里斯托大学中国历史照片网提供

7 1910年前后英国人多萝西·科布与中国马夫和马球马

1910年前后，英国人多萝西·科布（1889~1963年）与中国马夫和马球马的合影。多萝西·科布的祖父威廉·维恩·德莱蒙德（1842~1915年）是当时上海的一位著名律师，有一个专门饲养马球马的大型马房。照片中的马应该是德莱蒙德的马球马。德莱蒙德在中国生活了四十年，他居住的别墅是当时上海最好的别墅之一，位于现在的上海市静安区华山路263弄7号，是上海市静安区文物保护点。

1910年前后多萝西·科布与中国马夫和马球马合影

英国布里斯托大学中国历史照片网提供

1910 年前后的德莱蒙德住宅的私人马房

英国布里斯托大学中国历史照片网提供

保留至今的德莱蒙德住宅及文物保护点标识

作者摄影

8 1910~1931 年 美国海军陆战队在北京打驴球

20世纪20~30年代，美国海军陆战队驻扎在北京的美国大使馆，负责大使馆安全警卫。在北京马球会的活动中，美国海军陆战队马球队出现在安格联夫人杯、总统杯等的比赛中。美国海军陆战队开展的各项马球活动中有骑驴打球的驴球比赛。

1910 年美国海军陆战队在北京打驴球

1931 年美国海军陆战队在北京打驴球

20 世纪 30 年代美国海军陆戋队在北京打驴球

约翰 · 托马森摄影

美国萨姆休斯敦州立大学牛顿格雷森图书馆藏

9 1912年和1914年 青岛汇泉跑马场的马球活动

1912年普鲁士海因里希亲王在青岛观看了马球比赛，并和球员合影留念。

近代中国，青岛先后被德国、日本等列强侵占。由于战乱，此地的跑马会活动和马球比赛时断时续。

1897年德国人来到青岛，1899年在太平山南麓建造兵营，并将这片占地面积约36万平方米的空地进行平整，作为德军的练兵场和运动场。1903年德国人把练兵场正式改为跑马场，即汇泉跑马场，在周边建起阶梯式看台，并于每年的春季和秋季定期举行跑马会。这是德国占领军的重要节日。跑马会当天，男士们全部西装革履，女眷们则头戴大宽沿帽，身着各色衣裙，打着太阳伞端坐在看台上。参加比赛的球员几乎全部是德国人。1909年8月18日的《字林西报》报道：青岛马球队访问上海，与上海马球队竞争盖西克杯。由于香港队不能派出球队来沪比赛，因此香港队退出本季争夺盖西克奖杯的通商口岸马球联赛。青岛马球队于8月16日搭乘轮船抵沪，在码头受到本地马球会成员迎接；在比赛前一日，青岛和上海两支马球队参与集训，并进行了练习赛。

第一次世界大战爆发后，日本以“英日同盟”为借口对德宣战，攻占青岛。英国赫尔顿档案中的记载和照片显示，1914年英国特遣部队球员在青岛汇泉跑马场开展过马球活动。

20世纪20~30年代，汇泉跑马场已经与上海、天津、汉口、香港的跑马场齐名。跑马活动多在周末举办，到了跑马日，汇泉跑马场人山人海，颇为壮观。跑道之内的场地还设有马球运动区域，开展马球活动。从1938年日军第二次侵占青岛到青岛解放前，跑马场的经营断断续续。1945年驻青岛日军的投降仪式也在这里举行。

1912年普鲁士海因里希亲王访问青岛并与马球队合影

1914年英国特遣部队球员在青岛汇泉跑马场打马球

1. Prinz Heinrich, 2. Fregattenkapitän Richter, 3. Hauptmann Mansfeld, 4. Oberleutnant Huguenin, 5. Vizekonsul Eckford, 6. Richter Lehmann, 7. Referendar Dr. von Eynern, 8. Leutnant von Fassong, 9. Stabsarzt Dr. Wendt, 10. Oberleutnant zur See Bieler, 11. Hauptmann Ahlemann, 12. Hauptmann Perschmann, 13. Referendar Dr. Borchers, 14. Kapitänleutnant Kleine, 15. Oberleutnant zur See Carl, 16. Landrichter a. D. Dr. Romberg, 17. Kapitänleutnant Lohmann, 18. Oberleutnant zur See Witzell, 19. Oberleutnant zur See Jacobi.

Prinz Heinrich von Preußen, der Gründer des Tsingtau-Polo-Clubs, im Kreise der Mitglieder.

IO 20世纪初至20世纪30年代 各地跑马场观赛盛况

20世纪初至20世纪30年代北京、上海、天津、青岛、汉口等地赛马活动十分盛行，且因设有博彩项目，观赛场景热闹非凡。当时马球活动的举办基本依托于各跑马场，跑马场的观赛盛况也从侧面反映出马球活动的兴盛。

1912~1914年的北京跑马场

The Shanghai Sunday Times

SPORTS

RESULTS!

THE SHANGHAI TIMES

Police Beat Navy In Fast Soccer Game

FAVOURITE WINS AT SHANGHAI RACE CLUB

Close Bouts Seen At Navy Day Smoker

Danish Four Win Three Events In First Day Of Autumn Regatta At Henli

Probables Beat Possibles In Rugby Match

TUTORIAL INSTITUTE BEAT SUFFOLKS

SUFFOLKS MEET WON BY "D" COMPANY

CHINESE HOOPSTERS BEAT MARINES

Chinese Members, French Fire Brigade, Hold Competition

Donald Duncan Meets Huckaby In Main Bout Thursday

TO-DAY'S FIXTURES

North-China Daily News

GREAT BRITAIN'S POLICY ON DISARMAMENT

Debate Opened in House of Commons by the Foreign Secretary

HERR HITLER'S SHOCK TACTICS

PRESENTATION TO MR. SOONG

MANY ACHIEVEMENTS

MOLOTOV SPEECH STIRS JAPAN

OPERA EVE'S CHAMPIONS

GOERING'S VISIT TO ROME

EMBASSIES TAKE EXCEPTION

BRITISH POLICY IN CHINA

FAIR TRIAL ASKED FOR RECOVERY

GOVERNMENT OFFICE ATTACKED

LONDON SILVER PRICES

1928 年 10 月 28 日《上海泰晤士报星期日刊》关于跑马活动的报道（左页左）

1933 年 11 月 9 日《字林西报》关于跑马活动的报道（左页右）

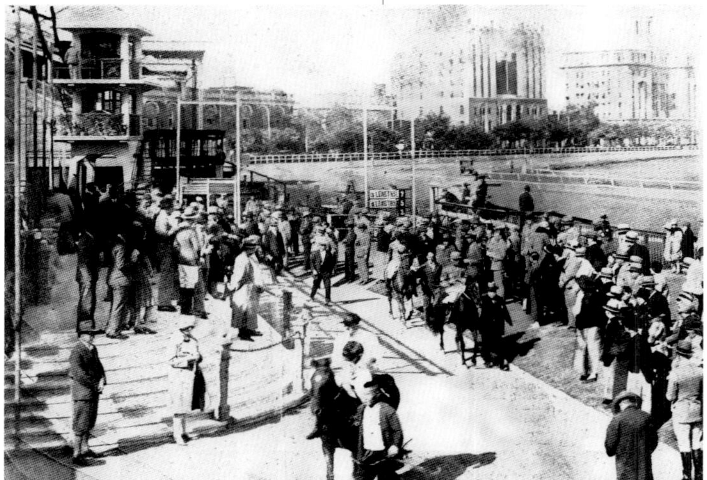

上海滩著名马球手诺伍德 · 阿乐满（左一）在上海跑马会大楼观看赛事（右页上）

美国北卡罗来纳州格林斯博罗市阿乐满后人提供

1930~1937 年上海跑马场观赛场景（右页下）

20 世纪 20 ~ 30 年代的天津跑马场

汉口马球会活跃于1927年，这里举行过的马球锦标赛有艾伦汤斯杯，球队队服颜色为红色和白色。汉口西商跑马场分为内场和外场，内场设有酒吧和舞厅。马道有两圈，外圈宽30米、长1600余米，内圈是马球场和橄榄球场。在跑马场内还另辟有一活动区，为18洞的高尔夫球场，占地百余亩。西商跑马场的会员全系外侨，拒绝中国人参与，在马场的许多地段竖有“禁止中国人入内”的牌子。

英国《运动和戏剧画报》于1934年11月30日刊登了汉口马球会的照片；1939年9月3日刊登了汉口马球会海军马球队的照片。从20世纪初到1938年武汉沦陷，西商跑马场繁荣了约30年。20世纪30年代，张学良将军在武汉时曾怒闯西商跑马场，当时在汉口传为美谈，给中国人争了口气。1949年5月以后，西商跑马场收归国有，改建为解放公园。

20 世纪 20 ~ 30 年代的汉口西商跑马场

II 20世纪20年代的北京地图（含马球场）

1924年的北京外国使馆区地图和1929年的北京彩色地图显示，东交民巷外设有马球场。从崇文门到东单是法国大使馆驻军的练兵场，也是马球场的所在地。当时的北京马球会不仅开展马球运动，而且是各国驻华大使馆官员之间的交际场所。马球会所设有供会员观看马球比赛的藤椅，会员有打球会员和观众会员之分。每周一、三、五安排集体分队练习或有奖杯的比赛，每位打球会员每月交纳10元会费，观众会员每月交纳5元会费。座位后为摆设茶点、冷食的大长餐桌，餐桌后有更衣室和盥洗室，还有马球器械装备修理室和服务人员室，规模可观。每逢打球日都备有茶点招待，会员轮流做东，马球会墙上列有打马球日程表，每4~5周轮流一次。会员除参加打马球和观看打马球外，还可以捐赠颁发奖杯的领奖台。每年的马球季（3~11月）都有五六次奖杯赛。马球场设管理员一人，负责场地修建、器材保管和球杖制造，还有数名场地维护人员。

比赛前会先根据会员水平划分等级：0~2为初级，3~4为中级，5~7为高级，然后编成四人一队进行比赛。0~2级为初级组，单独编队在初级组内争夺冠军。中级组和高级组混合比赛，正式比赛时选一名高级球员为队长，三名中级球员为队员，组成一个比赛队，有时分为四个队或六个队，共同争夺冠军。各队的总级别差最多只能为1~2级，这样比赛时就势均力敌了。冠军队获大奖杯，冠军队每位球员获小奖杯。

1924年的北京外国使馆区地图右侧中间区域标有马球场，北京彩色地图中标有握马球杆的骑手之处为马球场地，大致位于今东单体育中心和东单公园。

LEGATION QUARTER AND ITS SURROUNDING

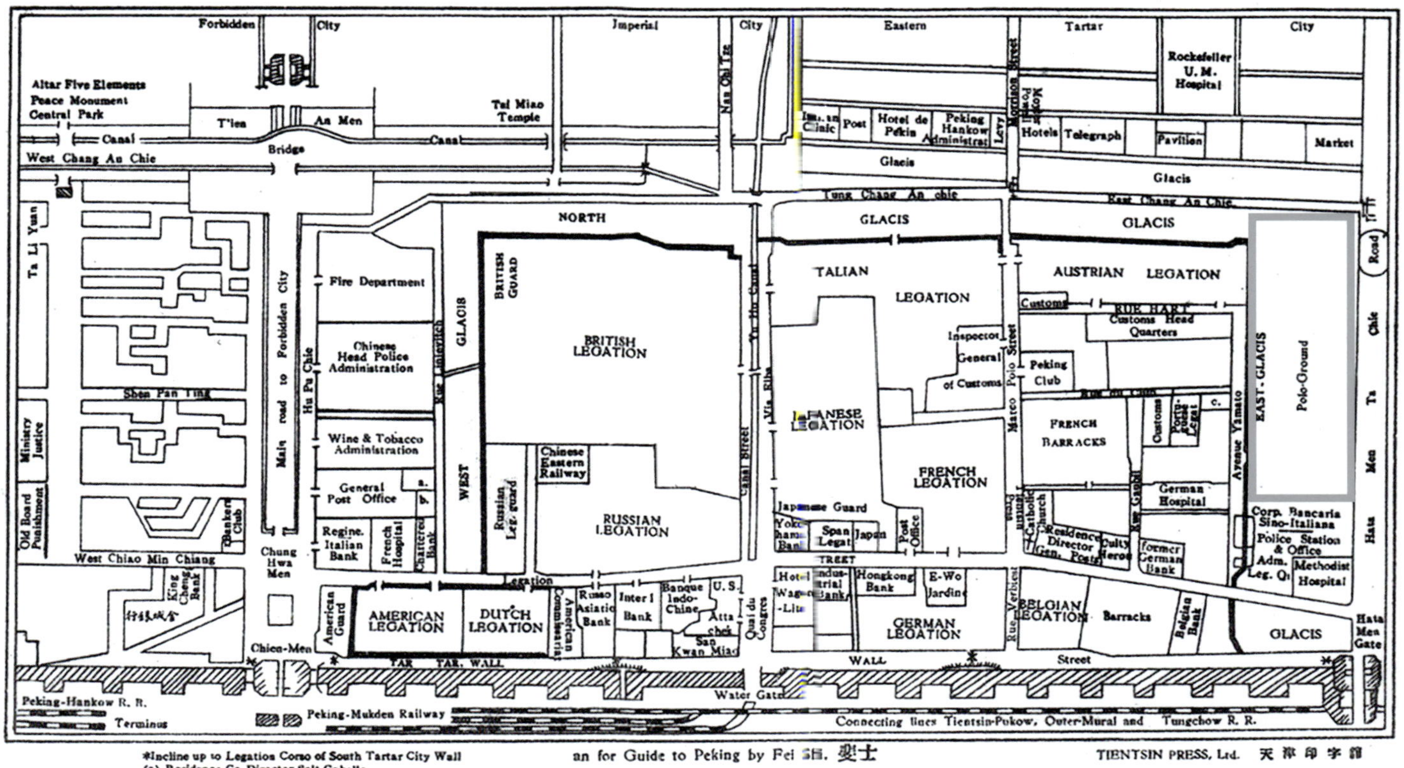

*Incline up to Legation Corso of South Tartar City Wall
(a) Residence Co-Director Salt Gabelle
(b) Hui Ch'ang Appartments
(c) Electric Plant

an for Guide to Peking by Fei Shi. 斐士

TIENTSIN PRESS, Ltd. 天津印字館

1924 年的北京外国使馆区地图（含马球场）

1929年的北京彩色地图（含马球场）

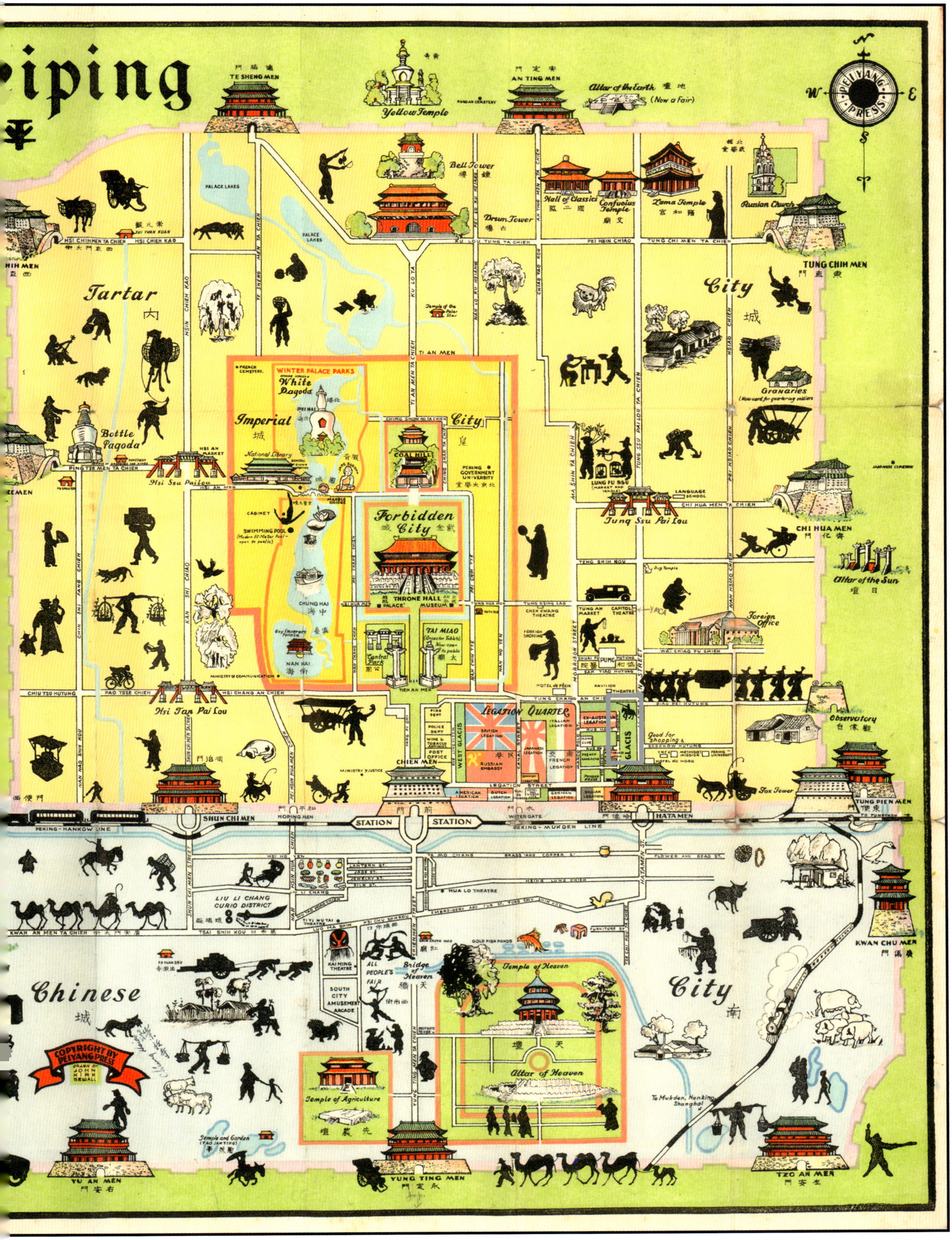

eiping
TE SHENG MEN
Yellow Temple
AN TING MEN
Altar of the Earth
(Now a Fair)
PEIYANG PRESS
W
E
Bell Tower
Drum Tower
Hall of Classics
Confucius Temple
Lama Temple
Russian Church
PALACE LAKES
TUNG CHIH MEN
Tartar
City
Temple of the Polar Star
Granaries
WINTER PALACE PARKS
White Pagoda
Imperial
City
COAL HILL
PEKING GOVERNMENT UNIVERSITY
Bottle Pagoda
Hsi Ssu Pailou
National Library
LUNG FU SSU
Tung Ssu Pai Lou
LANGUAGE SCHOOL
CHI HUA MEN
Forbidden City
SWIMMING POOL
Altar of the Sun
THRONE HALL
MUSEUM
CHUNG HAI
TUNG AN MARKET
CAPITOL THEATRE
Foreign Office
TAI MIAO
Central Park
NAN HAI
Hsi Tan Pai Lou
HOTEL DE PEKIN
LEGATION QUARTER
BRITISH LEGATION
GLACIS
Observatory
Good for Shopping
POST OFFICE
RUSSIAN EMBASSY
CHIEN MEN
HATA MEN
Fox Tower
TUNG PIEN MEN
SHUN CHI MEN
HOPING MEN
STATION
STATION
PEKING-HANKOW LINE
WATER GATE
PEKING-MUKDEN LINE
LIU LI CHANG CURIO DISTRICT
HUA LO THEATRE
Bridge of Heaven
Temple of Heaven
KWAN CHU MEN
Chinese
City
City
ALL PEOPLE'S FAIR
SOUTH CITY AMUSEMENT ARCADE
Altar of Heaven
COPYRIGHT BY PEIYANG PRESS
DRAWN BY JOHN KIRK SEWALL
Temple of Agriculture
To Mukden, Nanking, Shanghai
Temple and Garden (TAO JAN TING)
YU AN MEN
YUNG TING MEN
TZO AN MEN

I2 1923~1924年 在北京打马球的英国人

20世纪20年代英国人打马球的合影。照片背面记录的地点是北京，时间为1923~1924年。

1923~1924 年在北京打马球的英国人

英国布里斯托大学中国历史照片网提供

I3 1927年由英国达勒姆轻步兵第二营军人组成的马球队在上海马球会

20世纪20年代，驻扎在上海租界的英国达勒姆轻步兵第二营的军人参加马球活动的照片。

1927 年由英国达勒姆轻步兵第二营军人组成的马球队在上海马球会

英国达勒姆郡档案办公室提供

14 20世纪30年代的上海跑马厅

20世纪20~30年代，上海跑马总会进入全盛时期。1932年，上海跑马总会拆除旧屋，采用钢筋混凝土结构重建上海跑马总会大楼。该建筑在中华人民共和国成立后曾先后作为上海博物馆、上海图书馆与上海美术馆使用，成为上海的文化地标，现在是上海历史博物馆所在地。1989年，该建筑被列入上海市文物保护单位，是上海市优秀历史建筑。平面图的右下角有一块场地是马球比赛场地，位于今上海人民广场内。

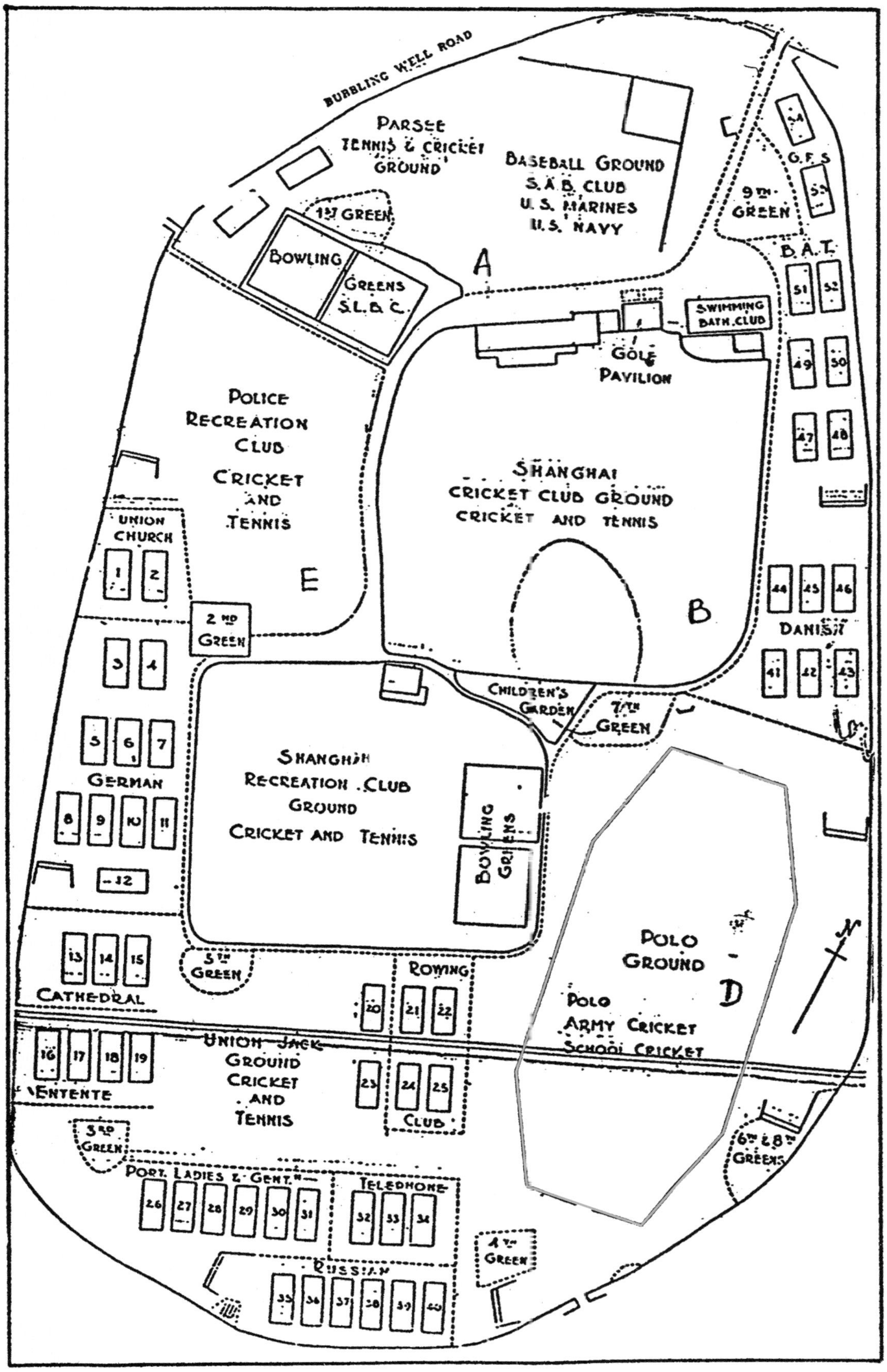

20 世纪 30 年代的上海跑马厅平面图（含马球场）

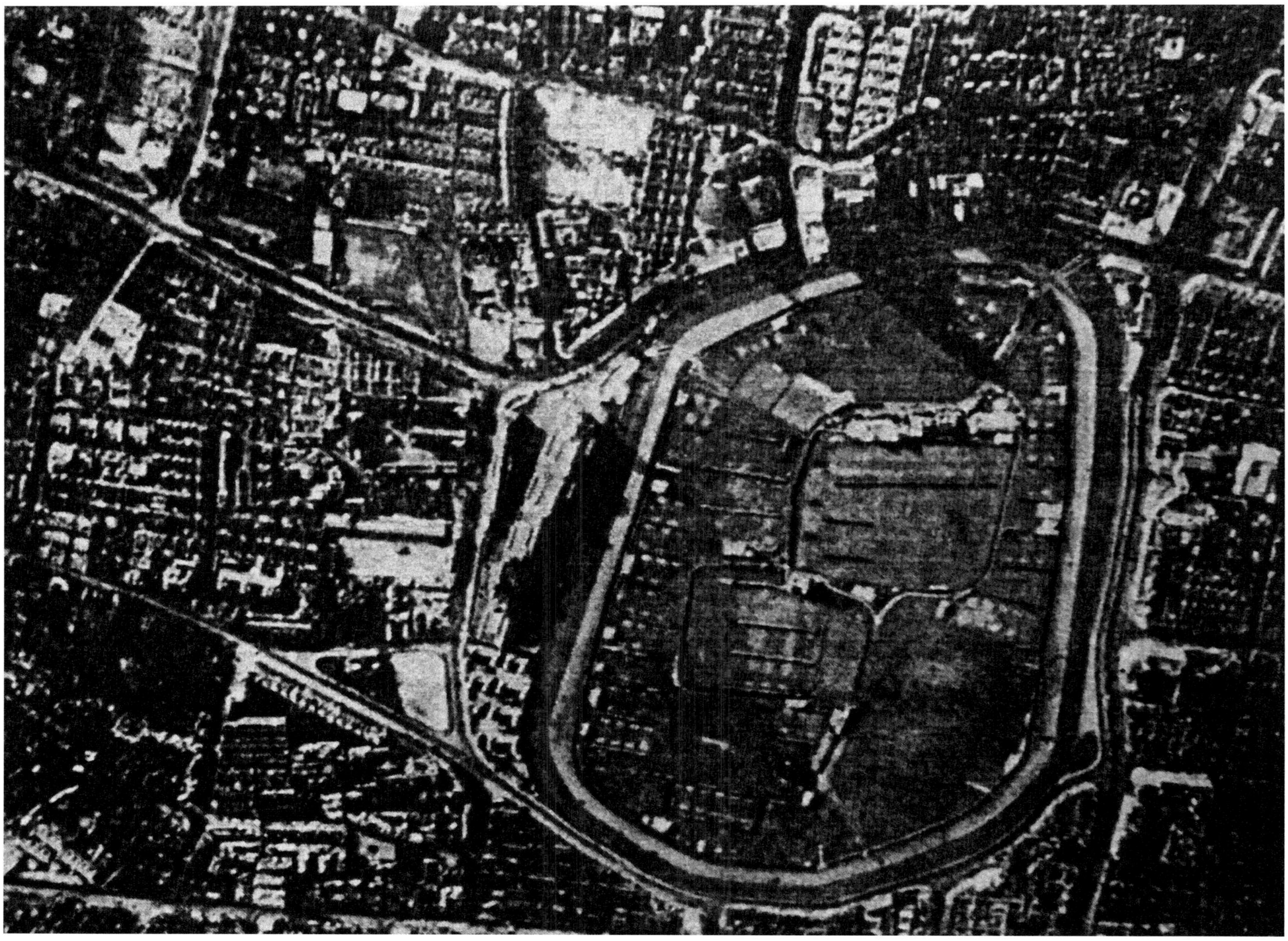

GRAND
The Race Course

·

20 世纪 30 年代的上海跑马厅鸟瞰图

（含马球场）（左页上）

美国北卡罗来纳州格林斯博罗市

阿乐满后人提供

·

20 世纪 30 年代的上海跑马厅大楼

（左页下）

·

上海历史博物馆（原上海跑马厅大楼）

（右页）

王永军摄影

I5 1931年的天津地图（含中国跑马场和外国跑马场）

天津是我国地理位置较独特的城市，清末开放通商口岸时，天津先后建立了领事馆、洋行等，各国侨民也相继涌入。天津租界的赛马活动始于1863年，出现了中国较早的一批跑马场，如英商跑马场、万国跑马场等，至今在天津著名的五大道还保留着马场道，顾名思义，马场道就是通向跑马场的道路。马场道是一条由东北向西南斜穿下来的道路，一直是交通要道，道路周围是各色西洋建筑组成的风景带。1931年的天津城市地图上标注有外国跑马场和中国跑马场。其中中国跑马场所在位置现在是居民区，南北大致在西湖道和鞍山西道之间，东西在白堤路和三潭路之间。外国跑马场即现在天津迎宾馆和天津干部俱乐部所在地。

在外国跑马场的中心设有马球场地。1925年在跑马场西侧建设了一座乡谊俱乐部，也是马球球员活动的场所。天津马球会每年春、夏、秋三季都会组织马球活动。活动日为每周一、三、五，或进行马球训练，或举行马球奖杯赛。参加马球会的多是洋行商人、外籍侨民与一些领事馆人员。

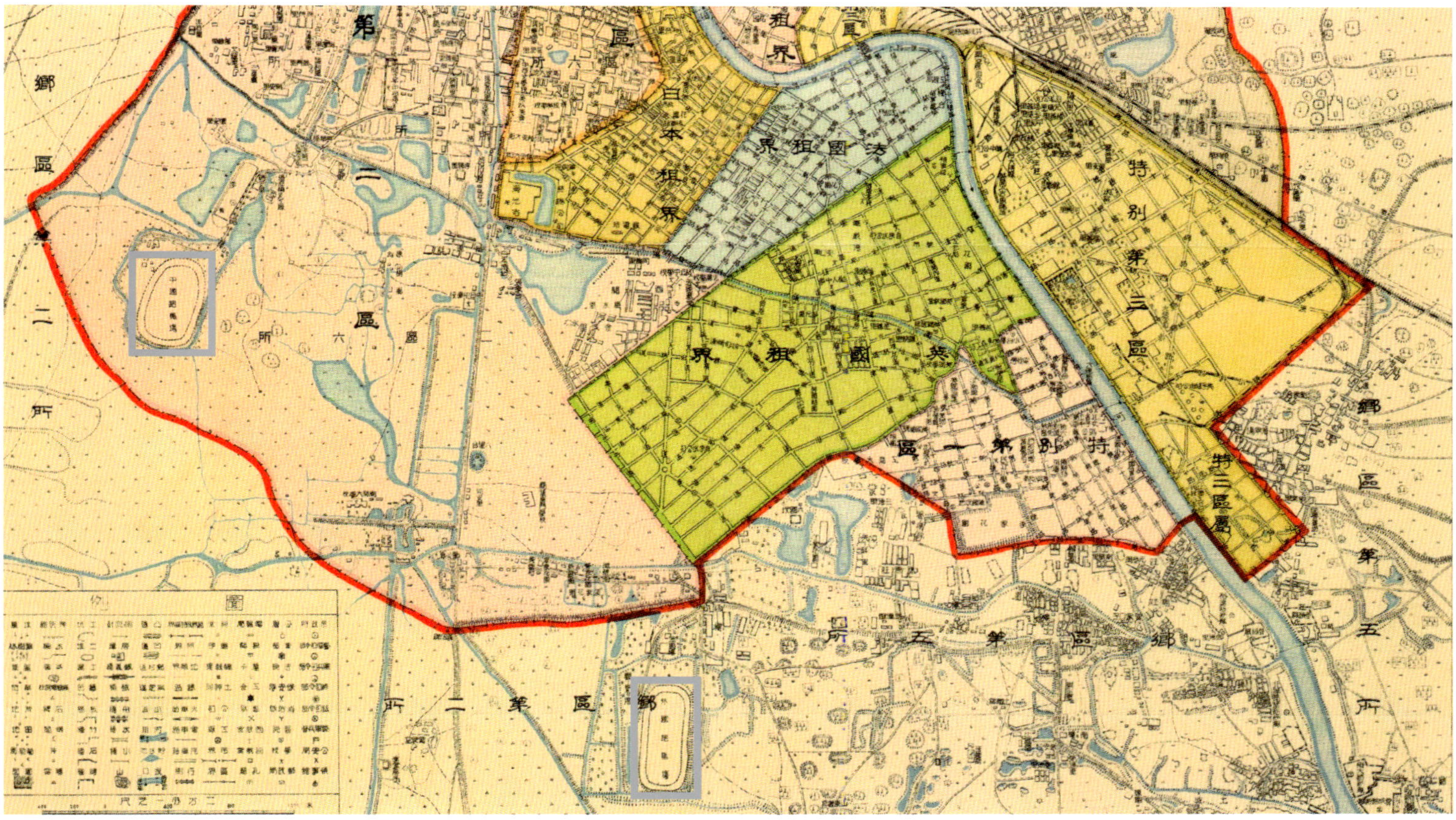

1931 年的天津地图（含中国跑马场和外国跑马场）

16 1930~1933年约翰·托马森在北京拍摄的马球照片和手绘的马球图

来自美国得克萨斯州亨茨维尔的约翰·托马森于1930~1933年服役于驻扎在北京美国大使馆的美国海军陆战队。期间他参加了多次马球比赛，并拍摄了很多海军陆战队打马球和打驴球的照片。他还绘制了马球速写和卡通画，留下了很多海军陆战队在北京打马球的资料。这些资料的电子文档收藏于美国萨姆休斯敦州立大学牛顿格雷森图书馆。

打马球照片

约翰·托马森摄影

美国萨姆休斯敦州立大学牛顿格雷森图书馆藏

打马球速写

约翰·托马森绘

美国萨姆休斯敦州立大学牛顿格雷森图书馆藏

17 1931年北京马球队在上海通商口岸马球联赛上争夺盖西克杯

盖西克家族是当时香港和上海最著名的西方望族之一，上海的凯旋路、香港的奇士域街都与其家族有关。以盖西克家族命名的盖西克杯全国通商口岸马球联赛是中国当时主要的马球联赛，也是中国近代规模最大的马球赛事之一，其规模之大、持续时间之长（检索到的相关报道时间跨度达28年）创造了马球赛事的记录。盖西克家族的第三代成员唐尼·盖西克（1903~1990年）和约翰·盖西克（1906~1982年）是当年其家族马球运动的主力球员。1931年在上海的通商口岸马球联赛上，北京马球队参加争夺盖西克杯的比赛，合影中从左到右依次是罗伊·安德鲁斯、威莱德·维曼中尉、纳尔逊·马格茨、苏勒中尉和埃里克·尚德。

检索的当年报纸和资料，有盖西克杯相关的报道如下：

1907年8月16日《北华捷报最高法庭与领事公报》报道：通商口岸马球联赛在上海马球队和香港马球队之间进行，亨利·盖西克先生为比赛捐赠了一个漂亮的盖西克杯。

1909年8月18日《字林西报》报道：青岛马球队访问上海，与上海马球队竞争盖西克杯。在比赛前一日青岛和上海两支马球队参加集训，并进行了练习赛。

1913年9月19日《大陆报》报道：在盖西克杯通商口岸马球联赛中，上海马球队以5比1击败香港马球队。

1920年7月12日《字林西报》报道：在通商口岸马球联赛中，上海马球队击败香港马球队。

1921年10月2日《大陆报》报道：上海马球队启程赴香港，参加于10月10日在香港举行的盖西克杯，对战香港马球队。

1921年10月3日《字林西报》报道：在通商口岸马球联赛北方赛区，北京马球队战胜天津马球队。

1923年9月23日《大陆报》报道：在通商口岸马球联赛中，天津马球队战胜汉口马球队。

1924年9月7日《大陆报》报道：在通商口岸马球联赛中，香港马球队以7比3击败上海马球队。

1925年10月15日《大陆报》报道：1925年10月10日在北京举行的通商口岸马球联赛中，天津马球队以2比1战胜北京马球队。

1927年10月20日《上海泰晤士报》报道：通商口岸马球联赛举办。

1930年9月25日《上海泰晤士报》报道：在北京举行的通商口岸马球联赛比赛中，天津马球队以7比5击败北京马球队。

1931年9月10日《大陆报》报道：在上海举行的通商口岸马球联赛中，北京马球队参加争夺盖西克杯的比赛。

1932年10月14日香港马球赛的宣传单显示：在香港铜锣湾举行盖西克杯通商口岸马球联赛中，上海马球队对阵香港马球队。

1932年10月27日《字林西报》报道：上海马球队成功卫冕盖西克杯，上海马球队和香港马

球队合影留念。

1933年8月10日《上海泰晤士报》报道：在上海江湾马球场，天津通商口岸马球队参与争夺盖西克杯的比赛。

1933年8月18日《大陆报》报道：天津马球队以12比2击败香港马球队。

1933年8月22日《字林西报》报道：上海马球队成功卫冕盖西克杯。

1934年7月15日《大陆报》报道：新的通商口岸马球联赛将于今年举行。

1934年9月12日《字林西报》报道：上海马球会挑选委员会将选出优秀马球球员组成上海马球队乘船去香港，与香港马球队争夺盖西克杯。

1931年参加争夺盖西克杯比赛的北京马球队

1932年10月14日，通商口岸盖西克杯马球联赛在香港铜锣湾举行，宣传单上印有上海马球队对阵香港马球队的消息。1884年，在香港的外国人士发起组织香港赛马会，从事马术活动及跑马赌博。随着香港跑马赌博行业的发展，马球活动也相应出现，香港马球会应运而生。香港马球会活跃于20世纪20~30年代，组织了斯塔布斯夫人杯和皇家海军杯等马球锦标赛。马球场在九龙的边界附近，马球队队服颜色为红色和白色。1939年后，香港马球运动处于停滞状态。

1933年8月10日，《上海泰晤士报》刊载了天津通商口岸马球队在上海江湾马球场竞争盖西克杯的消息。合影从左到右依次为阿特里克勒、克罗斯·史密斯、查斯·罗伊斯以及桑汉姆·克拉克。其中桑汉姆·克拉克是来自英国女王直属皇家军团的马球手。

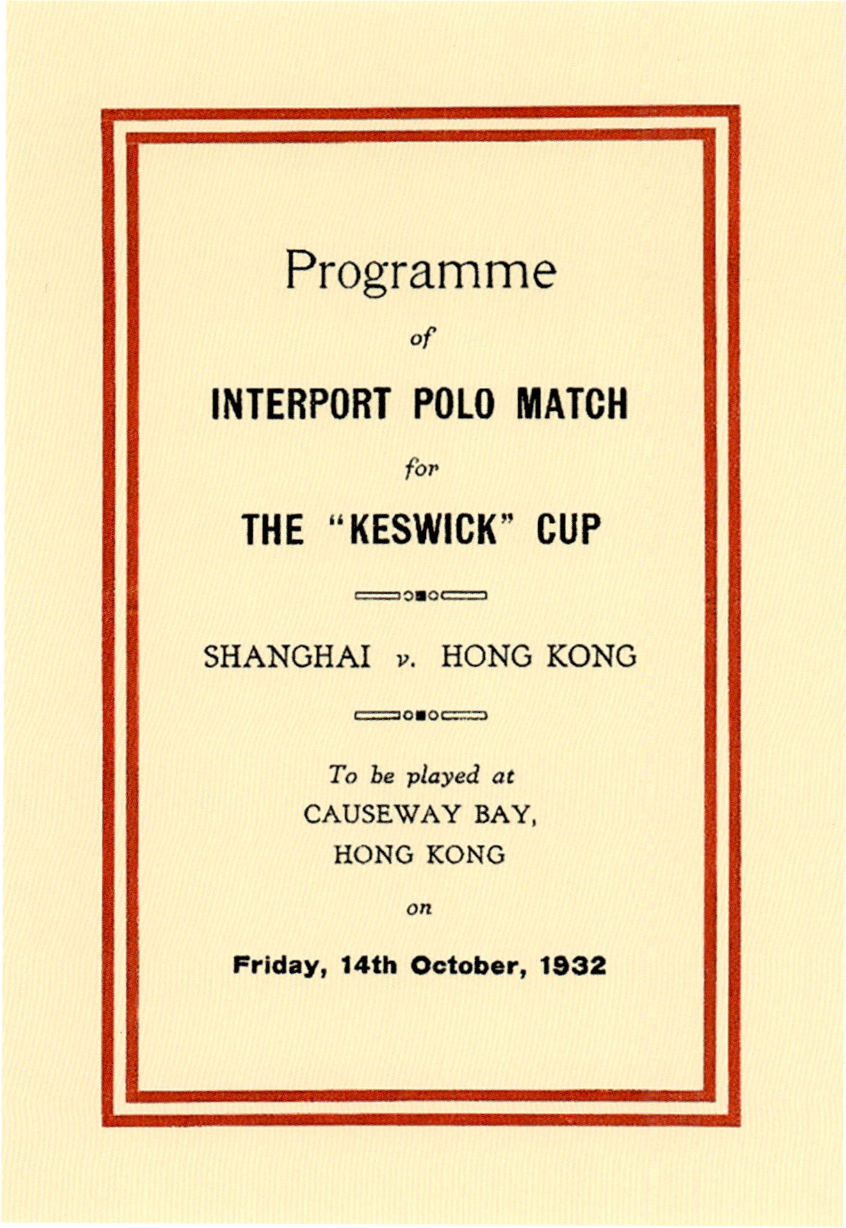
Programme
of
INTERPORT POLO MATCH
for
THE "KESWICK" CUP
SHANGHAI v. HONG KONG
To be played at
CAUSEWAY BAY,
HONG KONG
on
Friday, 14th October, 1932

1932年10月在香港举行通商口岸马球联赛盖西克杯的宣传页

THE SHANGHAI TIMES, THURSDAY, AUGUST 10, 1933 9

EMILE PLADNER MEETS HASHIMOTO IN TITLE BOUT TO-NIGHT

Japanese Expected To Extend French Flash In Canidrome's Main Event

Semi-Final Between Creighton And Raphael Should Be Close; Sullivan Favoured To Beat Hugues; Supporting Contests Look Good

Status Of Ellsworth Vines Under Investigation

Wong Wins Chinese Singles Title

Reports Linking Tennis Star With Professional Offers Result In Probe

"Will Save Me From Denying Rumours Daily" Says U.S. National Champion; Pro Offer Never Confirmed; Vines Holding Out For $100,000

TIENTSIN INTERPORT POLO TEAM

Another Century By Hobbs

Scores 196th Against Notts; Heavy Scoring In County Matches

Guy Cheng Is Beaten In Five Sets

Gruelling Game Goes To Victor By Better Stamina

Wicket-Keeper's Skull Fractured

Britons Show Up Well In Collegiate Meeting

Harvard And Yale Defeat Oxford And Cambridge Due To Americans Getting Nine Second Places; Both Sides Score Six First Places

SOLONS TAKE YANKS INTO CAMP

Three Homers Enable The Mackmen To Defeat The Red Sox

AMATEURS TOO GOOD FOR ASHVILLE

Brosseau Brothers Put Up Good Exhibition For Locals

YANKEES' OFFER TO COLLEGE HURLER

Bob McNamara Turns Down $300 Monthly To Hurl Pro Baseball

INTERPORT TENNIS TO-MORROW

Paul Kong To Play Omar Rumjahn In Opening Singles Match

MIDWEEK GALA AT ROWING CLUB

Swimmers From German Cruiser Koeln Participate

JARDINE UNABLE TO CAPTAIN ENGLAND

CRICKET LINEUPS

WINS GOLF TITLE

Marion DAVIES Peg O' My Heart COMING TO GRAND

HAI-ALAI

Really OUTSTANDING! THE TWO SUPER TEAMS

EVERYONE A CROWD PLEASER!

WHERE IT'S Comfortably Cool

1933 年 8 月天津通商口岸马球队竞争盖西克杯

华芳照相馆摄影

18 1931年北京安格联夫人杯马球赛的获胜队

20世纪20~30年代，北京马球会举办了各种马球锦标赛，包括安格联夫人杯、总统杯、北京海军陆战队杯、福布斯杯、麦卡勒姆杯和艾伦汤斯杯等。1931年在北京举办的安格联夫人杯马球赛中获胜队的一位俄籍队员聂保，后来成为国民革命军第三十二军马球队的教练。聂保在北京南礼士路开办过一所骑马学校，这所学校的业务：一是教授骑马、打马球和跳跃障碍，以小时计算收费；二是为外国人喂养马匹；三是买卖马匹。学习骑马一小时收费5元，喂养一匹马每月收费25~30元，生意十分兴隆。他教授骑马很有办法，喂养的马也有60多匹。当时外国人中男女老少来学校学习骑马的人很多，训练场就在马球场旁边，很多外国人在北京要骑马，就从他那里买马并在那里喂养，他的业务日益发展。

聂保虽然个子不高，却是一个优秀的马球手。1931年他在北京组队参加了安格联夫人杯马球赛，并赢得了奖杯；1933年被聘为三十二军马球队的教练，并牵线和北京马球会外国联队进行了比赛，战胜了外国联队。聂保指导三十二军马球队在1935年第六届全运会进行了三场马球表演赛，同时在与上海外国联队的比赛中担任裁判。1941年9月20日，聂保应邀赴上海，加入美国军人马球队，与传统对手轻骑兵马球队争夺好以杯，经过惊险刺激的比赛及加时赛，美国军人马球队以7比6战胜轻骑兵马球队，保住了好以杯。

据笔者收集的几条奖杯信息可知，1934、1939和1940年北京马球会均举办了安格联夫人杯马球赛。1933年，将军刘易斯·普勒被选为北京马球会最佳初级球员，并被授予“本赛季最佳狮鹫”奖杯。同时，由于他加入了美国海军陆战队马球队，还获得了刻有他名字的专属奖杯。

1931年有聂保（右二）参加的马球队获得安格联夫人杯

1934 年美国租界马球队在北京获得安格联夫人杯

1939 年和 1940 年北京马球会的安格联夫人杯马球赛个人奖杯

陈骏捷藏

1933 年北京马球会“本赛季最佳狮鹫”奖杯

美国国家海军陆战队博物馆藏

1933 年北京马球会刘易斯·普勒奖杯

美国国家海军陆战队博物馆藏

19 1931年9月张学良在北京观看马球赛

1931年9月9日《新闻报图画附刊》报道：张学良副司令病愈后在北京观看马球赛，并与美使馆人员和马球手等合影。

张学良（左一）与美国使馆人员和马球手合影

20 1932年7月4日上海马球会克宁翰杯马球赛

克宁翰杯马球赛是以当时美国驻上海总领事克宁翰的名字命名的马球赛，由两支马球队（美国军人马球队和牛仔马球队）在每年的美国独立日（7月4日）进行比赛。1932年7月4日，经过激烈的比赛，美国军人马球队以5比3获胜。

这座奖杯正面刻有“上海马球会”“1932年7月4日”“以克宁翰命名”字样；背面刻有“美国军人马球队获胜”“1. 阿乐满 2. 樊克令 3. 罗杰 4. 泰勒”字样。

1932 年 7 月 4 日上海马球会克宁翰杯（正、背）

陈骏捷藏

21 1933年在天津的英国女王皇家军团第一营马球队

英国女王皇家军团西萨里郡档案馆保存有1933年英国女王皇家军团第一营马球队在天津的照片。照片中左数第三人桑汉姆·克拉克也参加了天津通商口岸马球队，竞争通商口岸马球联赛盖西克杯。

1933年在天津的英国女王皇家军团第一营马球队

英国女王皇家军团西萨里郡档案馆藏

22 20世纪30年代活跃在上海球场上的阿乐满和樊克令

20世纪30年代在上海活跃着两个著名的马球手——诺伍德·阿乐满和康奈尔·樊克令。现居美国北卡罗来纳州格林斯博罗市的阿乐满后人提供了大量阿乐满和樊克令的信息和照片。

阿乐满出生于1890年，是美国知名的律师。1916年，他以美国驻中国公使馆翻译学生的身份来华。1926年以来，阿乐满一直参加重要的马球比赛。他的马球级别为三级，对比赛规则了如指掌，可以打场上的任何位置，在通商口岸马球联赛中起了重要作用。阿乐满担任过上海马球会领导委员会成员和江湾跑马场马球会的主席。阿乐满之子威廉姆也是一名马球健将，参加了1937、1938两年的初学者杯、英国杯和好以杯马球赛。他骑术娴熟，击球准确，只用了三年时间，马球级别就达到了四级。1939年7月4日，17岁的威廉姆作为1号球员代表美国军人马球队出战英国杯马球赛并赢得比赛的胜利。

樊克令出生于1892年，1913年毕业于美国密西西北大学，获文学及法学学士学位。1921年秋来华，1922年1月与弗莱明、阿乐满组成律师事务所，并加入上海跑马总会、虹桥拍球总会及美国协会等上海侨民组织。他参与了许多重要的马球比赛，如好以杯、彼得·格兰爵士杯，并组织参与了通商口岸马球联赛。他的马球级别曾经达到五级，后随着年龄的增长下调，但仍能保持三级水平。樊克令担任过上海马球会领导委员会的执行主席，并设有以自己名字命名的樊克令杯马球赛。从1918年在檀香山第一次打马球开始，樊克令的马球生涯共持续了22年。

比赛中的阿乐满和其他马球手

美国北卡罗来纳州格林斯博罗市阿乐满后人提供

比赛中的阿乐满和其他马球手

美国北卡罗来纳州格林斯博罗市阿乐满后人提供

比赛中的阿乐满和其他马球手

美国北卡罗来纳州格林斯博罗市阿乐满后人提供

23 1936年9月在上海的好以杯马球赛

好以杯由美国驻上海贸易代表兰辛·好以先生，于1926年为上海公共租界的万国商团马球队年度比赛设立，比赛在美国军人马球队和轻骑兵马球队之间进行。关于好以杯的相关报道一直延续到1941年，持续了15年。1936年11月5日上海《竞乐画报》报道：1936年10月31日（星期六）美国军人马球队赢得好以杯，队长为樊克令，队员中有哈里斯、阿乐满。

20世纪30年代阿乐满（左二）在好以杯马球赛颁奖仪式上领奖

美国北卡罗来纳州格林斯博罗市阿乐满后人提供

1936 年 9 月 5 日上海《竞乐画报》报道上的好以杯马球赛照片

1936 年 11 月美国军人马球队赢得好以杯

24 1937年被日军轰炸后的上海江湾跑马场

1937年日军轰炸上海，上海江湾跑马场建筑被毁坏。

日军轰炸后的上海江湾跑马场

上海江湾跑马场的断壁残垣

25 1938年在上海由英国达勒姆轻步兵第一营军人组成的马球队

照片中展现了驻扎在上海租界的由英国达勒姆轻步兵第一营军人组成的马球队，照片中有马44匹、马夫27人、球员8名。

·

1938年在上海的英国达勒姆轻步兵第一营的马球队

英国达勒姆郡档案办公室提供

·

1938年在上海的英国达勒姆轻步兵第一营的马球队员、马和马夫的合影

英国达勒姆郡档案办公室提供

26 1938 年上海马球场的比赛和观赛场景

1938 年上海马球场上的比赛场景（左页上）

英国达勒姆郡档案办公室提供

1938 年上海马球场上的观赛场景（左页下）

英国达勒姆郡档案办公室提供

20 世纪 30 年代上海马球场上的比赛场景（右页）

美国北卡罗来纳州格林斯博罗市阿乐满后人提供

27 1939年7月4日 上海英国杯马球赛

1939年7月4日，英国杯马球赛（原为克宁翰杯）在上海跑马总会马球场举办。下午5点，牛仔马球队与美国军人马球队对阵，最终美国军人马球队以7比5战胜牛仔马球队。

马球赛事手册显示，上海跑马总会马球会建立于1898年，组织的主要赛事有盖西克杯、彼得·格兰爵士杯、好以杯、法国杯、陆军杯、初学者杯、樊克令杯、罗杰杯。1939年上海马球会主席为赫伯特·菲利普斯爵士，委员会成员包括樊克令、阿乐满、盖西克等。

1939年7月4日上海跑马总会英国杯马球赛手册

美国北卡罗来纳州格林斯博罗市阿乐满后人提供

SEE PAGES 17 and 19

BRITISH CUP

COWBOYS VS TROOPERS

SHANGHAI POLO GROUND

TUESDAY

JULY 4th 1939

5 O'CLOCK

$1.00

SIR HERBERT PHILLIPS, K.C.M.G., O.B.E.
President,
SHANGHAI POLO CLUB 1939.

— 8 —

THE SHANGHAI POLO CLUB

(Founded in 1898)

President

Sir Herbert Phillips, K.C.M.G., O.B.E.

Committee

C. S. Franklin, (*Chairman*)
N. F. Allman
A. E. Arnold (*Hon. Field Sec.*)
J. C. Greig (*Hon. Sec. and Treas.*)
Col. J. W. Hornby, M.C.
J. H. Keswick
Comte. J. du Rivau
H. D. Rodger

Challenge Cups

Keswick Cup
Sir Peter Grain Cup
Hoyt Cup
French Cup
Army Cup
Tyro Cup
Franklin Cup
Rodger Cup.

— 9 —

28 1939 年北京
崇文门旁的马球比赛

1939 年在北京崇文门旁举办的马球比赛，马球场即北京彩色地图中标识的马球场。

北京崇文门旁举行的马球赛

英国达勒姆郡档案办公室提供

29 1939年在北京的美国海军陆战队马球队

20世纪30年代末，驻扎在北京美国大使馆的美国海军陆战队队员多达300人。在北京马球会的活动中，由美国海军陆战队队员组成的马球队是主力球队。

1939年在北京驻扎的美国海军陆战队马球队

美国海军陆战队档案馆藏

1939年美国海军陆战队士兵和他们的家属在观看马球比赛

美国海军陆战队档案馆藏

1940 年北京马球会海军陆战队奖杯（正、背）

陈骏捷藏

THE PEKING MARINES' TROPHY

30 1941年8月在上海的美国军人马球队进入陆军杯决赛

1941年8月9日美国军人马球队击败混合烧烤马球队进入陆军杯决赛，合影从左至右依次为保罗·科普斯、康奈尔·樊克令、诺伍德·阿乐满和史蒂夫·克拉克。

1941 年 8 月进入陌军杯决赛的美国军人马球队

31 1945年和1946年上海跑马厅及周边城市景观

1945年和1946年拍摄的上海跑马厅及周边城市景观彩色照片。

1945年从空中俯瞰上海跑马场东翼

1946年从空中俯瞰上海跑马场

VICTORY
大光明鐘表總行

二 中国人的马球队

1932—1949年

1949年以前，现代马球运动在中国的开展主要集中于通商口岸，依托于各地跑马会，且以外国人为主导，形成了上海、北京、天津、青岛、汉口、香港等地的马球圈子。然而在各地跑马会中，也有一些一流的中国赛马选手参与到了马球运动中，如上海的童振远、胡惠林、王昆山、顾兆麟、宋立峰、宋小峰、郭慧德以及北京的王士斌，他们组成了中国人的马球队。同时，驻扎于北京的国民革命军第三十二军骑兵也成立了自己的马球队，队员有庞复庭、杨桂芳、阎学仪、韩树芬、张应龙、李麟炳、李培智、郭廷智、石德彰、李炳林。三十二军马球队声震京沪，是当时中国人马球队中的一道亮丽风景线。

I　1932年8月在上海出现一支中国人的马球队

20世纪30年代的上海，马球运动风行于外国人群体，但同时，也出现了中国马球手和由中国人组成的马球队。1932年8月，胡惠林、王昆山、童振远和顾兆麟四人在上海江湾跑马场马球会组建了一支中国人的马球队，定期在江湾跑马场参加马球训练和比赛。当时的上海报纸《大陆报》《星期日泰晤士报》等报道了第一支中国人马球队的消息。1932年9月21日，新加坡《海峡时报》刊登了一篇题为《中国人和马球》的文章。1933年1月11日，英国伦敦《尚流》杂志也报道了中国人马球队的消息。第一支由中国队员组成的马球队引起了社会各界的关注，新潮时髦的马球比赛开始为人熟知，激发更多的中国骑士参与到这项运动中。上海滩也涌现出一批华人马球选手，如宋小峰、宋立峰、郭慧德等。

1932年8月28日，华懋杯马球系列赛的第一场比赛在江湾马球场举行，以中国队员为主的江湾勇士马球队以6比2战胜以美国队员为主的海军陆战队马球队。比赛中，江湾勇士队队员骑术更胜一筹，大部分时间占据了主导地位，其中胡惠林和顾兆麟在比赛中表现最为出色。

1933年9月7日，在江湾马球场举行了华人挑战杯马球系列赛的一场比赛，华人四重奏马球队对阵美国马球队。在第二节比赛时，童振远被马甩了出去，头部被马踢了一脚，不得不被抬下场，由替补队员上场，中国队实力被大大削弱，最终以1比5落败。一开始人们认为童振远的伤势很严重，但后来证实他只是头皮擦伤。比赛颁奖时，江湾跑马场马球会主席阿乐满首先致辞，王昆山的太太颁发华人挑战杯给美国海军陆战队马球队，并给获胜球员个人颁发相应的小奖杯。

这些华人马球手几乎全部都是当时上海著名的赛马骑手，个个战绩斐然。随着中国人的马球队以及有华人参加的马球赛的出现，中国骑手在上海马球界的地位大大提升。

1932年上海的中国人马球队

胡惠林是上海的老牌骑师，是20世纪20年代江湾最好的华人骑师之一，上海首批华人骑师中就有胡条肄、胡西藩、胡惠林三兄弟。胡氏兄弟出身官宦之家，父亲为清末洋务大臣胡燏棻。胡惠林自己经营保险业务，同时是上海专门报道休闲娱乐消息的中英文双语画报《竞乐画报》的发行人。这份报纸于1935年10月26日开始发行，1937年3月27日停刊，报道内容包括各式体育活动，以报道赛马为主。胡惠林组建的华人马球队聚集了上海最优秀的华人骑手，他也曾效力于天津的外国人马球队。

王昆山出生于伦敦，来自江苏昆山一个富庶的华侨家庭，他有四个兄弟，其中最有名的兄弟王文显曾任清华学校（1928年后改为清华大学）副校长和清华大学外国语言文学系主任。王昆山继承了家族的运动精神，擅长骑术，是为数不多的华人精英骑师之一。他是上海江湾跑马场多才多艺的运动员，不仅在赛马场上享有盛名，同时也是一位热衷于猎纸赛（英国人在海外发明的一种没有狐狸的猎狐赛）的骑手，曾在1930年和1932年的猎纸赛中夺冠。他认真学习马球，球技很好，但因猎纸赛坠马导致手、胳膊和肩膀三处骨折，因而不能采用右侧向后击球的打法，加之他性情有些古怪，有时被批评为哗众取宠。

童振远，又名童震，宁波人，是当时上海最著名的华人赛马骑师之一，赢得了许多跑马赛的冠军，同时又是一位著名的马球手，参加过许多以外国人为主的马球赛。据1930年11月15日《大陆报》报道，童振远曾赢得过五项赛马冠军。他一直活跃在上海滩马球界，1936年10月4日在江湾跑马场举行的来因色杯马球赛决赛中，童振远所在的赫林汉姆马球队以10比5击败阿乐满所在的好伙伴马球队。童振远于20世纪40年代移居香港，参与开办大南纱厂，据《大公报》（香港）报道，1949年时童振远已经在香港大南纱厂担任副厂长一职。他还曾担任宁波旅港同乡会的监事长，宁波旅港同乡会曾在香港中文大学设立“宁波旅港同乡会纪念童振远奖学金”以纪念童振远的贡献。

顾兆麟是上海人，他是一名一流的赛马骑师。1932年，他在华人马球队中还是一名新手，但他的骑术水平已展现出成为马球高手的潜力。他还是一位出色的双打网球运动员，获得过上海本地网球赛事的冠军。

宋立峰是著名的赛马骑手，早在1926年就和胡惠林一起学习打马球，后来也加入了中国人的马球队。然而他没有出现在1932年9月关于中国人马球队的报道中。

宋小峰是一名马球新手，训练刻苦，尽管他的体重有碍于他在马上的速度，但他的优势是击球精准。据1936年1月11日《竞乐画报》报道，1935年10月，上海本地马球手宋小峰参加了上海江湾马球乙队对阵三十二军马球乙队的比赛。

郭慧德，1906年出生于悉尼，是移居澳大利亚的第二代华人，毕业于美国麻省理工学院，是华人马球队里最有前途的球员之一。在开始打马球的一年以前，他还不会骑马，但他动作敏捷，也有充足的勇气参与马球运动。他的叔叔是永安百货的创始人，他和另外三个兄弟一同继承了永安公司的股份，曾一度活跃在上海的地产、外币交易、外贸、证券等行业，更在1941年成为上海华商证券交易所的股票经纪人。在1939年上海永安股份有限公司的认股书中，除郭氏家族成员，董事会中还出现了上海工部局总董、同样酷爱马球运动的美侨樊克令，樊克令后成为永安公司重要股东和董事之一。

·

童振远（上左）

·

宋小峰（上右）

·

20 世纪 50 年代童振远（右一）在香港（下）

2 1933年商震在北京组建国民革命军第三十二军马球队

1933年中日《塘沽协定》签订后，华北局势进入了一个短暂的相对稳定期。这时驻防北京的是国民党第三十二军部队，军长商震（1881~1978年）爱好网球与高尔夫球运动，也非常重视开展部队体育运动。三十二军成立了体育处，聘请北平师范大学体育系主任董守义为体育顾问，董守义即代聘北平师范大学体育系毕业的赵子和前往供职，并在系中挑选高材生十余人，担任三十二军体育教师。三十二军还举办了全军体育干部训练班，为各师团培养体育骨干。

当时，美国骑兵中尉卓尼根来华与三十二军骑兵团交流骑兵技术知识并学习汉语，同时也向骑兵团的同行们教授英语。三十二军骑兵团为了完成这一交流任务，指派年轻的骑兵军官庞复庭与许广义接待卓尼根。卓尼根在美国便经常参加马球运动，拥有精湛的马球技术，来到北京后不久，便当选为北京马球会主席。每当北京马球会举行马球活动时，卓尼根便邀请庞复庭与许广义等前往观看。三十二军骑兵团的年轻军官们渐渐受到了马球运动的熏陶，向军长商震建议在军中开展马球运动。于是三十二军在南苑练兵场开辟了马球场，训练马球队，起初由卓尼根任教练，后来又聘请了俄籍教练聂保。

在商震的督促与亲自安排下，由三十二军骑兵团青年军官们组成的中国第一支军队马球队于1933年春成立，队员为庞复庭、杨桂芳、阎学仪、韩树芬、张应龙、李麟炳、李培智、郭廷智、石德彰、李炳林。马球是人马结合的体育项目，运动员技术和战术的表现都要通过马匹体现出来，因此，运动员的技术与马匹的技能，对马球来说是相辅相成的。马匹在骑兵部队中被称为“无言的战友”，在马球和马术运动队中被称为“不会说话的运动员”。马球比赛的胜负很大程度取决于马匹的质量。人们常说，马球比赛中马匹的作用占七成，运动员只占三成。三十二军骑兵团的马匹体形小、速度慢，根本不能与马球常用的三河马相比。1934年春天，天津跑马场及其马球会处理了一批赛马和马球马，商震派人将16匹马全部买回。这批马体形高大，速度快，都是三河马种，是当时国内最优良的马球马匹。1934年秋，三十二军把买来的新马分配给马球运动员使用，球员们换乘了新马，个个精神抖擞，如虎添翼，战斗力大为提高。

商震与其马球队以及裁判聂保在1934年10月参加河南全省运动会时的合影

1934年三十二军马球队与北京外国马球联队的第一场比赛

1934年秋，通过教练聂保介绍，由美国驻华大使詹森出面提供奖杯，三十二军马球队与北京外国联队进行了一场友谊赛。赛前，三十二军马球队换下了原来骑乘的蒙古马，骑上了从天津买回的体型高、速度快、耐力强的三河马。比赛在北京东交民巷马球场举行，现场人山人海。三十二军马球队穿黄色运动衣、白马裤、棕色马靴，马尾用浅蓝布扎起来。队员everything是青年军官，人强马壮，生龙活虎，马上打球技术熟练，击球有力，射门精准，马的起动、转弯、停止、后退、再起动和追球都十分自如。三十二军马球队上场的队员有1号庞复庭、2号杨桂芳、3号李培智、4号郭廷智。北京外国联队上场的队员有1号台克满（英国大使馆）、2号康特姆（美国大使馆）、3号米立特（美国大使馆）、4号沃尔敦（美国武官），替补队员克林兰特（英国汇丰银行）。三十二军马球队在技术和战术上都比外国联队高出一筹，得球后连连射门得分，观众掌声、欢呼声响成一片。各国使节、武官、参赞莅临观看了这场比赛，对中国马球队的出色表现大为赞叹。最终，三十二军马球队以5比3胜外国马球联队。美国驻华大使詹森的夫人为运动员授奖，她特别来到中国队员庞复庭身边，对他在球场上的勇敢表现表示祝贺。这是中国马球队首次在北京与外国队比赛，并且打出了风格、打出了水平，打破了外国马球队在中国赛场上的垄断地位。中国马球队的胜利，为中国人争了光。

庞复庭回忆其一生最精彩的射门就是在这场比赛中。当三十二军马球队将球攻到距球门还有2米左右时，几匹马突然着魔一般地停在原地，任凭鞭抽靴踢，也不前进一步，相持几秒后，庞复庭用球杆杆头对准球，两腿同时用力向下蹬，使身体离开马鞍向球扑去，球杆杆头触击到球，使其滚动入门，庞复庭从马上落到地面。这一惊险动作为三十二军马球队赢得一分。

庞复庭出生于1907年11月，其马球生涯始于三十二军马球队，中华人民共和国成立后曾任中国人民解放军内蒙古军区马球队队员和教练、内蒙古自治区马球队教练、全国马球裁判，曾编写首部中国马球规则，退休后继续撰写相关文章，编写出版相关书籍。

1935年的商震杯马球赛

三十二军马球队在北京战胜外国马球联队后名声大噪，商震高兴万分。马球运动不仅能提高骑兵部队的骑乘素质，而且作为一项体育运动，还能赢得荣誉，提高部队的知名度，同时也是一项外交手段。商震后来在国民党政府军队中历任各种高级外交职务，与他早年注重与各国的沟通与交往是分不开的。

1935年春，商震以自己的名义制作马球奖杯，举办与北京外国联队的马球比赛。赛前，他对三十二军马球队全体队员说，自己做的奖杯，自己拿回来就没有什么意义了，应该让给曾经败给自己的外国联队。但是，又不能做出故意输球的表现。而要认真地、竭尽全力地去拼打每一个球，最后在相差微弱的情况下，输给对方。于是，双方在球场上你追我赶，拼抢激烈，马球场四周观者云集，最后三十二军马球队经过奋力拼争，表现出略有不敌，以4比5的一球之差输给了外国联队。商震把“商震杯”颁发给了北京外国联队。

1933年三十二军马球队名将庞复庭

文凯提供

3 1935年10月国民革命军第三十二军马球队在上海第六届全运会上的表演赛

1935年10月10日，第六届全国运动会在上海举行。共38个省市代表队参加，参会人数超过了以往五届全运会，有运动员、教练员和大会工作人员近3000人。此届全运会设置的竞赛项目共17项，另设表演项目7项，马球是表演项目之一。

据1935年10月9日《申报》报道，三十二军马球队一行11人，包括球员8人及教练聂保、领队刘剑萍等，还有17匹马，从保定启程前往上海参加第六届全运会。在三十二军马球队出发前，商震与全体队员合影。这张珍贵的照片刊登于10月□日的《大公报》（天津）。一行人经过北京，到达天津，与天津外国马球联队进行了一场友谊赛，以8比2取胜。随后搭乘定生邮轮，于1935年10月14日抵达上海。

三十二军马球队在1935年10月17日下午3时在全运会的田径场内开始马球表演赛。场上共有8人8马，分为红黄两队，红队队员有郭廷智、阎学仪、□培智、张应龙，黄队队员有李麟炳、杨桂芳、韩树芬、庞复庭。双方着黄色长筒皮靴、白马裤、戴白色盆帽，红队上衣为红色翻领运动衣，黄队上衣为黄色翻领运动衣，背上均有三十二军记号，左襟点缀一马形图案。两队各备马8匹，替换乘骑，马尾插红、黄两色标识，马颈下亦有红黄彩绸。参赛前，双方马匹各披红黄绸布，并有马夫16人在场照料。参赛马匹十分健壮，因经过良好训练，颇为驯顺。

表演赛的场地大于足球场，球门无横木，门柱上裹白布，顶端插两面红旗。每队各4人，分为2名前锋和2名后卫。比赛共1小时，分为6节，每节6分钟，节间休息3分钟。以响铃为信号，每胜一球，立即交换场地。马球表演赛还请来上海著名骑师童振远担任场上裁判，他骑乘白马，在赛场上往来驰骋，马上挂有球囊供随时取用。表演赛最终以黄队8比7战胜红队告终。三十二军马球队原定仅表演两场，后应市民强烈要求，加演一场。

32A. DOLO.

三十二军马球甲乙队在第六届全运会上的表演赛盛况

4　1935年10月国民革命军第三十二军马球队与上海江湾马球队在上海进行比赛

好评如潮的第六届全运会马球表演赛结束后，当月，三十二军马球队即应邀与上海江湾马球联队进行了4场比赛，每场比赛设6节。上海市长吴铁城特意打造了“铁城杯”，并在决赛当日为获胜球队颁奖。

第一场比赛于1935年10月20日（周六）在上海江湾马球场举行，三十二军马球队队员李麟炳、阎学仪、张应龙和杨桂芳组成乙队出战，上海西人马球队也派出了乙队。三十二军马球乙队最终以1比3败给上海西人马球乙队，《力报》称这是由于三十二军马球队长途跋涉、人困马乏的缘故。

第二场比赛于1935年10月22日（周一）在上海江湾马球场举行，三十二军马球队由球员李培智、庞复庭、韩树芬和郭廷智组成的甲队，以7比1力克上海西人马球甲队，取得胜利，为三十二军马球队扳回一局。上海本地马球队成立时间久、资格老且人多、马匹好，场地又富丽堂皇；而三十二军马球队则刚成立三年。因此三十二军马球甲队大比分取胜的结果引起上海本地马球界一片惊呼。

第三场比赛（半决赛）于1935年10月24日（周四）下午4时在上海江湾马球场举行。这是三十二军马球乙队与上海西人马球乙队的第二次比赛，直到第四节，三十二军马球乙队仍以3比2领先，然而比赛接近结束时，上海西人马球乙队宋小峰攻入一球，双方打成平手。加时赛中，三十二军马球乙队以3比4惜败。

第四场比赛（两队甲队的决赛）于1935年10月27日（周日）在上海江湾马球场举行，参赛的三十二军马球甲队队员为1号球员李培智、2号球员庞复庭、3号球员韩树芬、4号球员郭廷智。参赛的上海西人马球甲队队员为1号中国籍球员童振远、2号意大利籍球员瑞吉欧、3号英籍球员莫勒、4号美籍球员莫瑞斯。上海西人马球甲队在决赛中换上了高水平的运动员和优质的马匹。三十二军马球队俄籍教练聂保和上海江湾跑马场马球部秘书长、英国人海斯担任场上裁判。比赛吸引了2000多名观众，场面颇为壮观。上海市长吴铁城观看了比赛。比赛第一节三十二军马球甲队攻入一球暂时领先，第二节上海西人马球甲队攻入一球追平，第三节双方均无建树，第四节三十二军马球甲队先攻入一球，以2比1领先，但上海西人马球甲队加强进攻，攻入两球，最后两分钟又攻入两球，结果三十二军马球甲队以2比5输掉比赛。

在颁奖仪式上，上海江湾跑马场马球会主席阿乐满致词，市长吴铁城将奖杯颁给了获胜队上海西人马球队。三十二军马球队与主场强队上海西人马球队的比赛见证了中国军人马球队的出色表现，虽败犹荣。

《1935年英国赫林汉姆马球协会年鉴》中的球员照片

4
3
2
1

5 1936年10月童振远出席上海马球赛的颁奖仪式

1936年10月4日在上海江湾跑马场举行的来因色杯马球赛决赛中，中国人童振远所在的赫林汉姆马球队以10比5击败好伙伴马球队，赢得比赛。赫林汉姆马球队队长布朗从布鲁克·帕克夫人手中接过奖杯。

来因色杯马球赛是江湾马球会著名的马球赛事之一。有关来因色杯马球比赛的报道最早见于1926年8月15日的《大陆报》，报道描述了这一奖杯的由来。20世纪20～30年代，上海江湾跑马场重要的华人马主盛恩颐（盛宣怀第四子）有一匹英文名叫Reinforcement的赛马，曾在首届全国跑马比赛中拔得头筹。为纪念其战胜了沪上赫赫有名的Warrenfield等马匹，盛恩颐特地斥重金请专人设计，手工打造了一尊银奖杯，捐赠给江湾马球会，以资鼓励年轻的中外马球选手参与到马球运动中。该赛事的竞赛队伍由江湾马球会选出，一直举办到20世纪40年代，其间由于日本侵华战争的爆发，比赛偶有间断。来因色杯的造型来自一件著名的古董花瓶，与骑在马背上的体魄健硕的马球运动员十分相衬。奖杯所仿花瓶藏于英格兰莱明顿附近的沃里克城堡，是由大理石制成，出于公元前4世纪末的希腊雕塑家利西普斯之手，是一件制作于罗马帝国辉煌时期的作品。

检索的当年报纸和资料，有一些相关的报道：

1926年8月15日《大陆报》报道：盛恩颐斥重金为江湾马球会捐赠一座由工匠手工制作的纯银来因色奖杯。

1926年8月24日《上海泰晤士报》报道：第一届来因色杯马球赛在江湾马球场举办。三支由江湾马球会抽签选出的队伍参与周日的来因色杯比赛。（值得一提的是，其中甲队和丙队中分别出现了“宋”和“胡”姓球员。在《申报》的报道中，也有介绍宋立峰和胡惠林是最早参与到这项运动的中国骑师，由此推测参加来因色杯比赛的正是宋立峰和胡惠林二人。）

1926年10月26日《大陆报》报道：第一届比赛最终是以江湾马球会的创始人，英国人海斯为队长的马球队2比1战胜樊克令马球队，取得了胜利。华人骑师宋立峰出现在这支冠军队伍中。

1927年8月14日《大陆报》报道：在江湾马球会，当天下午争夺来因色杯。

1932年9月16日《字林西报》报道：在江湾马球会，7支马球队争夺来因色杯。

1933年7月22日《字林西报》报道：来因色杯马球赛举行。

1936年10月5日《大陆报》报道：在江湾马球会举办的来因色杯争夺战中，有华人童振远参加的赫林汉姆马球队击败了好伙伴马球队。

1936年10月童振远（右二）出席上海江湾跑马场来因色杯马球赛颁奖仪式

6 20世纪30~40年代王士斌在北京和上海打马球并组建马球队

20世纪30年代，上海有著名赛马选手和马球手童振远，同一时期在北京也有著名的赛马选手王士斌。他曾获得过多项赛马冠军，同时也是马球高手。

1934年，酷爱马术运动的大学生王士斌在聂保的北京骑马学校学习打马球，同时在天津万国跑马场参加赛马。每年赛马季结束后，他就在被淘汰的马匹中选择可以调教成马球用马的马匹带回北京。借驻京大使馆人员去北戴河避暑之机，由聂保介绍作为替补人员练打马球。北京马球会看到王士斌球艺不错，就让其交会费，成为正式会员。王士斌的马球级别评为三级，实际上其马球水平能到达四级。1939年，王士斌的马球技术和战术达到较高水平，半年内连续获得四座奖杯。

1939年北京马球会举办的规模最大的比赛是总统杯马球赛，奖杯由美国大使馆海军武官欧文厄斯中校捐赠，共四支球队参加比赛，争夺奖杯。四队循环比赛，历时近一个月，共比赛14场112节。由于康登、王士斌、浦如丹、宾和组成的第二支球队与诺瓦克、克茹斯威特、苏美克、欧文厄斯组成的第四支球队积分相等，因此又增加四节比赛来争夺冠军。这两队旗鼓相当，开球后争夺十分激烈，直打到第三节，第二队队长康登才攻进一球，于是队员们士气大振。接着王士斌接到队长康登从后场传来的一球，他飞速击球前进，直奔球门，又射进一球，形成2比0的局面。最后一节第四队队员诺瓦克积极组织反攻，在混战中攻入一球，最终第二队以2比1战胜第四队。

王士斌属于人轻马快型选手，体重约120磅，比外国人至少轻30磅，马的负荷减轻很多，速度当然就快，进攻得分就多。他在1941年北京马球会编队时当上了队长，成为北京的外国人马球会中第一名担任外国人马球队队长的中国人。1942年太平洋战争爆发后，北京马球会解体。

1945年8月15日抗战胜利后，上海跑马总会恢复马球运动，组队练习和比赛仍在每周一、三、五进行。跑马场内因有高尔夫球场，所以只能在南面靠近西藏路方向建了一个长200米、宽70米的小型马球场，以维持马球活动。

1947年，上海马球会移至虹桥机场地区开展活动，王士斌于同年在上海组建了由自己任队长的中国马球队，与外国人一起练习和比赛。队员有王剑伟、史子玉、郭毓祥、应仁博、冯伯庸、徐世良、王剑影等人，秘书由史子玉兼任。王士斌给队员们讲解马球比赛规则、打球的各种姿势及要领。队员原来大都是骑师，有高超的骑术作为基础，练习打马球就比较容易。经过几个月的训练，队员们达到初级马球技术水平，与外国球队一起打球实力相差并不悬殊。1948年10月上海《大陆报》报道了中国人在上海组成马球队的消息。随后，由王剑影夫人捐赠奖杯，外国人马球队与中国人马球队的奖杯赛在上海举办，中国队如初生之犊，敢打敢拼，对外国队并无畏惧，但因技不如人、经验不足，经过六节比赛，最终失利。经过这场正式比赛，中国马球队的打球水平有了进一步提高。

20世纪30年代王士斌在北京东交民巷马球场参加比赛的场景，前面击球球员是王士斌（上）

帅培业提供

20世纪40年代初王士斌在北京东交民巷马球场打马球（中）

帅培业提供

1946年王士斌在上海江湾跑马场（下）

帅培业提供

7 1929年和1947年燕京大学和清华大学校园内的驴球活动

1929年《时报》报道燕京大学打驴球的消息。驴球曾在唐宋宫廷和贵族女子中盛行。照片中的球杆是现代马球球杆式样。

抗战胜利后，1946年7月清华大学迁回清华园。1947年4月27日，为纪念清华大学成立36周年，在清华园举行传统的驴球比赛。现在清华大学校史馆还保存有一段极其珍贵的当时清华学生打驴球的彩色影像。

·

1929年燕京大学校园内的驴球比赛

·

1947年为纪念清华大学成立36周年举行传统的驴球比赛

清华大学校史馆藏

8 民国时期上海鼎新染织厂马球牌商标

随着华人马球队的不断发展和出色华人马球手的不断涌现，市场上出现了含有马球元素的商标、广告等。如民国时期上海鼎新染织厂的马球牌商标，上面绘有3名华人马球手打马球的场景。

民国时期上海鼎新染织厂马球牌商标

馬球牌
上海鼎新染織廠

三 中国现代马球的兴盛

1949—1978年

中华人民共和国成立后，各项体育运动百废待兴，马球运动也得到高度重视，成为现代体育不可或缺的一部分。1952年，中国人民解放军第一届体育运动大会中就有马球表演赛；1953年11月，在全国民族形式体育表演及竞赛大会中，马球为表演项目之一；1959年4月的第二届全军运动会中，马球成为正式比赛项目；1959年8月的第一届全运会中，马球被列为正式比赛项目；1960年6月，全国马球锦标赛举办；1975年9月的第三届全运会中，马球为表演项目。这一时期，原国民革命军第三十二军马球队著名马球运动员庞复庭、李培智和郭廷智等，著名马球运动员王士斌，都在各自所属单位积极推动马球与马术事业发展，培养优秀马球运动员，编写马球教材和制定马球比赛规则，为中国现代马球运动的复兴做出了巨大贡献。不同于民国时期马球运动依托于跑马场且与赛马相伴，中华人民共和国成立后的马球运动则与马术运动相生相伴、共同成长。

I 1952年8月在北京举办的中国人民解放军第一届体育运动大会上的马球表演

1952年8月1~9日，中国人民解放军第一届体育运动大会在北京举办，马球被列为表演项目，由内蒙古军区的两个马球队，分白队和黑队为大会表演。地点在北京天坛公园内新建的马球、马术和摩托车赛场。

中华人民共和国成立后，马球运动在内蒙古地区最先开展起来。马上运动首先是作为军事体育项目在内蒙古骑兵中发展起来的。它促进了骑兵战斗力的提高，并在之后的发展中始终保有着部队的气质。1951年，原国民革命军第三十二军马球队主力队员庞复庭由骑兵学校调到内蒙古军区，骑兵学校原马术班的一部分人员与马匹也调到内蒙古军区。他们怀着振兴马球运动的雄心，在军区领导支持下，开办了中华人民共和国第一个马球试点训练班。技术是战术的基础，战术是技术的运用，只有技术提高了，战术才能提高。因此在购置了简单的马球器材之后，训练班制定了马球试点训练计划，于1951年冬季在察哈尔盟军分区宝昌县开始为期一个月的训练。在军分区王海山司令员的支持下，训练班挑选了12名运动员、24匹马，每人两匹，分上、下午进行训练。参加训练的运动员有常胜、赛吉拉乎、曹敦扎布、德柱、德明海、成日迪、那顺布和、宝山、宝哈、额尔敦敖其尔、布和斯冷、格日布等人，这就是中华人民共和国第一批马球运动员。这次训练为内蒙古地区开展马球、马术运动打下了良好的基础。

1952年春，内蒙古军区接到华北军区通知，由内蒙古军区准备马球和马术项目，代表华北军区参加8月2~8日在北京举办的中国人民解放军第一届体育运动大会。接受这一任务后，内蒙古军区在内蒙古西部地区又开辟了一个马术训练基地，把赛马、障碍赛马、斩劈、马上技巧等马术项目全面开展起来。马球在原来试点训练班的基础上扩大了人、马队伍，加强训练。当年7月，两个训练基地的运动员和马匹开赴北京，在北京的黄寺进行集训，准备参加运动会。参加马术项目比赛的大军区有东北军区、西北军区、华北军区和总后勤部等单位，马球被列为大会表演项目。在比赛中，内蒙古自治区马术队的健儿快马加鞭，以绝对优势囊括了马术比赛项目的全部名次，内蒙古军区马球队的精彩表演更使人们耳目一新。马球运动员勇猛顽强的精神、机动灵活的战术、精湛多变的击球技术，得到广大观众的赞誉。内蒙古军区马术马球队赢得了荣誉，军委首长一再向内蒙古军区的乌兰夫司令祝贺。大会结束后，全部人马开往乌兰浩特集结待命，军区领导决心在内蒙古军区广泛开展马术和马球运动。

此次运动会结束后，在马术马球队基础上，从东西部骑兵部队调来了连、排级干部数十名，与华北军区代表团共同组成全军马术马球训练班，下设马球、障碍、马上技巧三个区队，庞复庭为教导主任兼马球、斩劈教员。在兴安盟军分区直接领导下，训练班于1952年10月开始，1953年3月结束。这时，蒙绥军政已合并，训练班的全部人马开赴呼和浩特，进行了多次表演。此后，训练班分为两个队，内蒙古骑兵五师与内蒙古公安部队各一个队，各队项目齐全。

中国人民解放军第一届体育运动大会马球表演进行中

董哲摄影

庞复廷担任马球表演赛裁判

文凯提供

2 1953年11月在天津举办的第一届全国少数民族传统体育运动会上的马球表演赛

1953年11月8~12日，全国民族形式体育表演及竞赛大会在天津市举行，马球被列为表演项目。这次运动会后来被定为第一届全国少数民族传统体育运动会。

马球比赛表演被安排在大会最后一天闭幕式后进行，庞复庭、王士斌、郭廷智、曹广海、万结等担任裁判。解放军马球队队员穿红色运动上衣，前胸绣有“国防”二字；内蒙古自治区马球队队员穿蓝色蒙古族服装。两队像二龙出水，威武地快步进入场地。20世纪30年代最著名的两名华人马球选手庞复庭和王士斌担任场上裁判员，同时骑马入场。表演赛开始，两队在中场纵队排列在开球线两边，争打裁判掷出的球，双方在马上你争我夺地击球，有时用反方向后击，有时用正手前击或横击，击球准确，忽东忽西，互相追逐。运动员们英姿雄健，充分展现了灵活、敏捷、机智、勇敢的风采，观众叫好声和掌声不绝于耳。解放军队队员曹敦扎布首先攻入内蒙古队球门，内蒙古队队员常胜紧接着反攻一球，最后解放军马球队以4比2获胜。

马球表演赛原计划表演一场，由于观众反响热烈，11月15日，在天津北站体育场又增加了一场包含马术、马球等6个精彩项目的表演。那天是星期日，看台座位挤满观众，人山人海。马球作为压轴表演项目，比大会闭幕时的那场比赛更精彩。

全國民族形式體育表演及競賽大會

1953

大會宣傳部編印

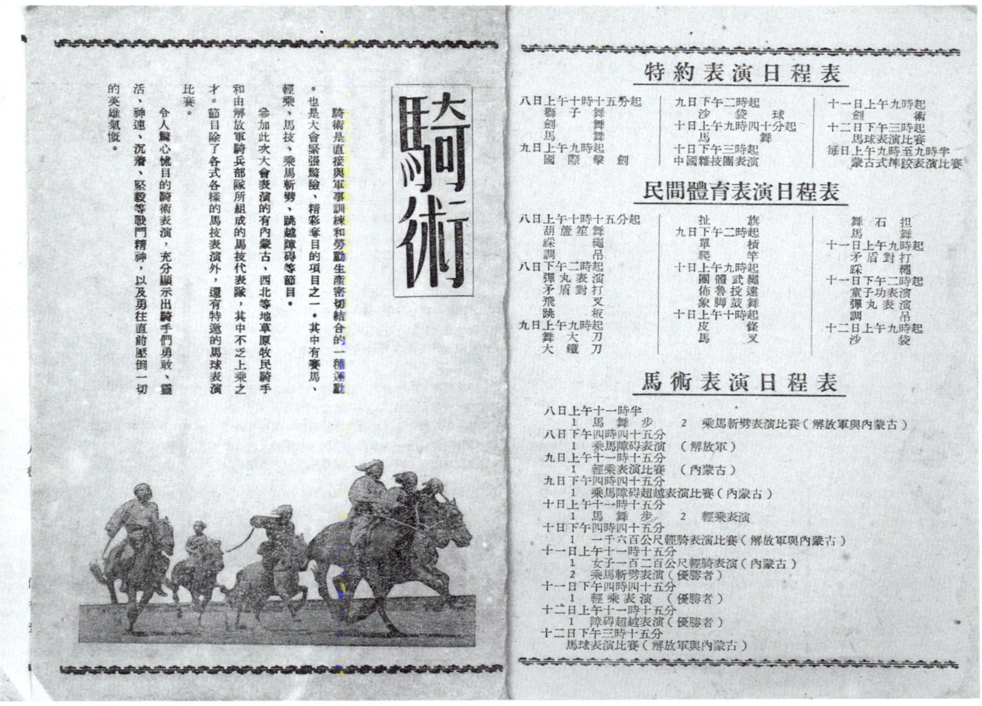

騎術

騎術是直接與軍事訓練和勞動生產密切結合的一種運動。也是大會緊張驚險、精彩奪目的項目之一。其中有賽馬、輕乘、馬技、乘馬斬劈、跳越障碍等節目。

參加此次大會表演的有內蒙古、西北等地草原牧民騎手和由解放軍騎兵部隊所組成的馬技代表隊，其中不乏上乘之才。節目除了各式各樣的馬技表演外，還有特邀的馬球表演比賽。

令人驚心怵目的騎術表演，充分顯示出騎手們勇敢、靈活、神速、沉着、堅毅等戰鬥精神，以及勇往直前壓倒一切的英雄氣慨。

特約表演日程表

八日上午十時十五分起
獅子舞
劍舞
馬舞
九日上午九時起
國際擊劍

九日下午二時起
沙袋球
十日上午九時四十分起
馬舞
十日下午三時起
中國雜技團表演

十一日上午九時起
劍術
十二日下午三時起
馬球表演比賽
每日上午九時至九時半
蒙古式摔跤表演比賽

民間體育表演日程表

八日上午十時十五分起
胡蘆笙舞
踩繩
調吊
八日下午二時起
彈丸表演
矛盾對打
飛叉
跳板
九日上午九時起
舞大刀
大鐵刀

扯旗
九日下午二時起
單槓
爬竿
十日上午九時起
團體武繩
佈魯投遠
象脚鼓舞
十日上午十時起
皮條
馬叉

舞石担
馬舞
十一日上午九時起
矛盾對打
踩繩
十一日下午二時起
童子功表演
彈丸表演
調吊
十二日上午九時起
沙袋

馬術表演日程表

八日上午十一時半
1 馬舞步 2 乘馬斬劈表演比賽（解放軍與內蒙古）
八日下午四時四十五分
1 乘馬障碍表演（解放軍）
九日上午十一時十五分
1 輕乘表演比賽（內蒙古）
九日下午四時四十五分
1 乘馬障碍超越表演比賽（內蒙古）
十日上午十一時十五分
1 馬舞步 2 輕乘表演
十日下午四時四十五分
1 一千六百公尺輕騎表演比賽（解放軍與內蒙古）
十一日上午十一時十五分
1 女子一百二百公尺輕騎表演（內蒙古）
2 乘馬斬劈表演（優勝者）
十一日下午四時四十五分
1 輕乘表演（優勝者）
十二日上午十一時十五分
1 障碍超越表演（優勝者）
十二日下午三時十五分
馬球表演比賽（解放軍與內蒙古）

·

解放军队对阵内蒙古队的马球表演赛

郭红卫提供

·

大会竞赛手册

李祥提供

3 1955年3月内蒙古公安部队司令部马术队马球班集体立功

1955年3月15日，内蒙古公安部队司令部马术队马球班集体立功，合影留念。第一排中间是常胜，第二排右一是赛吉拉乎。

内蒙古公安部队司令部马术队马球班集体立功合影

陈双玉提供

4 1959年4月在甘肃平凉举办的中国人民解放军第二届体育运动大会上马球为正式比赛项目

1959年4月5日，中国人民解放军第二届全军体育运动大会在甘肃省平凉市开幕。马球被列为正式比赛项目，兰州、新疆、内蒙古、沈阳、成都、南京6个军区队参加比赛。经过9天紧张激烈的角逐，最后新疆军区马球队以9分获得冠军（马球比赛得分计算方法是胜一场得2分，平一场得1分，如积分相等则以胜球多少计算名次），内蒙古军区马球队得8分名列第二，第三至六名分别是兰州、沈阳、成都和南京军区的马球队。

中国人民解放军第二届体育运动大会上北京和江苏等地的马球运动员交流经验

林溪摄影

中国人民解放军第二届体育运动大会上激烈的马球比赛

林溪摄影

5 1959年8月27日至9月10日在内蒙古呼和浩特举行的第一届全运会马球比赛

第一届全运会于1959年9月13日至10月3日在北京举行，正式比赛项目36项，表演项目6项。马球被列为正式比赛项目。第一届全运会的马上项目（马球、赛马、障碍赛马）于1959年8月27日至9月10日在分会场内蒙古自治区呼和浩特市举行。马球比赛采取大循环赛制，每队打满11场才能决出名次。比赛共有12支马球队的96名运动员、192匹马参加，进行了15天132场鏖战。实力雄厚的内蒙古自治区马球队和英勇善战的解放军马球队的比赛尤为引人关注。内蒙古自治区马球队建队早，训练时间长，技术全面，马匹品种优良，实力雄厚。解放军马球队是全军选出的精兵，个个势如猛虎，敢拼敢打，马匹高大灵活，配合默契。两队旗鼓相当，势均力敌。内蒙古自治区马球队场上4名主力队员是常胜（队长）、赛吉拉乎、戈尔迪、德盟海。解放军马球队4名队员是那顺布和、曹敦扎布、宁布、肉孜。比赛一开始，双方就展开了激烈的争夺。内蒙古队采取稳中求胜的战术，灵活善变，以应对解放军队闪电般的猛攻。双方使出浑身解数，打得难舍难分，比分交替上升，运动员每人两匹马，交替上场，马匹气喘吁吁，健儿手执球杆前后左右击球，纵马奔驰，英姿飒爽。最后两队以5比5握手言和。内蒙古自治区马球队和解放军马球队积分相等，但内蒙古自治区马球队净胜球为174个，解放军马球队为148个，内蒙古自治区马球队获第一届全运会马球项目比赛冠军，解放军马球队获得亚军，第三至十二名依次是新疆、山西、河北、贵州、北京、安徽、江苏、黑龙江、吉林、青海马球队。此次马球赛在规模和时间上创造了大型运动会马球比赛之最。

事实上，马球曾五次成为奥运会项目，1900年法国巴黎奥运会上对马球是否应被作为正式比赛项目存在着许多争论，但在1908年英国伦敦、1920年比利时奥斯坦德、1924年法国巴黎、1936年德国柏林四届奥运会上，马球均成为正式比赛项目。1996年国际奥林匹克委员会投票决定将马球列为一项正式的体育运动项目。2018年阿根廷布宜诺斯艾利斯夏季青年奥林匹克运动会将马球列为表演项目。

第一届全运会马球赛的裁判员和教练员有20世纪30年代的著名马球运动员庞复庭、李培智、郭廷智、杨桂芳以及王士斌等。

第一届全运会马球裁判员名单

裁判长：庞复庭

副裁判长：杨桂芳

裁判员：王士斌、孙保成、韩永康、夏有库、李浩清、艾依提、巴图木仁

巡边员：赵兴安、康有福、季如进、王维德、仁钦、来福、吉木言

计时员：马志华、郑景和、刘荣莉、俞志才

挂分员：屈鸿瑞、蔡宗

在北京举办第一届全运会的宣传海报

第一届全运会内蒙古呼和浩特分会场的
马上项目入场式

第一届全运会上解放军马球队在赛前讨论技术战术

赵连升、李廷友摄影

第一届全运会马球比赛上内蒙古队 25 比 0 大胜青海队

雪印摄影

第一届全运会马球比赛上解放军队对阵上海队

阿加那斯弟摄影

第一届全运会马球比赛上内蒙古队对阵解放军队

文凯提供

第一届全运会马球比赛的激烈场景

文凯提供

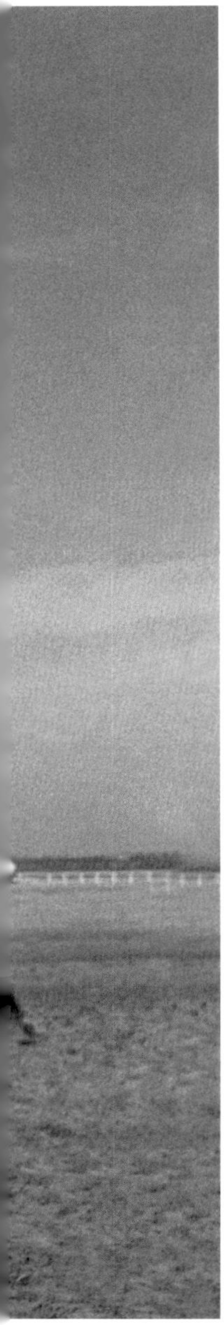

内蒙馬术隊
1959.8.27.

中华人民共和国第一届体育运动会赛馬馬球竞赛大会

内蒙古自治区马术马球队备战第一届全运会马上项目集体合影（左页上）

第一届全运会赛马马球竞赛大会颁奖仪式（左页下）

第一届全运会马球赛冠军内蒙古自治区马球队的 8 名运动员：常胜、赛吉拉乎、戈尔迪、德盟海、德柱、赵玉泉、桑布、冲阿（右页）

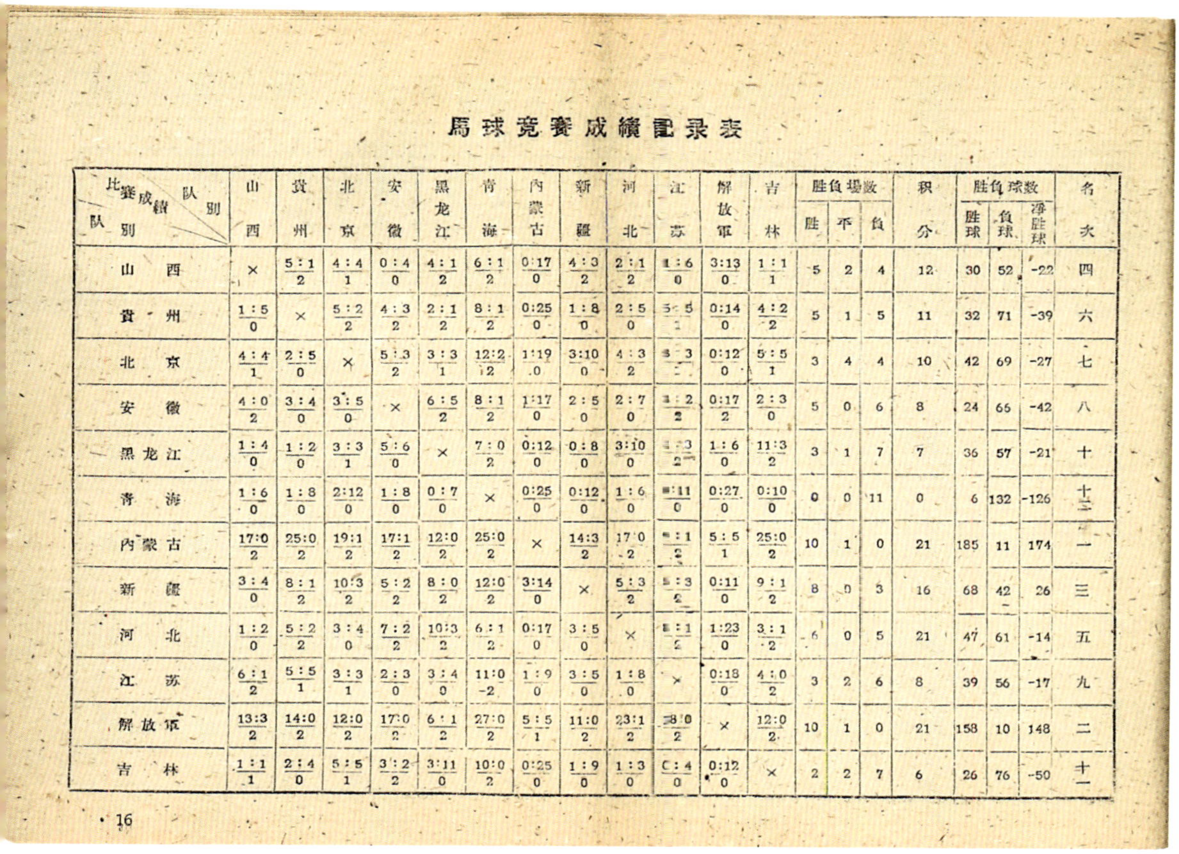

馬球竞賽成績記录表

比赛成績 队别 / 队别	山西	貴州	北京	安徽	黑龙江	青海	內蒙古	新疆	河北	江苏	解放軍	吉林	胜负場数			积分	胜负球数			名次
													胜	平	负		胜球	负球	淨胜球	
山西	×	5:1 / 2	4:4 / 1	0:4 / 0	4:1 / 2	6:1 / 2	0:17 / 0	4:3 / 2	2:1 / 2	1:6 / 0	3:13 / 0	1:1 / 1	5	2	4	12	30	52	-22	四
貴州	1:5 / 0	×	5:2 / 2	4:3 / 2	2:1 / 2	8:1 / 2	0:25 / 0	1:8 / 0	2:5 / 0	5:5 / 1	0:14 / 0	4:2 / 2	5	1	5	11	32	71	-39	六
北京	4:4 / 1	2:5 / 0	×	5:3 / 2	3:3 / 1	12:2 / 2	1:19 / 0	3:10 / 0	4:3 / 2	[illegible]:3 / [illegible]	0:12 / 0	5:5 / 1	3	4	4	10	42	69	-27	七
安徽	4:0 / 2	3:4 / 0	3:5 / 0	×	6:5 / 2	8:1 / 2	1:17 / 0	2:5 / 0	2:7 / 0	[illegible]:2 / 2	0:17 / 2	2:3 / 0	5	0	6	8	24	66	-42	八
黑龙江	1:4 / 0	1:2 / 0	3:3 / 1	5:6 / 0	×	7:0 / 2	0:12 / 0	0:8 / 0	3:10 / 0	[illegible]:3 / 2	1:6 / 0	11:3 / 2	3	1	7	7	36	57	-21	十
青海	1:6 / 0	1:8 / 0	2:12 / 0	1:8 / 0	0:7 / 0	×	0:25 / 0	0:12 / 0	1:6 / 0	[illegible]:11 / 0	0:27 / 0	0:10 / 0	0	0	11	0	6	132	-126	十二
內蒙古	17:0 / 2	25:0 / 2	19:1 / 2	17:1 / 2	12:0 / 2	25:0 / 2	×	14:3 / 2	17:0 / 2	[illegible]:1 / 2	5:5 / 1	25:0 / 2	10	1	0	21	185	11	174	一
新疆	3:4 / 0	8:1 / 2	10:3 / 2	5:2 / 2	8:0 / 2	12:0 / 2	3:14 / 0	×	5:3 / 2	5:3 / 2	0:11 / 0	9:1 / 2	8	0	3	16	68	42	26	三
河北	1:2 / 0	5:2 / 2	3:4 / 0	7:2 / 2	10:3 / 2	6:1 / 2	0:17 / 0	3:5 / 0	×	[illegible]:1 / 2	1:23 / 0	3:1 / 2	6	0	5	21	47	61	-14	五
江苏	6:1 / 2	5:5 / 1	3:3 / 1	2:3 / 0	3:4 / 0	11:0 / -2	1:9 / 0	3:5 / 0	1:8 / 0	×	0:18 / 0	4:0 / 2	3	2	6	8	39	56	-17	九
解放軍	13:3 / 2	14:0 / 2	12:0 / 2	17:0 / 2	6:1 / 2	27:0 / 2	5:5 / 1	11:0 / 2	23:1 / 2	[illegible]8:0 / 2	×	12:0 / 2	10	1	0	21	158	10	148	二
吉林	1:1 / 1	2:4 / 0	5:5 / 1	3:2 / 2	3:11 / 0	10:0 / 2	0:25 / 0	1:9 / 0	1:3 / 0	0:4 / 0	0:12 / 0	×	2	2	7	6	26	76	-50	十一

·16

第一届全运会马球竞赛成绩记录表

李祥藏

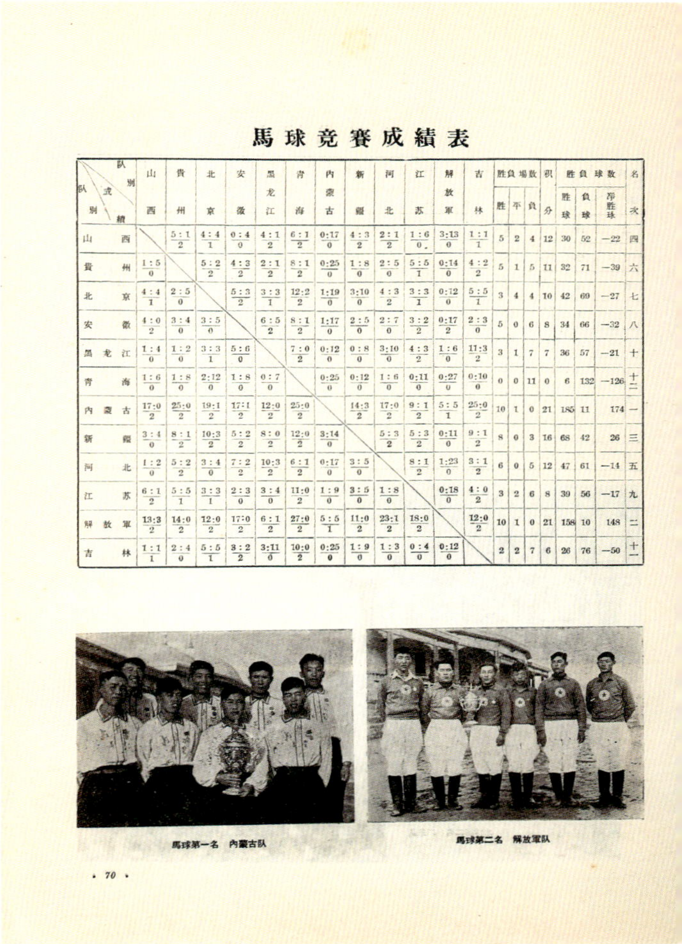

馬球竞賽成績表

队别 \ 成績	山西	貴州	北京	安徽	黑龙江	青海	內蒙古	新疆	河北	江苏	解放軍	吉林	胜負場数			积分	胜負球数			名次
													胜	平	負		胜球	負球	淨胜球	
山西		5:1 / 2	4:4 / 1	0:4 / 0	4:1 / 2	6:1 / 2	0:17 / 0	4:3 / 2	2:1 / 2	1:6 / 0	3:13 / 0	1:1 / 1	5	2	4	12	30	52	−22	四
貴州	1:5 / 0		5:2 / 2	4:3 / 2	2:1 / 2	8:1 / 2	0:25 / 0	1:8 / 0	2:5 / 0	5:5 / 1	0:14 / 0	4:2 / 2	5	1	5	11	32	71	−39	六
北京	4:4 / 1	2:5 / 0		5:3 / 2	3:3 / 1	12:2 / 2	1:19 / 0	3:10 / 0	4:3 / 2	3:3 / 1	0:12 / 0	5:5 / 1	3	4	4	10	42	69	−27	七
安徽	4:0 / 2	3:4 / 0	3:5 / 0		6:5 / 2	8:1 / 2	1:17 / 0	2:5 / 0	2:7 / 0	3:2 / 2	0:17 / 2	2:3 / 0	5	0	6	8	34	66	−32	八
黑龙江	1:4 / 0	1:2 / 0	3:3 / 1	5:6 / 0		7:0 / 2	0:12 / 0	0:8 / 0	3:10 / 0	4:3 / 2	1:6 / 0	11:3 / 2	3	1	7	7	36	57	−21	十
青海	1:6 / 0	1:8 / 0	2:12 / 0	1:8 / 0	0:7 / 0		0:25 / 0	0:12 / 0	1:6 / 0	0:11 / 0	0:27 / 0	0:10 / 0	0	0	11	0	6	132	−126	十二
內蒙古	17:0 / 2	25:0 / 2	19:1 / 2	17:1 / 2	12:0 / 2	25:0 / 2		14:3 / 2	17:0 / 2	9:1 / 2	5:5 / 1	25:0 / 2	10	1	0	21	185	11	174	一
新疆	3:4 / 0	8:1 / 2	10:3 / 2	5:2 / 2	8:0 / 2	12:0 / 2	3:14 / 0		5:3 / 2	5:3 / 2	0:11 / 0	9:1 / 2	8	0	3	16	68	42	26	三
河北	1:2 / 0	5:2 / 2	3:4 / 0	7:2 / 2	10:3 / 2	6:1 / 2	0:17 / 0	3:5 / 0		8:1 / 2	1:23 / 0	3:1 / 2	6	0	5	12	47	61	−14	五
江苏	6:1 / 2	5:5 / 1	3:3 / 1	2:3 / 0	3:4 / 0	11:0 / 2	1:9 / 0	3:5 / 0	1:8 / 0		0:18 / 0	4:0 / 2	3	2	6	8	39	56	−17	九
解放軍	13:3 / 2	14:0 / 2	12:0 / 2	17:0 / 2	6:1 / 2	27:0 / 2	5:5 / 1	11:0 / 2	23:1 / 2	18:0 / 2		12:0 / 2	10	1	0	21	158	10	148	二
吉林	1:1 / 1	2:4 / 0	5:5 / 1	3:2 / 2	3:11 / 0	10:0 / 2	0:25 / 0	1:9 / 0	1:3 / 0	0:4 / 0	0:12 / 0		2	2	7	6	26	76	−50	十一

馬球第一名 內蒙古队

馬球第二名 解放軍队

· 70 ·

《中华人民共和国第一届运动会纪念册》

李祥藏

有王士斌本人中文和俄文签名的《赛马、马球竞赛秩序册》

郭磊藏

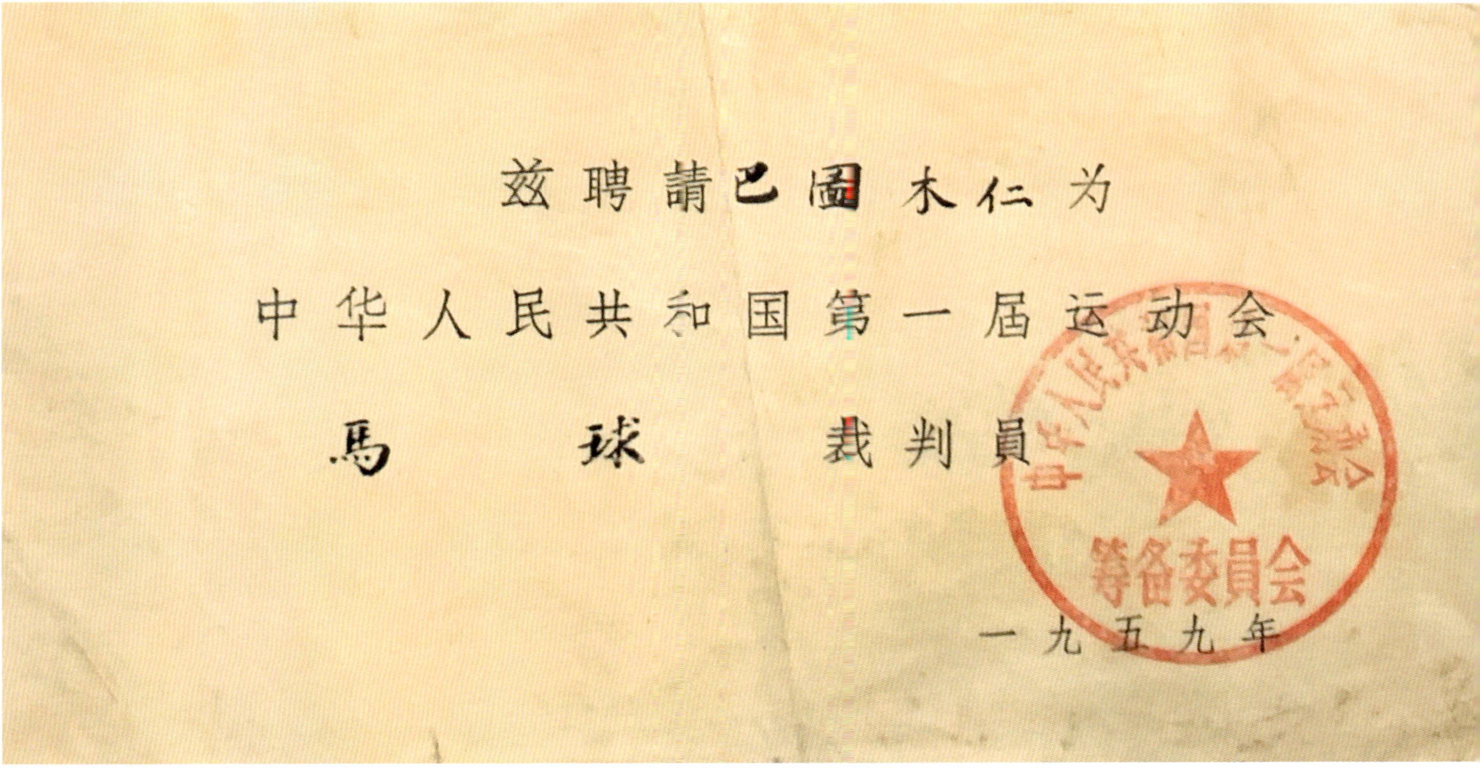
兹聘请巴图木仁为
中华人民共和国第一届运动会
馬球 裁判員
中华人民共和国第一届运动会
筹备委員会
一九五九年

第一届全运会马球裁判聘任书

李祥藏

第一届全运会期间 20 世纪 30 年代的马球运动员李培智、庞复庭、郭廷智、王士斌（从左到右）再次相会

帅培业提供

第一届全运会马球裁判员王士斌的骑马照

帅培业提供

6

1959年中央人民政府体育运动委员会组织编写出版《马球规则》

1957年春，中央人民政府体育运动委员会指示内蒙古自治区体育运动委员会编写马球、赛马、马障碍比赛规则，内蒙古自治区体育运动委员会委托马术队长兼教练庞复庭起草。庞复庭以英国马规则为蓝本编写了中国现代马球规则，又根据中国通用的度量单位，将球场周长由1000码改为0米。1959年春，经中央人民政府体育运动委员会审定后，人民体育出版社出版了《马球规则》，是中国现代马球的第一部正式规则。庞复庭作为编写者 为这本规则的起草付出了巨大努力。《马规则》共六章，内容涵盖场地器材与设备、裁判机构及职责、比赛通则、得球、注意事项与禁止项、对各种犯规的处理、特殊措置等。该书的全部内容收录在2021年由王婧婵编译、江苏凤凰文出版社出版的《马球规则手册》中。

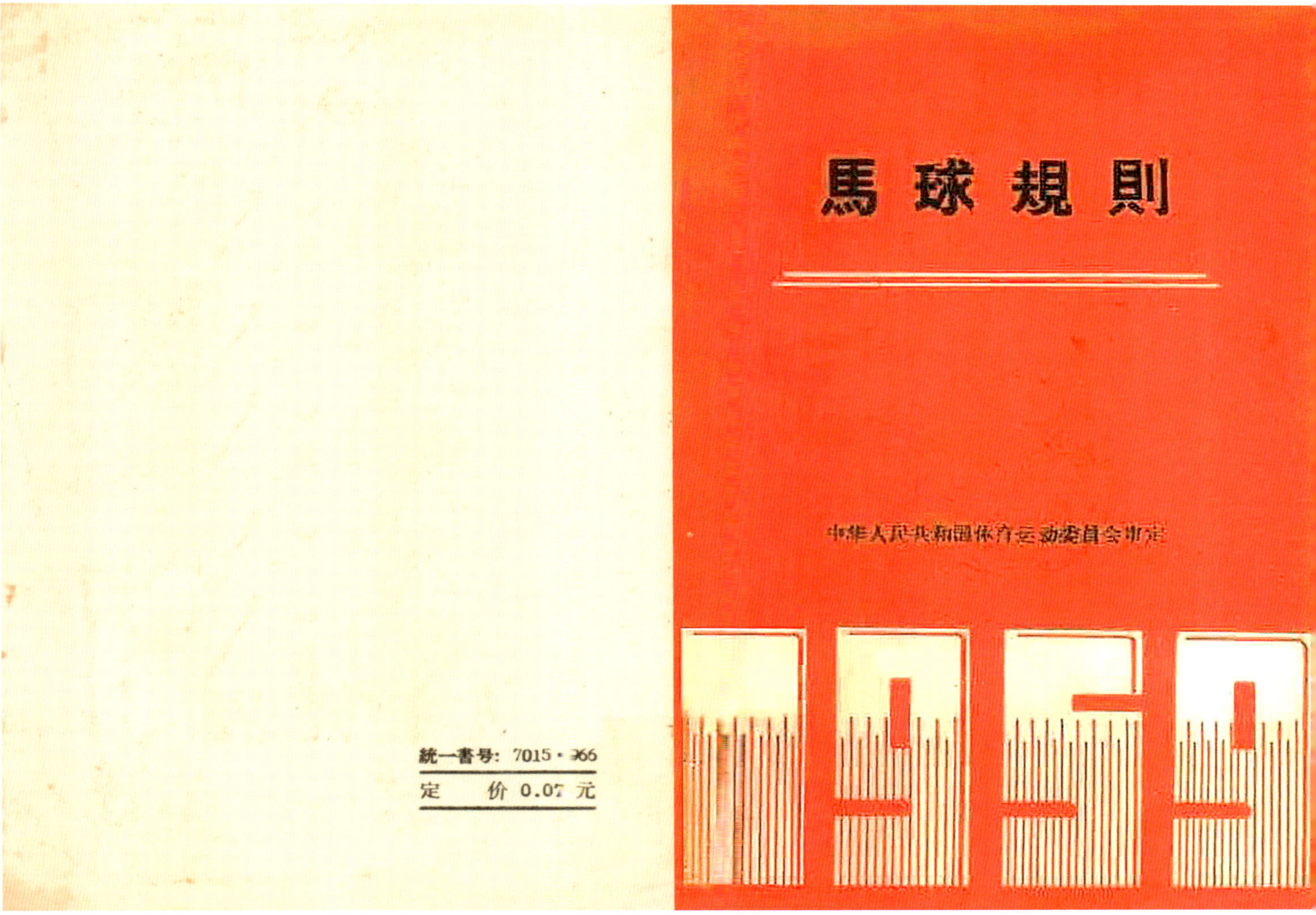
馬球規則
中华人民共和国体育运动委员会审定
統一書号: 7015·366
定 价 0.07 元

《马球规则》封面、封底

7

1960年中央人民政府体育运动委员会组织修订《马球竞赛规则》

1960年出版的《马球竞赛规则》在1959年《马球规则》的基础上进行了调整和优化，简化为四
内容包括比赛通则、比赛进行中裁判方法、裁判人员及其职责和场地设备及器材。其中球场面
由长300米、宽200米，调整为长300米、宽160米。《马球竞赛规则》全书内容收录在2021年由王
禅编译、江苏凤凰文艺出版社出版的《马球规则手册》中。

有王士斌中文和英文签名的《马球竞赛规则》赠书

郭磊提供

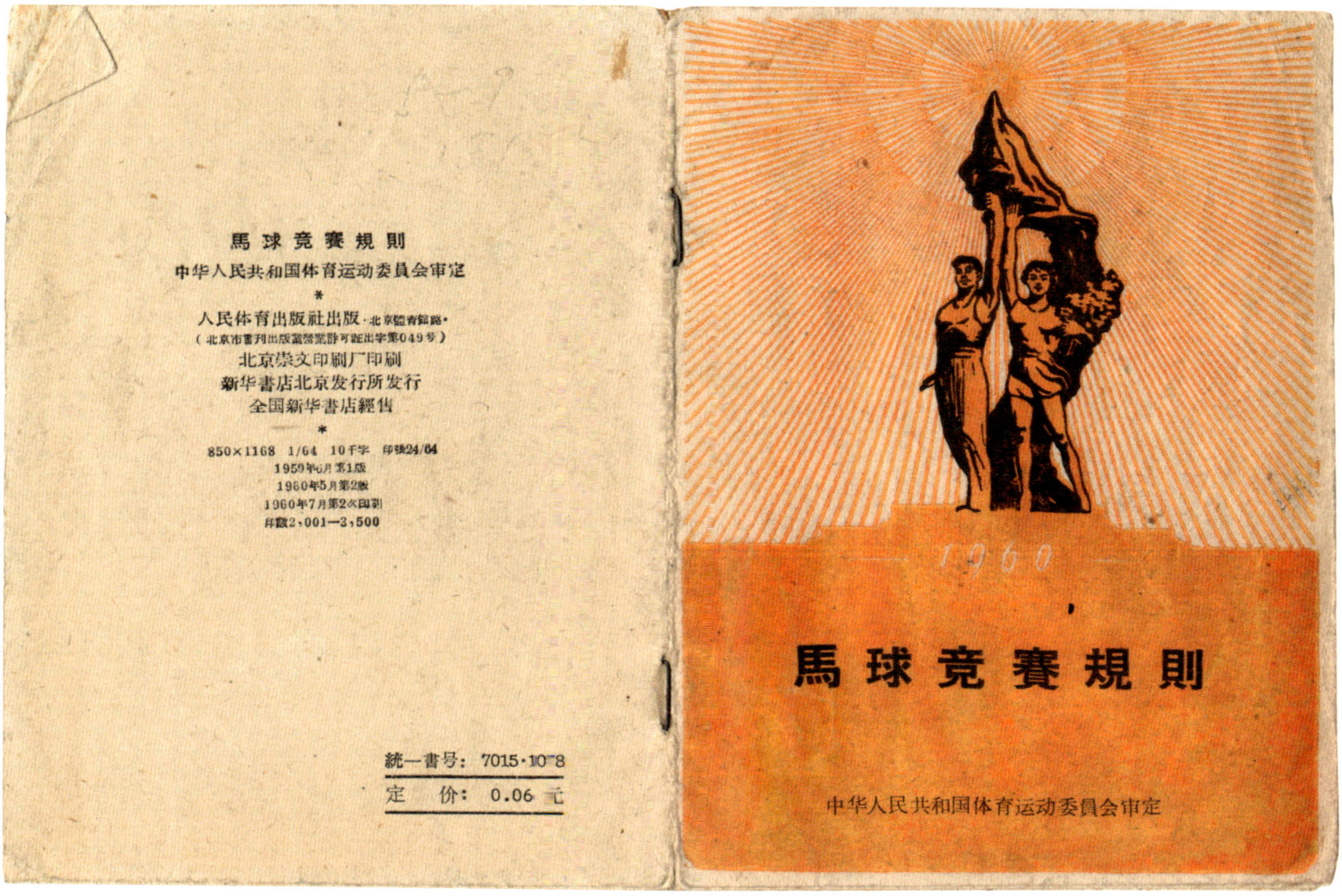

馬球竞賽規則
中华人民共和国体育运动委員会审定
*
人民体育出版社出版·北京體育館路·
（北京市書刊出版業營業許可証出字第049号）
北京崇文印刷厂印刷
新华書店北京发行所发行
全国新华書店經售
*
850×1168 1/64 10千字 印張24/64
1959年6月第1版
1960年5月第2版
1960年7月第2次印刷
印數2,001—3,500
統一書号：7015·10⁻8
定 价：0.06 元
1960
馬球竞賽規則
中华人民共和国体育运动委員会审定

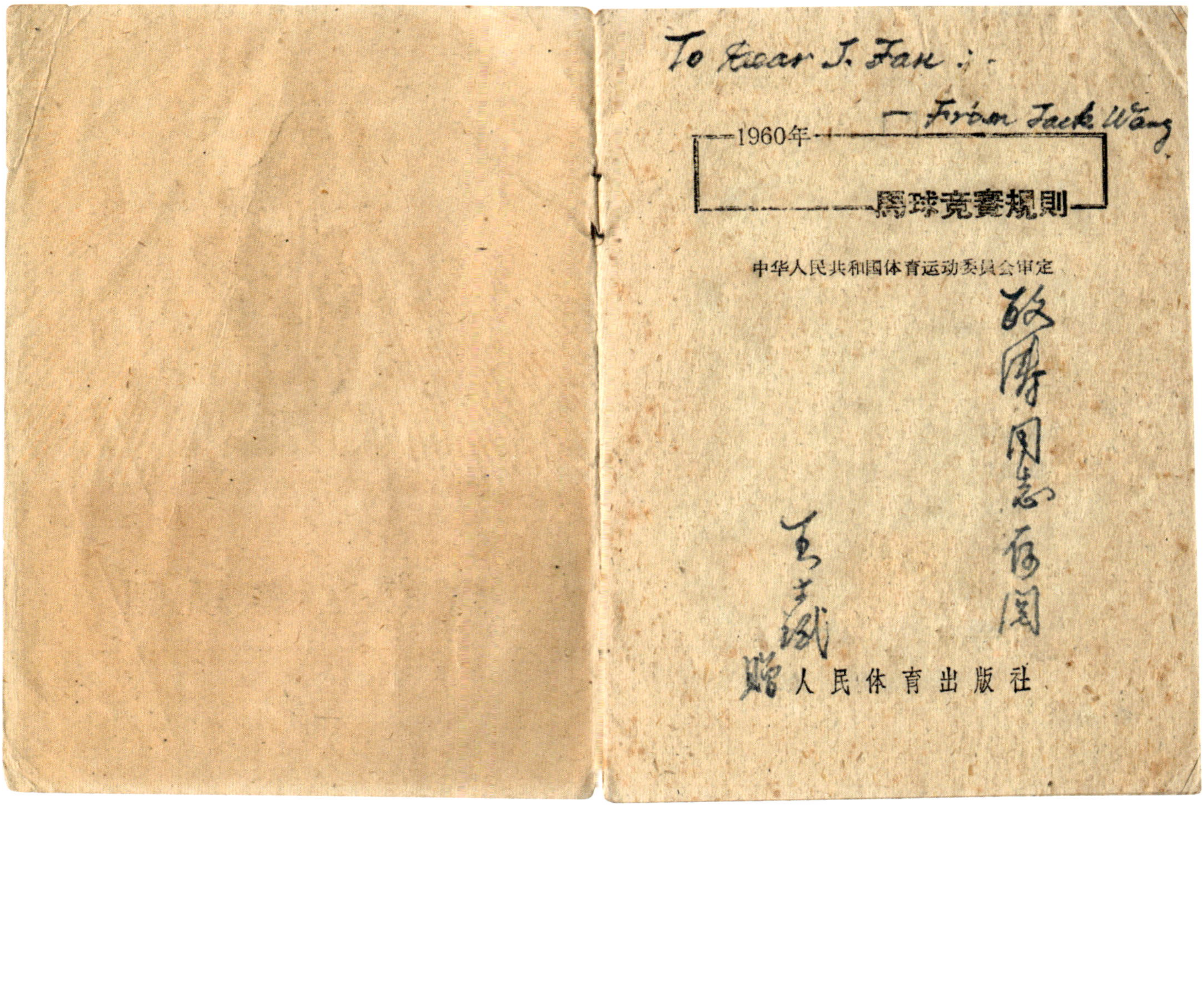

1960年
馬球竞賽規則
中华人民共和国体育运动委員会审定
人民体育出版社

8

1963年《新体育》杂志刊登的马球比赛照片

第一届全运会后，中央人民政府体育运动委员会看到马球运动在全国恢复发展之迅速、技术提之快，对进一步发展该运动充满了信心。于是趁热打铁，于1960年6月11~25日在内蒙古自治区呼浩特市举行了全国马球锦标赛，上海、新疆、青海、河北、黑龙江、北京、安徽、江苏、内蒙古及放军共十支马球代表队参加比赛。经过45场紧张激烈的角逐，解放军马球队获全胜，得18分，名第一；内蒙古自治区马球队以3比5负于解放军马球队，得16分，名列第二；新疆马球队获得第三江苏马球队进步很快，从全运会的第九名一跃成为第四名；第五到十名分别是上海、河北、黑江、北京、青海、安徽代表队。此次全国马球锦标赛掀起了中国现代马球运动的高潮。

20 世纪 60 年代初的马球赛

李虎臣摄影

20 世纪 60 年代摄影师李仲魁
在内蒙古自治区拍摄的马球赛

20 世纪 60 年代内蒙古自治区的马球赛

李仲魁摄影

10 20世纪70年代初 内蒙古自治区马球队恢复组建

1972年9月，内蒙古自治区恢复组建马球队，一批年轻选手应征成为新的马球手。据队员图门陶陶回忆，他是1972年9月9日入选内蒙古自治区马球队，陈双玉（赛吉拉乎的儿子）也成为马球队新队员。1973年初，近67岁的庞复庭教练指导刚刚恢复组建的内蒙古自治区马球队，新队员有额登朝鲁、姚志强、图门陶格陶、崔晓华、卜云刚、王新元、卫星、陈双玉和巴图敖其尔。

1972 年 9 月内蒙古自治区马球队队员合影

左起：姚志强、卫星、额尔登毕鲁、卜云刚、王新元、崔晓华、图门陶格陶、陈双玉

陈双玉提供

·

1973 年庞复庭给内蒙古自治区马球队新队员示范马球技术（左页）

文凯摄影

·

20 世纪 70 年代初赛吉拉乎教练带领年轻的内蒙古自治区马球队（右页上）

陈双玉提供

·

20 世纪 70 年代赛吉拉乎裁判在球场开球（右页下）

陈双玉提供

II 20世纪70年代 内蒙古自治区马球队的表演赛

20世纪70年代内蒙古自治区马球队的表演赛

文凯摄影

20世纪70年代内蒙古自治区马球队的比赛

阿如立提供

12 1975年9月在北京举办的第三届全运会上马球为表演项目

1975年9月12~28日，第三届全运会在北京举行，大会设有马球表演项目。蒙古自治区马球队应邀入京，先后在天坛体育场和宣武区体育场轮流表演了十余场。照片中击球者为陈双玉，其左后方穿白色上衣的是著名马球运动员图陶格陶，镜头里还有姚志强、卜云刚、崔晓华，背对镜头的是裁判赛吉拉乎。

第三届全运会上的马球表演

孔凡根摄影

3 20世纪50~70年代的马球图案商品

随着马球运动在中国的复苏与发展，出现了一些具有马球元素的商品，如内蒙古呼和浩特火柴厂生产的印有马球图案的火柴盒、天津大陆烟厂的马球牌香烟等，但并没有形成以马球为主要题材的品牌。

与此同时，国外以马球为元素设计的商品形成了一些著名马球品牌。美国拉夫劳伦马球品牌成立于1968年，美国设计师拉夫劳伦把贵族打马球时穿的服装进行改制和设计，创造出Polo衫，其前短后长的衣摆正是为打马球时往前冲锋的动作而设计的，深受男性消费者喜爱，甚至还拓展了女性市场，由于该设计诠释了美国乡村俱乐部和富裕新贵的生活方式，遂成为行销世界的时尚品牌。另外，美国马球协会推出的U.S. Polo Assn.也成为世界知名服装品牌，阿根廷的拉马丁纳马球品牌是世界著名的顶级马球专业品牌，瑞士积家名表也推出过马球腕表，深受马球球员的喜爱。

20世纪50年代内蒙古自治区呼和浩特火柴厂生产的印有马球图案的火柴盒（右页左上）

20世纪50年代天津大陆烟厂生产的马球牌香烟烟盒（右页右上）

郭磊藏

1970年上海良益纸品厂印制的马球图案练习簿（右页下）

马球
呼和浩特市火柴厂

呼和浩特市火柴厂

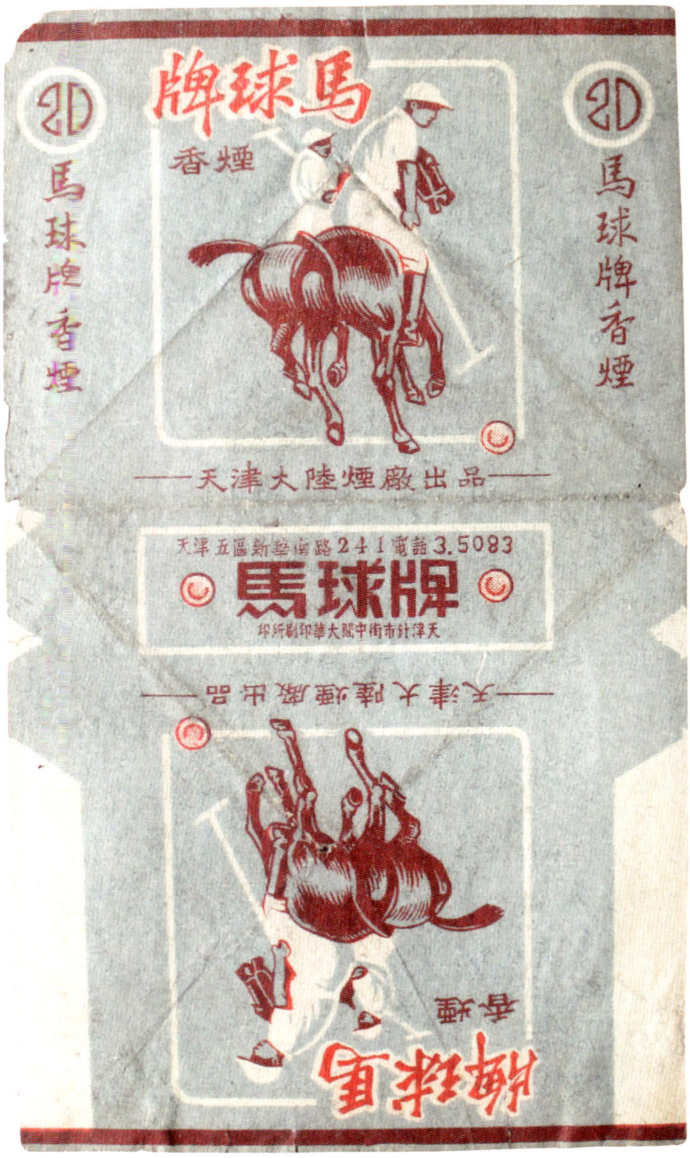
馬球牌
香煙
馬球牌香煙
馬球牌香煙
天津大陸煙廠出品
天津五區新疆街路241電話3.5083
馬球牌
天津大陸煙廠出品

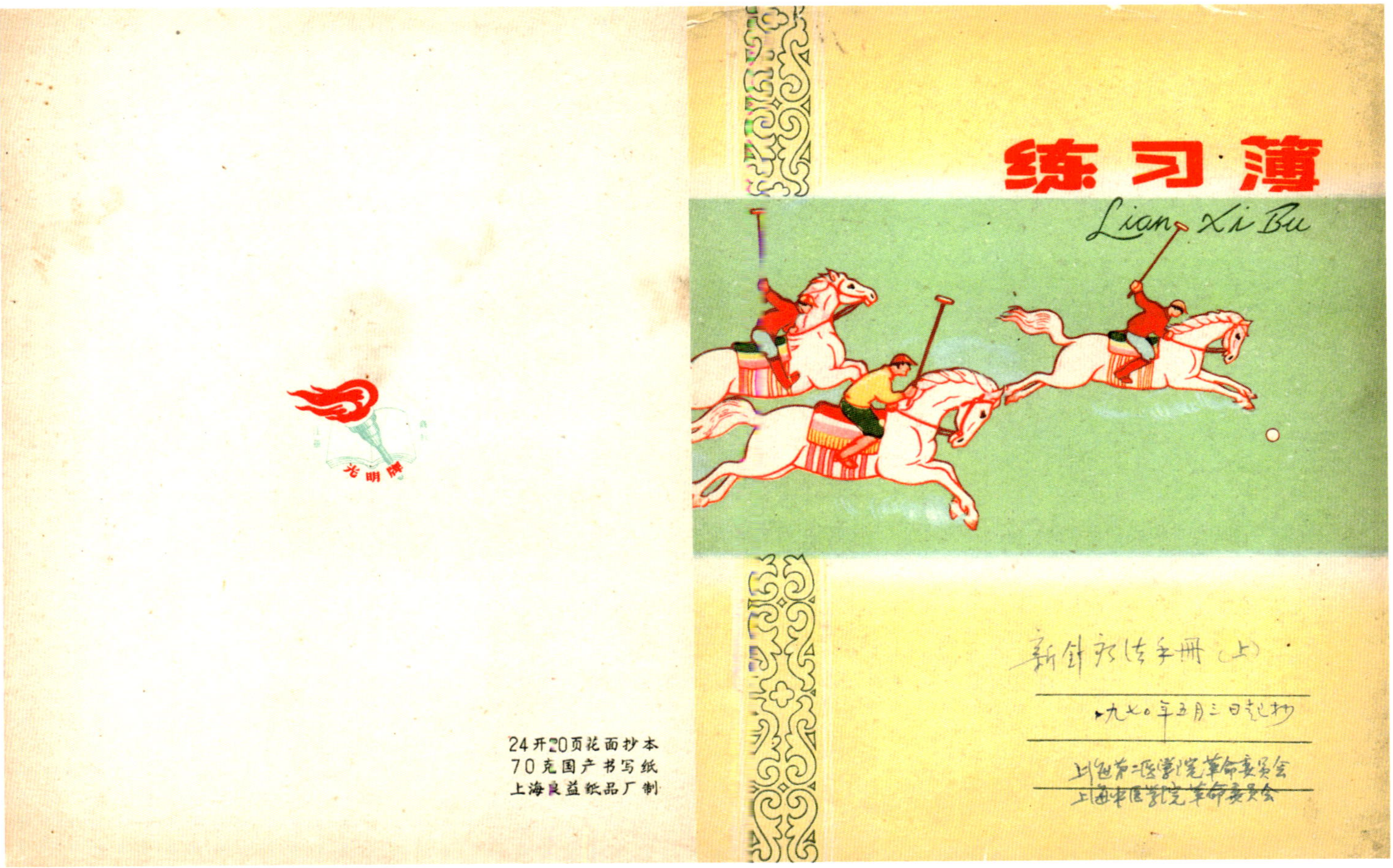
光明牌
24开20页花面抄本
70克国产书写纸
上海良益纸品厂制
练习簿
Lian Xi Bu
新針灸法手册（上）
一九七〇年五月三日起抄
上海中医学院革命委员会

4 20世纪50~70年代的马球主题艺术品

黄胄于1953年创作的国画《打马球》是一件十分著名的马球主题艺术作品。《打马球》聚焦竞球瞬间，通过笔墨变化着意刻画马的动感。马匹肢体腾跃、鬃毛舞动的姿态和逐球人物的动态，在的笔下得到了生动表现。此画曾获全国青年美术展览一等奖，也体现了中华人民共和国成立后现代球的兴起和兴旺。

1953 年著名画家黄胄创作的《打马球》

纸本设色

纵 137、横 162 厘米

中国美术馆藏

1959 年著名画家黄芝生创作的宣传画《马球》

纵 50、横 65 厘米

作者藏

《新体育》1962 年第 7 期封底刊登徐启雄创作的国画《马球手》

20世纪60~70年代李跃忠绘制的宣传画《小马球队员》

1976年工人画家王德发创作的宣传画《打马球》

纵50、横65厘米

郭磊藏

四 中国现代马球进入新时代

1978—2005 年

1978 年，中国迎来了全面发展的新时代，马球运动也进一步繁荣和发展。内蒙古自治区马球
承担了马球国际交流和表演的各项任务。民办马球俱乐部也逐渐兴起，北京阳光时代马球俱乐
北京唐人马球俱乐部、天津三亚国际马球俱乐部、浙江嘉兴九龙山马球俱乐部等相继创办，各大
球赛事在各个马球俱乐部接连举行，中国现代马球运动进入新时代。

20 世纪 80 年代
内蒙古自治区马球队表演赛

内蒙古自治区马球队承担着马球表演赛的任务。1975~1985
，内蒙古自治区马球队为美、英、法、日、德、意等30多
国家的来宾、非洲十国考察团以及港澳同胞表演了121场马
赛，观众累计达40余万人次。

20 世纪 80 年代内蒙古自治区马球队表演赛

2 1981年《民族画报》介绍马球运动

民族体育

马球

大业 冠连 撰文

马乃辉 摄影

《宣宗行乐图》（明初佚名画家所画的马球比赛的一个精彩场面）。

马球拐子和球。拐子是藤和榿木所制。

开球。

转马后拐。

呼和浩特市赛马场的中心广场烟尘滚
矫若游龙的八匹骏马在纵横驰骋，慓
的骑手时而俯身挥拐，时而策马追驰，
着满场飞舞滚动的马球往来角逐……内
古自治区马术队精彩的马球表演，真是
人引颈翘望，赞叹叫绝。

马球，是我国民族体育百花园中的一
奇葩。据记载，远在汉魏，就有一种持
击球的游戏。到了唐代，从西藏传入一
波罗”球戏，也是骑在马上持杖击球。
宋、辽、金、元，是我国马球极盛时
那时，“击球”技艺不仅成了统治阶级
将用材的标准之一，而且是盛大典礼的
要内容。当时，马球运动已从单项竞赛
展到集体马球赛，从宫廷观赏普及到民
马球比赛，甚至宫廷里尚有女子马球比
可见此项运动在当时之盛况。

但是，在封建王朝和反动统治阶级统
下，马球运动只能成为王公贵族、富豪
绅们寻欢作乐的玩物。

全国解放以来，在党和国家的重视
备受摧残的马球运动获得了新的生
内蒙古自治区马术队从五十年代初成
以来，历届全国运动会和重大比赛中，
获得了优秀成绩。

我国1960年制定的马球竞赛规则规
正式马球竞赛场地要求长三百米，宽
百六十米，在两边端线的中间各有宽八
的球门。比赛时双方各自入场四名运动
不设守门员。全场比赛共分四局，每
局八分钟。四局之间的休息时间分别为三分、五分、三分。竞赛用马球直径为八点三厘米的木质或藤质圆球。球拐子的长短以个人适用方便为度。

粉碎“四人帮”后，一度被解散的内蒙古自治区马术队重新组建，现有男女运动员六十多名，平均年龄二十多岁，其中蒙古族队员占70%以上。近年来，他们在完成训练任务和比赛任务的同时，还承担了为国际友人和人民群众表演的光荣任务。

马球比赛在激烈进行中。

进球。

右前脖。

左前拐。

右前拐。

《民族画报》1981年第8期刊登介绍马球的文章并配图

马乃挥摄影

3

1983年10月巴基斯坦国际航空公司马球队访问中国

1983年10月3~9日，应中华全国体育总会的邀请，巴基斯坦国际航空公司马球队一行八人在巴航
理部主任门杜将军的率领下赴内蒙古自治区呼和浩特市访问，并与内蒙古自治区马球队进行了两场
谊赛。

为了组织好与巴航马球队的比赛，内蒙古自治区马球队将原来的表演队伍分成甲、乙两队。内蒙
马球甲队领队是常胜，教练是赛吉拉乎，五名队员是崔孝华、陈双玉、图门陶格陶、巴嘎敖具尔和
山。内蒙古马球乙队领队是占布拉，教练是曹敦扎布，五名队员是乌力吉图、斯琴毕力格、姚志强、
和、布仁。

内蒙古自治区马球队是中华人民共和国成立以来第一次与外国马球队交锋，巴航马球队在巴基
坦是支劲旅，运动员都是达到不同国际马球级别的球员，其中许多球员参加过国际马球比赛，他
技术娴熟，配合默契，战术灵活多变，熟悉国际马球规则。而内蒙古自治区马球队建队时间虽长，
因在国内缺乏比赛机会，虽有一定技术水平，却缺少临场经验，且不太熟悉国际马球规则。尽管如
内蒙古自治区马球队队员毫不怯场。他们在场上发挥快速、勇敢的特有风格和敢打敢拼的精神。
一场比赛，内蒙古马球甲队以6比5胜巴航马球队；第二场比赛巴航马球队以6比4胜内蒙古马球乙
。比赛结束后，双方教练员和运动员举行了经验交流会。巴航马球队领队门杜将军非常赞赏内蒙
自治区马球队勇猛顽强的精神和良好的体育道德作风。通过比赛，内蒙古自治区马球队也受益不少，
到了新球艺和新规则。巴航马球队领队门杜将军表示将邀请内蒙古自治区马球队访问巴基斯坦。

照片为巴航马球队领队门杜将军与内蒙古自治区马球队领队常胜在交换队旗，右后侧为裁判白明。

巴航马球队和内蒙古自治区马球队交换队旗

白明提供

4　1984 年 12 月
内蒙古自治区马球队访问巴基斯坦

1984年12月24日至1985年1月10日，内蒙古自治区马球队应邀访问了巴基斯坦的卡拉奇、白沙和拉合尔三个城市。此次出访一行八人，分别为领队常胜、教练白明以及崔孝华、朝鲁、图门陶格 呼和、乌力吉图、赛吉拉乎六名队员。出访期间共进行了七场马球友谊赛（原计划为六场，后加场），内蒙古自治区马球队一胜六负，成绩不太理想。失利的主要原因有三：一是运动员初次出国分紧张，技术水平发挥不出来，战术配合失调；二是对巴基斯坦马匹不适应，巴基斯坦马匹比蒙古高大得多，调教方法也不一样，骑手驾驭马匹不自如，影响技术发挥；三是对国际马球规则不太熟 禁区内不必要的犯规多。其实双方实力相差并不大。内蒙古自治区马球队通过18天的出访，锻了队伍，提高了水平，打开了眼界。队员们看到在卡拉奇等城市里，上至王子、将军，下至普通士 百姓，甚至六七十岁的老人都非常喜爱马球，还有很多孩子手执马球短杆在街上打球玩。访问基斯坦的最后一场比赛中，巴方派出两位五十多岁的将军参赛，他们的骑术、击球技术与战术配合非常出色。通过几场友谊赛，内蒙古自治区马球队在马球的打法、战术的运用以及各种击球动作的术要领、训练手段等方面学到了很多，对我国马球事业的发展起到良好的助推作用。

在卡拉奇，内蒙古自治区马球队与巴航马球队赛前交换队旗

白明提供

身着红色球衣的内蒙古自治区马球队队员在与卡拉奇马球队的比赛中救边球

白明提供

赛后巴方给内蒙古自治区马球队教练兼裁判白明（右一）颁奖（左页上）

白明提供

在与巴航马球队比赛后，巴方颁发奖杯（左页下）

白明提供

内蒙古自治区马球队领队、教练和全体队员合影（右页）

白明提供

5 1985年7月法国洪迪奥俱乐部马球队访问中国

1985年7月7~11日，法国洪迪奥俱乐部马球队一行十人应邀到访内蒙古自治区呼和浩特市，与内古自治区马球队进行友谊赛。内蒙古自治区马球队将队员调整为甲、乙两队，同法国洪迪奥俱乐部求队进行了两场比赛。甲队领队是常胜，教练是赛吉拉乎，六名运动员是崔孝华、朝鲁、图门陶格、呼和、姚志强、乌力吉图。乙队领队是王宏伟，教练是曹敦扎布，六名运动员是敖尔登朝仲、图陶格陶，呼和、乌力吉图、崔孝华、姚志强。第一场比赛内蒙古马球甲队以4比3取胜。第二场比去国洪迪奥俱乐部马球队以4比2胜内蒙古马球乙队。总的来看，法国洪迪奥俱乐部马球队是一支圣验的马球队，无论在技术、战术上都强于内蒙古自治区马球队。但内蒙古自治区马球队的特点是孟顽强、速度快，加上是自己的主场，熟悉场地和马匹，打得比较顺手。

内蒙古自治区马球队和法国洪迪奥俱乐部马球队球员、教练及裁判合影

文凯摄影

赛吉拉乎教练、白明教练以及崔晓华和法国球员交流握杆技术

文凯摄影

内蒙古自治区马球队队员图门陶格陶（左一）和法国洪迪奥俱乐部马球队队员友好交流

文凯摄影

两队比赛进行中

文凯摄影

6

1985 年帅培业完成硕士论文《中国古代马球规则综论》

帅培业，原四川省马术协会副主席，1981 年毕业于成都大学历史系，同年考入成都体育学院体育研究所，攻读硕士学位，研究方向为中国古代马球运动，是中国历史上第一个古代马球运动方向的究生。其硕士论文《中国古代马球规则综论》对中国古代马球规则进行了专题研究，内容包括球场地、球门、球杆、球、球员服装、比赛人数、报分员与记分员、比赛局数与胜负评定、运动员分队)、开球仪式与发球、音乐伴奏、犯规与处罚以及古代马球相关名词解释。这篇论文是对中国古马球规则进行的一次综合性研究。

帅培业 1985 年硕士学位论文

帅培业提供

中国古代馬毬規則綜論

成都体育学院
体育史研究室
御培業

目録

7

1990年帅培业复原中国古代马球服

帅培业经过多年研究，在中国古代服饰研究专家沈从文的指点下，全手工复原了包括幞头、上衣靴子三个主体部分在内的中国古代的马球服。幞头有三种样式，其中长脚幞头为球队队长所戴，折和卷脚幞头为队员所戴，两队队员可分别戴不同样式的幞头以为区分，卷脚幞头也可作为表演服上衣为圆领团花青锦衫；靴子是乌皮六缝靴。1990年，为庆祝第十一届亚运会在北京召开，这马球服在中国体育博物馆展出。

帅培业于1990年复原的中国古代马球服

帅培业提供

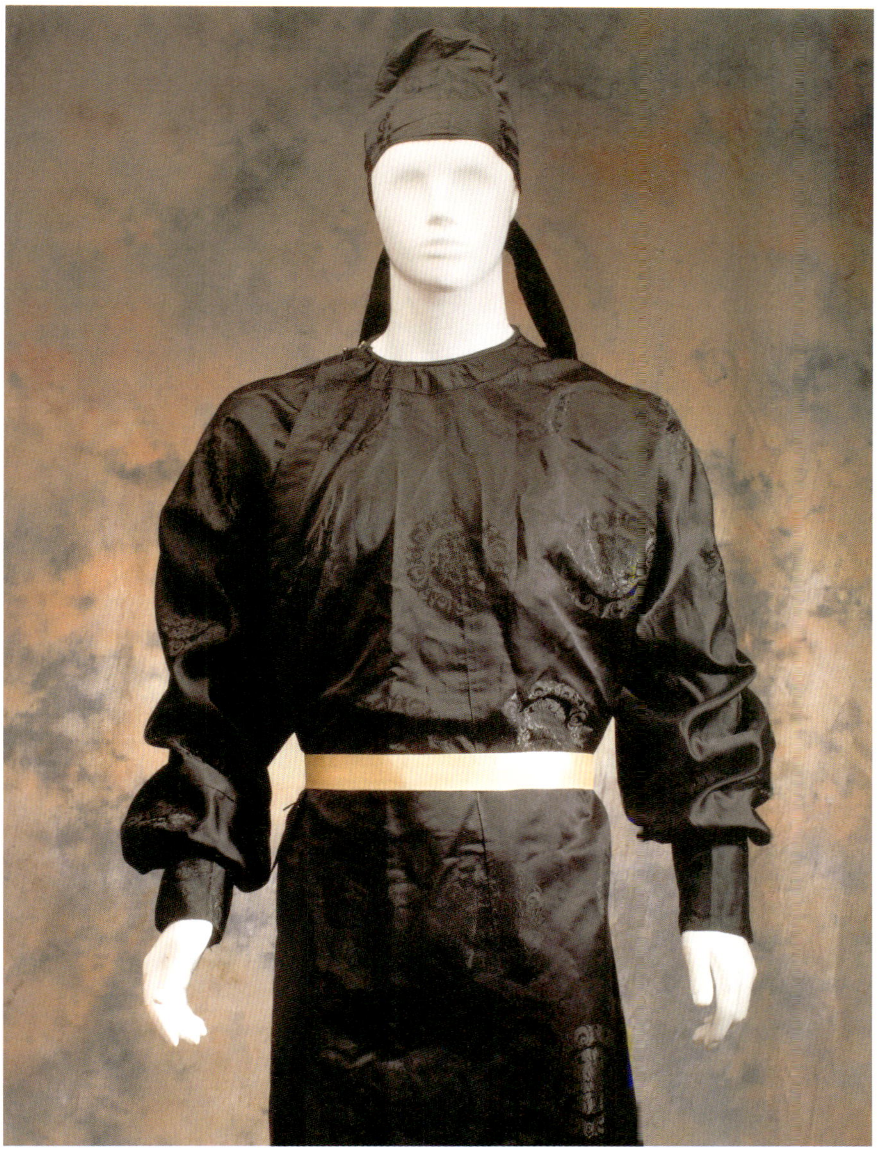

8 1991年第四届全国少数民族传统体育运动会内蒙古分会场马上项目

第四届全国少数民族传统体育运动会于1991年11月10~17日在广西壮族自治南宁市隆重举行。马上项目比赛（包括马球）在内蒙古自治区呼和浩特市分会举行。

第四届全国少数民族传统体育运动会内蒙古分会场盛况

1993 年西安
仿唐仕女马球队成立

1993年，在古城西安出现了一支仿唐仕女马球队，这支马球队由痴迷马球的西北汉子陈斌组建，员多是来自西安体育学院、西安艺术学校及热爱马术的女子选手。该马球队曾参与西安古文化艺术美国前总统克林顿访问等活动的表演工作以及国庆45周年北京丰台专场演出；同时经常在全国地巡回演出和比赛，颇受欢迎。西安仿唐仕女马球队队员有张萍、方天柱、田广萍、焦利强、刘朝蒋晨、张树军、郑斌、胡小洁、杨华、周明珠、马莎、穆卫蓓、穆工蕾等。2003年，该马球队解队员也分散到了全国各地。

西安仿唐仕女马球队

陶明摄影

10 1994年《中国马术运动史》出版

《中国马术运动史》对中国马球和马术运动发展历史进行了梳理和研究，是国内出版的第一本关马球、马术历史的教科书。

1987年底，国家体育运动委员会派员到成都拜访帅培业并请他执笔撰写《中国马术运动史》一书。受任务后，帅培业三赴北京、两赴呼和浩特，与专家、同行切磋交流。1993年，汇集了帅培业多年血的著作《中国马术运动史》终于定稿，并于1994年正式出版。共同编著此书的还有三位近代著的马球运动员——庞复庭、王士斌和常胜。书中马球部分对中国古代马球历史进行了梳理和介绍，中国现代马球运动的发展也进行了系统的记录和阐述。

《中国马术运动史》封面（左）

执笔者帅培业（右上）

帅培业提供

编著者之一庞复庭（右下）

文凯提供

I 新疆塔吉克族传统马球运动

新疆塔吉克族一直保留着打马球的运动传统。塔吉克族马球比赛主要在民族传统节日和庆祝活动上举办。1964年9月，塔什库尔干塔吉克自治县成立10周年时，马球赛曾经是庆祝活动之一。1974年月，塔什库尔干塔吉克自治县成立20周年时，也举行了马球表演赛。2008年6月，塔吉克族马球为少数民族文化遗产，被列入第二批国家级非物质文化遗产名录。从新疆塔吉克族马球比赛中球使用的球杆长度在100厘米左右，击球时要俯下身子才能打到球，因此需要球员有高超的骑术和控能力。

塔吉克石头城是古代丝绸之路上的重要一站。新疆塔吉克族马球的起源没有发现具体文字记载，塔吉克部落中流传着一些古老的传说。据说在古老的塔吉克部落的战争中，胜利一方的首领命令失败一方首领的头颅割下，骑兵用棍子当球打，后来渐渐演变成塔吉克族马球。有学者从古代丝绸路的地理位置、新疆塔吉克族的历史和马背文化、周边巴基斯坦村落古老马球运动的存在以及石城附近遗存的古老马球场痕迹和马球赛时使用的装备（如球杆、球、计时器）等推测，新疆塔吉克马球有可能是马球传入吐蕃和中原地区的过程中，在帕米尔高原上的孑遗。但这种推测尚需更多的料和考古发现去证实。

新疆塔吉克族马球赛

塔吉克族非物质文化保护中心提供

2 新疆塔吉克族传统马球杆和球

新疆塔吉克族的传统马球杆不同于现代马球的球杆，其杆身和杆头是由一整根木材制成，长度.2米，杆头呈铲形，打球时需要在马上俯下身子，对球员的骑术要求很高。这种球杆现在仍在塔克族马球运动中使用。

新疆塔吉克族的马球用球主要有三种。第一种是用羊的膀胱制成，马球比赛之前专门杀一只羊，羊的膀胱取出当作比赛用球，但球太轻，打的时候容易飘起来；第二种是木质的，用当地的一种根做成，这种树根呈圆形，使用时用刀将其削成直径17~18厘米的圆球，这种球比较结实，一般打不；第三种是用毛毡缝制，里面塞满毡片或碎布等，使球具有弹性，这种球的直径在20厘米左右，木质球稍大。毛毡制作的球现仍在塔吉克族马球运动中使用。

新疆塔吉克族传统马球杆

塔吉克族非物质文化保护中心提供

新疆塔吉克族传统马球用球

塔吉克族非物质文化保护中心提供

这两个皮制球是体育文物收藏家李祥在新疆维吾尔自治区阿勒泰地区阿勒泰市汗德尕特蒙古
乡阿尔恰特村收集到的。皮制球的外层用粗牛皮包裹，里面用鬃毛等物填充，直径8~10厘米，重
克，形状、大小均与甘肃敦煌马圈湾汉代烽燧遗址出土的疑似马球的球形物颇为相近。

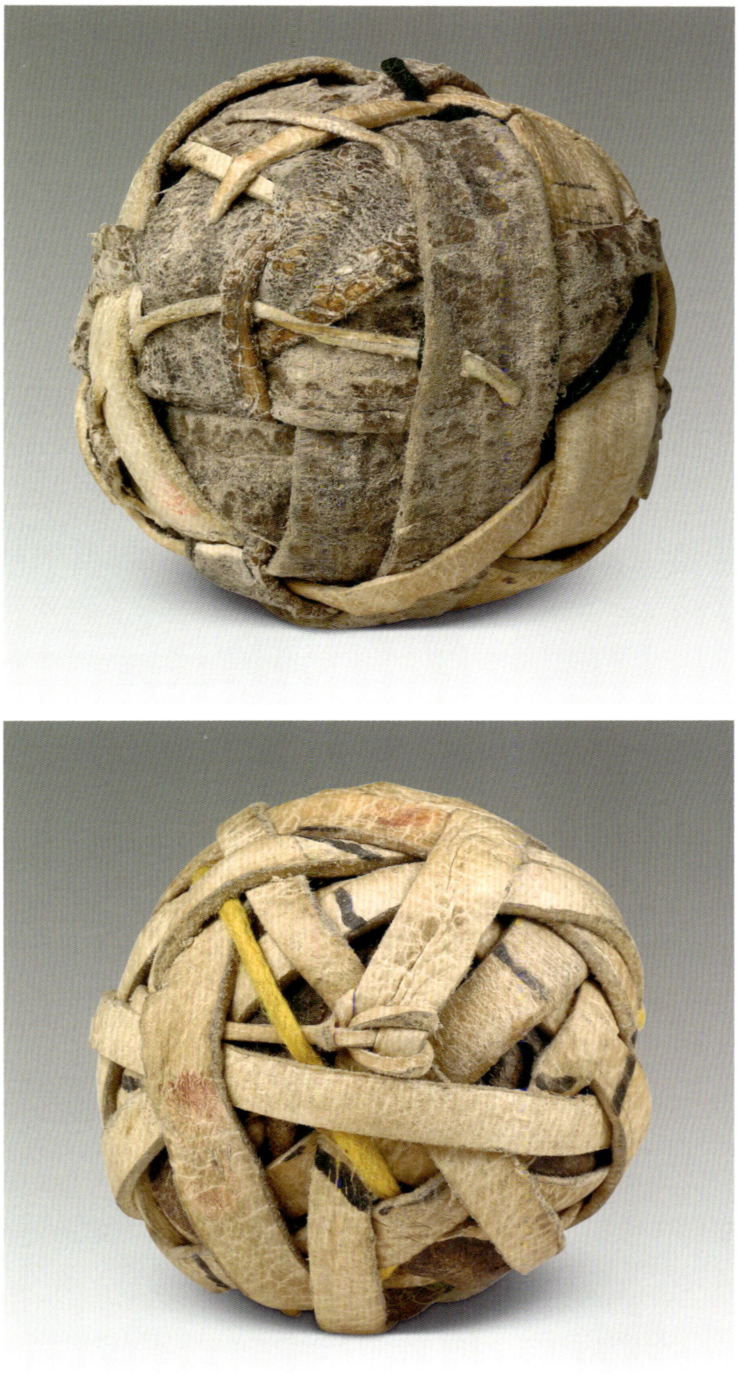

两个皮制球

李祥藏

13 新疆塔什库尔干石头城马球场遗址

20 世纪 80 年代，中国体育博物馆考察队在新疆维吾尔自治区塔什库尔干石头城下的山脚滩里发一座古老的马球场遗址。遗址长 150 米，宽 50~60 米，有围墙和土台，至今仍能看清看台及马球场轮廓。由于长期荒废，该马球场已变成一片荒地。相关资料显示，1932~1938 年英国驻喀什代办曾塔什库尔干石头城马球场打过马球。

新疆塔吉克族打马球时用古老的铁盆滴水法计时，即把铁盆底部打一个小孔，盆中水滴完比赛停止。塔吉克族马球装备相对于现代马球来说较为传统，如球杆还是一整根的短杆，不具有弹性，球距离不如现代球杆打的远，比赛中没有头盔保护，技术和战术水平比不上现代马球，草皮场地相对简单。但我们不能用原始和简陋来形容具有民族特色的传统马球，现代马球之父约瑟夫·谢当年在印度东北部的曼尼普尔地区看到的当地人打马球的场景或许和塔吉克族马球相像，塔吉克马球使当代人看到了古代马球的风采，是古代马球历史的生动再现，是马球历史的活化石。

新疆塔什库尔干石头城马球场遗址

塔吉克族非物质文化保护中心提供

新疆塔吉吉克族马球比赛时用古老的铁盆滴水计时器

塔吉克族非物质文化保护中心提供

14 内蒙古乌拉特后旗驼球运动

2005年，内蒙古自治区巴彦淖尔市乌拉特后旗兴起了驼球运动，即骑在骆驼上的打球运动。乌特后旗先后组建30支驼球队，有300多位球员，共参加了各地区组织的驼球邀请赛、表演赛和竞赛近百场。2005年，在乌拉特后旗举办了紫金杯国际驼球邀请赛，2005~2010年中蒙两国轮流举办国际驼球邀请赛。乌拉特后旗获得“中国驼球的摇篮”之美誉，乌拉特后旗蒙古族驼球项目被列入第四批国家级非物质文化遗产代表性项目名录。在蒙古国南戈壁和阿联酋的迪拜也有驼球的活动赛事。

除驼球外，马球还在传播与发展过程中与各地的地域文化和民族特色相结合，发展出毛驴马球、象马球、赛车马球、自行车马球、平衡车马球、单轮马球、兜网马球、沙滩马球、雪地马球等特球赛。在瑞士圣莫里茨每年都举办雪地马球赛，中国天津环亚国际马球俱乐部也曾举办世界上规最大、级别最高的雪地马球赛事——雪地马球世界杯。

内蒙古乌拉特后旗的驼球赛

乌汉毕力格摄影

15 藏族传统兜网马球运动

生活在“世界屋脊”的藏族人民，其独特的居住环境孕育了独特的文化，广阔的空间也孕育了种繁多的藏族传统体育项目。其中，藏族人民结合当地环境、在生产生活中发展出的骑马时用兜网掷球（兜网马球）的传统体育活动独具特色。这种运动的投掷方式为，将球涂上不同颜色，骑马掷出去，打到远处的布上，布上会染上球的颜色，谁投掷的球离中心点近，谁就赢得比赛。

藏族人民的兜网马球赛

加措仁波切提供

16 改革开放后的马球图案商品

1990 年北京亚运会马球图案基金奖券

20 世纪 90 年代河北石家庄卷烟厂设计的马球图案香烟盒

20 世纪 90 年代西安火柴厂马球雕塑图案系列火柴盒

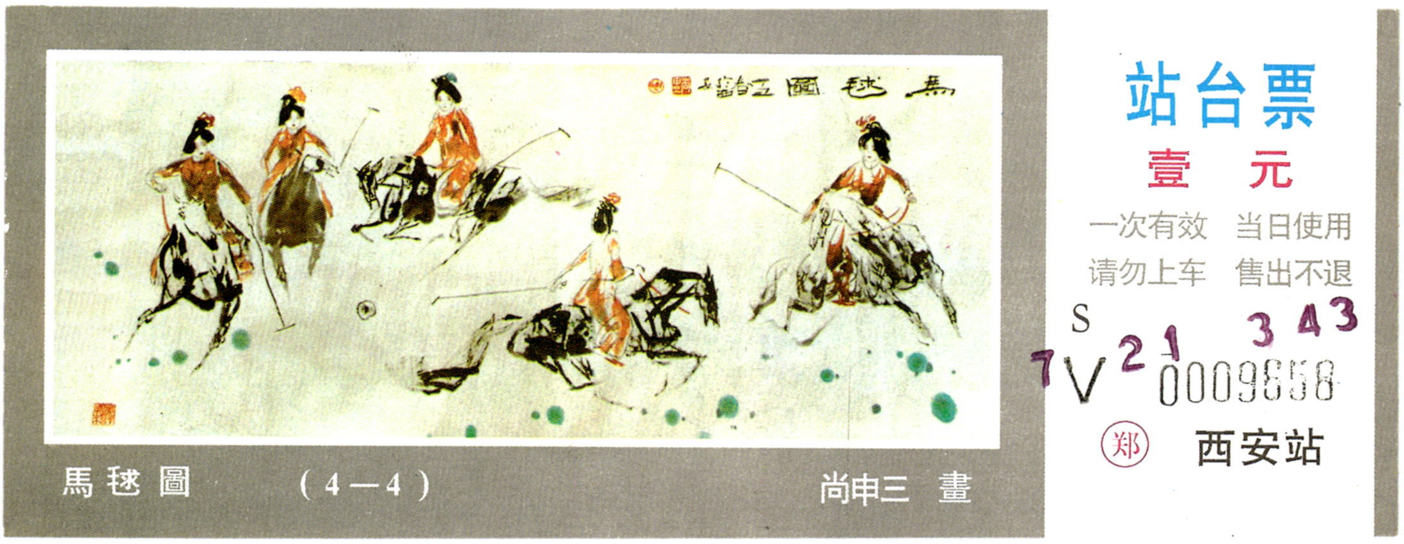

20世纪90年代西安火车站马球图案站台票

7 改革开放后的马球主题艺术品

改革开放后，马球主题的艺术创作掀起新的高潮，涌现出一批高水平的作品。如刘旦宅《马球
、被作为国礼的《唐代马球图》挂毯、罗远潜《唐仕女马球图》、彭先诚《马球图》以及贺诚《唐
马球图》。

《唐代马球图》挂毯是一幅大型艺术挂毯，在1984年洛杉矶奥运会期间由中国奥委会作为国
赠给国际奥委会。挂毯图案设计者为中央美术学院的张世彦，挂毯由河北省保定地毯厂编织制
时任国际奥委会主席萨马兰奇十分喜爱这块大型挂毯，将其挂在瑞士洛桑国际奥委会博物馆
大厅中。

《唐仕女马球图》为罗远潜于1993年创作，画中描绘了五名仕女打马球的场景。仕女婀娜多姿，
杆击球，马匹四蹄腾空，人马合一。罗远潜还创作了《夏韵》《除暑》《金秋》《小满》等多幅马球
题画作。2002年，岭南美术出版社专门出版了《罗远潜仕女马球图》画册。

彭先诚擅长没骨点染破墨法，善画鞍马人物，绘有多幅马球主题画作，其作品中的马球手和马均
感十足。其作品《马球图》获全国体育美展一等奖。

贺成擅长人物画，兼工山水、花鸟、书法。其作品《唐人马球图》曾展示于香港特首办公楼。

1978 年著名画家刘旦宅创作的国画《马球赛》

1984年制作的《唐代马球图》挂毯

纵300、横530厘米

张世彦绘

河北省保定地毯厂制作

周源摄影

中国体育代表团团长李梦华向国际奥委会主席萨马兰奇赠送《唐代马球图》挂毯

郭磊提供

BY THE CHINESE OLYMPIC COMMITTEE
MADE IN HEBEI CHINA

1993 年著名画家罗远潜创作的国画《唐仕女马球图》

纵 82、横 143 厘米

體扬戶多女婦代唐 圖球皮蒿

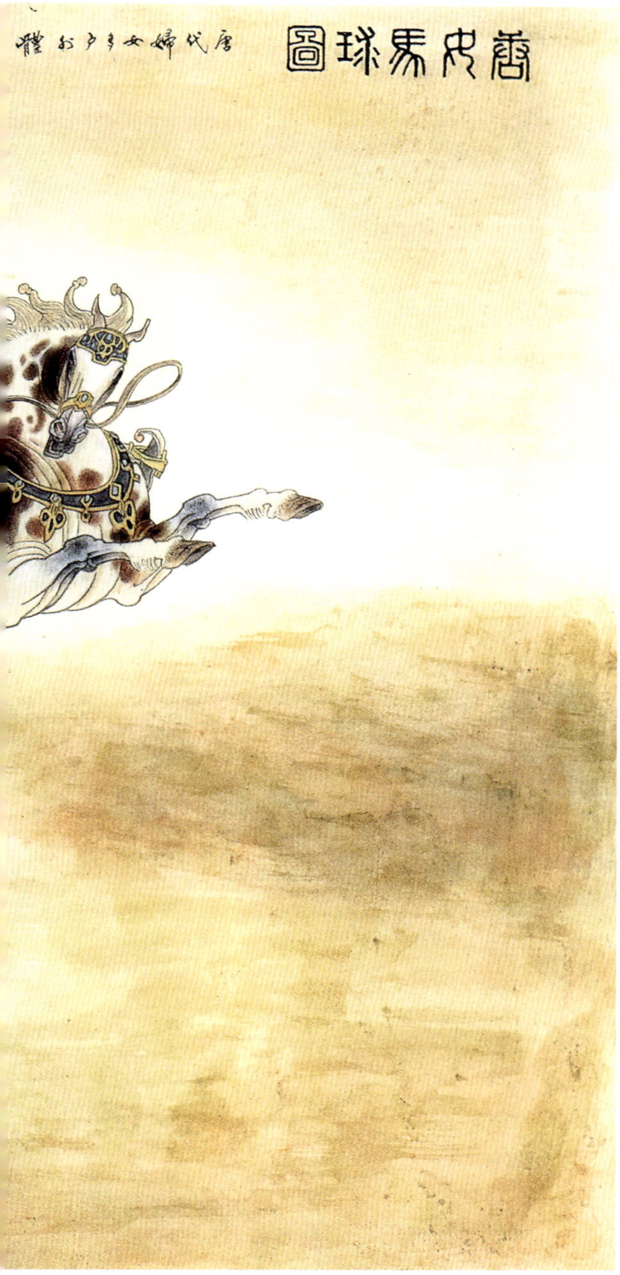

2002 年著名画家彭先诚创作的国画《马球图》

纵 35、横 70 厘米

2004 年著名画家贺成创作的国画《唐人马球图》

纵 58、横 138 厘米

结束语

自清末现代马球传入中国后，中国现代马球得以兴起和发展，这也得益于热爱和钟情于马球运的几代人的不懈努力。

第一代马球运动员有20世纪30~40年代活跃于上海的童振远、胡惠林、王昆山、顾兆麟、慧德、宋立峰、宋小峰和北京的王士斌等一批优秀的马球手，以及国民革命军第三十二军的庞复李培智、郭廷智、韩树芬、杨桂芳、阎学仪、张应龙、李麟炳、石德彰、李炳林等一批优秀的军马球运动员，他们在上海和北京等地马球圈演绎了中国人的马球传奇。其中的代表人物为庞复庭王士斌。

庞复庭，1907年11月3日出生于河北省任丘市，是20世纪30~40年代最优秀的中国马球运动员一。他于20世纪50年代担任内蒙古自治区马术队队长兼教练，是中国最知名的马球教练员和裁判同时，他也是中国人民解放军体育运动大会和全国少数民族传统体育运动大会马球比赛的裁判员、一届全运会马球比赛的裁判长，参与编撰了1959年中央人民政府体育运动委员会组织出版的《马球则》。1980年，庞复庭转入内蒙古自治区体育运动委员会科研所工作，投身于中国马球史料的整理作中，在《内蒙古体育史料》《内蒙古民族体育》等杂志上发表了《旧中国马球史料初探》《马球运《内蒙古马球马术开展概况》等多篇文章。1987年，庞复庭参加了《中国马术运动史》一书的编写。复庭从优秀的马球运动员、马球教练员和裁判员，逐步成为马球文化的传播者，是中国现代马球第代运动员中的杰出代表。

王士斌，1934年，尚为大学生的他因酷爱马球运动在聂保开办的北京骑马学校学习打马1939年，王士斌在北京马球会参加以外国人为主的总统杯比赛，并赢得了胜利。1941年，王士斌为北京马球会中第一位华人队长。1947年，王士斌在上海组建由自己担任队长的中国马球队，与国人一起练习和比赛。中华人民共和国成立后，他又担任中国人民解放军体育运动大会和全国少民族传统体育运动大会马球比赛的裁判员以及1959年第一届全运会马球比赛的裁判。20世纪80年他撰写了《中国马术史钩沉》《北京的马术运动》《以史为鉴发展我国的马术运动》等文章，发表《体育文史》和《北京体育文史》上。王士斌从20世纪30~40年代技艺高超的赛马选手和马球运动成长为20世纪50~60年代的优秀裁判，20世纪70~80年代又成为马球文化的宣传者，是中国现代球第一代运动员中的杰出代表。

第二代马球运动员有20世纪50~60年代内蒙古自治区马球队的常胜、赛吉拉乎、戈尔迪、冲德明海、德柱、仓布、赵玉泉和解放军马球队的曹敦扎布、那顺布和、宁布、肉孜等，他们在1959第一届全运会和1960年全国马球锦标赛上，书写了中国现代马球比赛的辉煌篇章。其中代表人物常胜和赛吉拉乎。

常胜，1932年10月出生于内蒙古自治区呼伦贝尔盟。1947年参加中国人民解放军内蒙古骑兵部1951年从内蒙古自治区察哈尔盟骑兵部队被选调到察哈尔盟军分区的马球试点训练班，1952年赴京全军首届“八一”体育运动大会，参加了精彩的马球表演。1953年参加在天津举行的首次全国少数族传统体育运动大会的马球表演。1956年，常胜任内蒙古自治区马术马球队队长，成为1958~1960的全国马球比赛中内蒙古自治区马球队的主力队员之一，连续三年带领内蒙古自治区马球队获得冠。特别是在1959年第一届全运会马球比赛中带领内蒙古自治区马球队夺冠，为内蒙古自治区马球队了光。1972年以后，常胜历任内蒙古自治区体育运动委员会军体处副处长、内蒙古自治区马术学校校长、内蒙古自治区马球马术协会秘书长。1975年，作为内蒙古自治区体育代表团成员，携内蒙古治区马球队参加在北京举办的第三届全运会马球表演赛。在1983年和1984年内蒙古自治区马球队巴基斯坦马球队的友谊赛中，常胜担任团长及内蒙古自治区马球队出访巴基斯坦的总领队。他还在85年内蒙古自治区马球队与法国洪迪奥俱乐部马球队的友谊赛中担任中方总团长。常胜是中国现代球第二代运动员中的杰出代表。

赛吉拉乎，出生于1930年。1951年在内蒙古骑兵一师服役时开始打马球，1952年调到内蒙古军马球队，1956年转业到内蒙古自治区体育运动委员会。1959年作为内蒙古自治区马球队的主力队员加第一届全运会马球比赛，在与河北马球队的比赛中，赛吉拉乎被从侧后方冲撞，马倒人翻，胸部马砸伤，当即昏迷。几天之后，争夺冠军的时刻到了，赛吉拉乎出人意料地出现在赛场，与队友一拼得桂冠。20世纪70~80年代，赛吉拉乎从马球运动员转任内蒙古自治区马球队教练，尽管马球只作为表演项目被保留下来，但他训练时要求严格，手把手传艺，成功组织和参与了几十场马球表演和友谊赛。赛吉拉乎是中国现代马球第二代运动员中的杰出代表。

第三代马球运动员有20世纪70~80年代内蒙古的崔孝华、朝鲁、图门陶格陶、呼和、乌力吉图、双玉等，以及优秀马球教练、裁判白明，他们完成了约百场马球表演赛，与巴基斯坦、法国、新加的马球队进行了友谊赛，向广大观众及外国来宾展现了中国马球的魅力。其中的代表人物为图门陶陶。

图门陶格陶，1957年10月11日出生于内蒙古自治区巴彦淖尔市乌拉特中旗。1972年9月入选内蒙自治区马术队马球班，1975年参加在北京举行的第三届全运会马球表演赛，在之后的内蒙古自治区立30周年及第二届全国少数民族传统体育运动大会中参与了马球表演。1983年10月，他参加了中内蒙古自治区马球队与来访的巴基斯坦国际航空马球队进行的马球友谊赛。1984年12月随队回访基斯坦并与当地马球队进行了七场马球友谊赛。2005年他参加了天筑伟业杯马球公开赛。2006年门陶格陶率草原诚信马球队参加北京阳光时代马球俱乐部举办的国际马球邀请赛，获得第三名。为推广和宣传马球，图门陶格陶于2007年在内蒙古自治区锡林郭勒盟锡林浩特市与当地牧民组建牧马球队。2009年后，他共参加了五届北京国际马球公开赛并担任场上裁判。图门陶格陶现担任内蒙奥威马业俱乐部的马球教练，仍活跃在马球赛场上。他是中国现代马球第三代运动员中的代表人物。

第四代马球运动员出现在20世纪90年代，伴随着各个马球俱乐部的成立，迎来了以刘诗来为代表的一批优秀马球手和马球爱好者，包括刘诗来、夏阳、李艳阳、刘楠、苏荣、刘向阳、徐沛枫、忠明、凌亮、王刚、肖力、宝音德力根、陈牧峤、陈雅列、李益民等。在这里我们要特别感谢前约驻华大使安马尔·阿·哈姆德先生，正是他担任大使期间，在中国倡导推广现代马球，凝聚起刘来、苏荣、刘楠等一批年轻企业家加入到马球的训练和比赛中来。

- 2005年夏阳创办北京阳光时代马球俱乐部并举办了多个年度北京国际马球公开赛，夏阳先生还与编著了《中国马球历史》一书。
- 2006年李艳阳创刊《马术》杂志并任总编，十多年来持之以恒地传播马球信息和马球文化，他时主办十几届中国马球精英赛。
- 2007年浙江嘉兴九龙山马球俱乐部创立并举办各种赛事。
- 2009年北京华彬庄园成立马球俱乐部并举行马球赛。
- 2010年10月10日刘诗来创建的唐人马球俱乐部盛大开业，连续举办代表着中国马球最高水平中国马球公开赛，同时承办了“英国马球日”和阿根廷大使杯马球公开赛等多项赛事。
- 2010年11月4日由潘苏通投巨资创办的天津环亚国际马球俱乐部盛大开业，举办了世界级的各马球赛事，包括24级的国际马球联合会超级国家杯赛、18级的国际马球联合会雪地马球世界杯世界顶级高校的环亚马球大学邀请赛等。
- 2017年罗斌女士创办1003马球学校，致力于为青少年马球爱好者提供高端马球的实战培训，举办了多届中国女子马球公开赛。
- 2019年6月28日中国马术协会成立中国马球专业委员会，并同时启动了复兴中国马球运动的仪中国马术协会主席张小宁兼任马球专业委员会主任，中国马术协会秘书长钟国伟兼任马球专业员会秘书长，唐人马球俱乐部创始人俱乐部主席刘诗来、天津高银国际俱乐部常务副董事长周军、北京阳光时代马球俱乐部董事长夏阳、名流马球马术俱乐部董事长吴定任马球专业委员会主任。会议还宣布了常务委员和委员名单，其中李艳阳、罗斌等任常务委员。
- 2019年11月18日中国国家马球队成立，在成立仪式上，国家马球队队员名单正式公布，他们别是：刘诗来、刘楠、李艳阳、宝音德力根、徐沛枫、饶忠明、林永玥，由刘诗来担任队长。

辉煌的历史、光荣的梦想，中国马球力量正在崛起，汇聚马球精英、凝结马球力量，第四代球运动员需要勇于拼搏、砥砺前行，他们肩负着复兴中国马球运动的伟大责任和光荣使命，中国马复兴指日可待！

相关名词
中英文对照

（按正文中第一次出现顺序排列）

《字林西报》 *The North-China Daily News*

《大陆报》 *The China Press*

《北华捷报》 *The North-China Herald*

《字林西报行名录》 *The North-China Desk Hong List*

《上海泰晤士报》 *The Shanghai Times*

《竞乐画报》 *The Illustrated Week-End News*

《南洋商报》 *The Singapore Free Press and Mercantile Advertiser*

《新闻报图画附刊》 *Sin Wan Pao Pictorial*

《海峡时报（新加坡）》 *The Straits Times*

胡惠林 William Hu

王昆山 L.P. Wong Quincey

童振远 T. Y. Tung

顾兆麟 Z. L. Koo

《1935年英国赫林汉姆马球协会年鉴》 *HPA Polo Yearbook: 1935*

布里斯托大学中国历史照片网 Historical Collection and Historical Photographs of China, University of Bristol

达勒姆郡档案办公室 Durham County Record Office

国家海军陆战队博物馆 National Museum of the Marine Corps

萨姆休斯敦州立大学牛顿格雷森图书馆 Newton Gresham Library, Sam Houston State University

格林斯博罗 Greensboro

诺伍德·阿乐满 Norwood Allman

曼尼普尔 Manupur

约瑟夫·谢勒 Joseph Sherer

卡查尔 Cachar

罗伯特·斯图尔特 Robert Stewart

西尔查马球俱乐部 Silchar Polo Club

加尔各答马球俱乐部 Calcutta Polo Club

西尔查康加俱乐部 Silchar Kangjai Club

蒙茅斯郡马球俱乐部 Monmouthshire Club

赫林汉姆马球俱乐部 Hurlingham Club

弗兰克·希思科特 Frank Heathcote

韦斯特切斯特杯 Westchester Cup

兰乔斯 Ranchos

内格里特 Estancia Negrete

大卫·申南 David Shennan

克里奥罗马 Criollo Horses

詹姆斯·戈登·贝内特 James Gordon Bennett

特切斯特马球俱乐部　Westchester Polo Club

波特　Newport

国马球协会　United States Polo Association（USPA）

国）国立陆军博物馆　National Army Museum

海马球会　Shanghai Polo Club

国体育会　International Recreation Club

斯　J. A. Hayes

国军人马球队　American Troop

军马球队　Marine

骑兵马球队　Light Horse

仔马球队　Cowboys

合烧烤马球队　Mixed Grill

猪马球队　Blue Pigs

西克杯　Keswick Cup

商口岸马球联赛　Interport Polo Match

治·斯坦利·诺尔斯　George Stanley Knowles

布斯杯　Forbes Cup

津通商口岸马球队　Tientsin Interport Polo Team

津马球俱乐部　Tientsin Polo Club

际马球联合会　Federation of International Polo（FIP）

古拉斯·科尔古洪-丹佛　Nicholas Colquhoun-Denvers

萝西·科布　Dorothy Cobb

廉·维恩·德莱蒙德　William Venn Drummond

京马球会　Peking Polo Club

格联夫人杯　Lady Aglen Cup

统杯　President Cup

京海军陆战队杯　The Peking Marines Trophy

球　Donkey Polo

翰·托马森　John W. Thomason

因里希亲王　Prince Heinrich

尔顿档案　Hulton Archive

伦汤斯杯　Allan-Townes Trophy

运动和戏剧画报》　*Illustrated Sporting and Dramatic News*

茨维尔　Huntsville

旋路　Keswick Road

士域街　Keswick Street

唐尼·盖西克　Tony Keswick
约翰·盖西克　John Keswick
罗伊·安德鲁斯　Roy Andrews
威莱德·维曼　Willard Wyman
纳尔逊·马格茨　Nelson Margetts
苏勒中尉　R. H. Soule
埃里克·尚德　Eric Thunder
亨利·盖西克　Henry Keswick
斯塔布斯夫人杯　Lady Stubbs Cup
皇家海军杯　Royal Navy Cup
阿特里克勒　D. Atrickler
克罗斯·史密斯　Cross Smith
查斯·罗伊斯　Chas Royce
桑汉姆·克拉克　Syndham Clark
麦卡勒姆杯　MacCallum Cup
聂保　T.S. Neppo
好以杯　Hoyt Cup
刘易斯·普勒　Lewis Puller
美国租界马球队　American Legation
克宁翰　E. S. Cunningham
阿乐满　Allman
樊克令　Franklin
罗杰　Rodger
泰勒　Taylor
康奈尔·樊克令　Cornell Franklin
威廉姆·阿乐满　William Allman
彼得·格兰爵士杯　Sir Peter Grain Cup
兰辛·好以　Lansing Hoyt
哈里斯　R.N. Harris
法国杯　French Cup
陆军杯　Army Cup
罗杰杯　Rodger Cup
赫伯特·菲利普斯爵士　Sir Herbert Phillips
保罗·科普斯　Paul Kops
史蒂夫·克拉克　Steve Clark
《尚流》 *The Tatler*

杯　Cathay Cup

挑战杯马球系列赛　Chinese Challenge Cup Series

四重奏马球队　Chinese Quartet Team

马球队　American Squad

色杯　Reinforcement Cup

汉姆马球队　Hurlingham Team

伴马球队　Good Companion Team

峰　L. F. Soong

峰　S. F. Soong

德　Walter Kwok

欧　L. Riggio

E. B. Moller

斯　J. J. Mokrejs

迈克尔　McMichael

Browne

克 · 帕克　Brock Park

色　Reinforcement

费尔丁　Warrenfield

斯　Lysippus

劳伦　Ralph Lauren

马球协会品牌　U.S. Polo Assn.

丁纳　La Martina

名表　Jaeger-LeCoultre

奇　Karachi

瓦　Peshawar

尔　Lahore

Camel Polo

马球　Donkey Polo

马球　Elephant Polo

马球　Car Polo

车马球　Bike Polo

车马球　Segway Polo

马球　Nacha Polo

马球　Polocrosse

马球　Beach Polo

马球　Snow Polo

里茨　St. Moritz

尔 · 阿 · 哈姆德　Anmar A.H.N. Al-Hmoud

参考文献

著　作

1 平报社体育部:《第六届全运始末记》，平报社体育部，1935年。

2 HPA: *HPA Polo Yearbook: 1935 Mar - 1935 Dec*, 1935.

3 British Cup: *Shanghai Polo Ground*, 1939年（赛事手册）.

4 中华全国体育总会:《一九五三年的五次全国运动会》，人民体育出版社，1954年。

5 中华人民共和国体育运动委员会审定:《马球规则》，人民体育出版社，1959年。

6 中华人民共和国第一届运动会宣传部:《1959年中华人民共和国第一届运动会纪念册》，人民体出版社，1959年。

7 中华人民共和国体育运动委员会审定:《马球竞赛规则》，人民体育出版社，1960年。

8 国家体委体育文史工作委员会、中国体育史学会:《中国近代体育史》，北京体育学院出版社，1989年。

9 国家体委体育文史工作委员会、中国马术协会:《中国马术运动史》，武汉出版社，1994年。

10 江阳、徐涛:《中国体育人才大典》，湖北辞书出版社，1996年。

11 《上海体育志》编纂委员会:《上海体育志》，上海社会科学院出版社，1996年。

12 天津市规划和国土资源局:《天津城市历史地图集》，天津古籍出版社，2004年。

13 李重申、李金梅、夏阳:《中国马球史》，甘肃教育出版社，2009年。

14 Horace A. Laffaye: *The Evolution of Polo*, McFarland & Company, Inc., 2009.

15 金开诚、张志:《别具一格的蹴鞠与马球》，吉林文史出版社，2011年。

16 喀什地区文化体育新闻出版局:《喀什非物质文化遗产代表性传承人》，新疆人民出版社，201

17 宗喀·漾正冈布、英加布、才干等:《安多却达——河曲马与吐蕃特马文化》，甘肃民族出版社2012年。

18 额博:《额博散文集》，远方出版社，2014年。

19 殷双喜:《毛主席——纪念毛泽东诞辰121周年影像经典（美术卷）》，人民美术出版社，2015年

20 Horace A. Laffaye: *The Polo Encyclopedia, Second Edition*, McFarland & Company, Inc., 2015.

21 Douglas Clark: *Shanghai Lawyer*, Earnshaw Books, 2017.

22 金彭育:《马场道与赛马会》，天津社会科学院出版社，2018年。

23 内蒙古自治区体育局:《内蒙古自治区志　体育志》（送审稿），2019年。

24 张宁:《异国事务的转译——近代上海的跑马、跑狗和回力球赛》，社会科学文献出版社，202

25 王婧婵编译，栾奕主审:《马球规则手册》，江苏凤凰文艺出版社，2021年。

报　刊

《北华捷报》1850 ~1941年。

《字林西报》1865~1951年。

《字林西报行名录》1872~1941年。

《申报》1872~ 1949年。

《新闻报》1893 ~ 1949年。

《小报》1897~1949年。

《大陆报》1911 ~1949年。

《大陆报·周日版》1911~1949年。

《益世报》1915~1949年。

《上海泰晤士报》1925~1943年。

《小日报》1928年。

《中央日报》1928 ~1949年。

《时报》1929年。

《北华捷报·星期新闻增刊》1929~1941年。

《南洋商报》1931年。

《新闻报图画附刊》1931年。

《海峡时报（新加坡）》1932年。

《东方杂志号外·第六届全运会画刊》，商务印书馆，1935年。

《体育世界》1935年。

《勤奋体育月报》1935年。

《力报》1935年。

《大公报（上海）》1935年。

《大公报（天津版）》1935年。

《北晨画刊》1935年。

《京报图画周刊》1935年。

《市民日报》1935年。

《导报（上海）》1935年。

《体育周报》1935年。

《娱乐》1935年。

30《竞乐画报》1935~1936年。
31《河南政治》1936年 。
32《天津商报画刊》1937年。
33《立报》1937 ~1949年。
34《前线日报》1945~1949年。
35《解放军画报》1952年9月号第18期。
36《新体育》1963年。
37《民族画报》1981年第8期。
38《体育文化导刊》1987年。
39《光明日报》2015年5月7日。
40《福建日报》2019年4月1日。
41《三秦都市报》2020年4月8日。

论 文

1 大业、冠连:《民族体育——马球》,《民族画报》1981年第8期。
2 庞复庭:《内蒙古马球马术开展概况》, 内蒙古体育文史工作领导小组编《内蒙古体育史料》19
年1月。
3 庞复庭:《旧中国马球史料初探》, 中国体育科学学会体育科学理论学会、内蒙古体育文史工作
导小组编印《一九八四年体育史论文报告会论文集——内蒙古体育史料专辑》, 1984年。
4 王士斌:《北京的马术运动》, 北京市体育文史工作委员会编《北京体育文史(第一辑)》, 1984
5 于学岭:《解放前的汉口赛马会》,《体育文史》1986年第2期。
6 王士斌:《中国马术史钩沉》,《体育文史》1987年第6期。
7 王士斌:《以史为鉴发展我国的马术运动》,《体育文史》1989年第2期。
8 亚森哈斯木:《维吾尔马球史探源》,《体育文史》1989年第1期。
9 邵荣华:《我国最早的跑马场》,《档案与建设》1993年第5期。
10 刘秉果:《球场风云》,《体育文化导刊》1994年第6期。
11 蓝叶:《商震将军晚年的故国情(二)》,《党史博采(纪实)》1995年第5期。
12 张令澳:《商震富有传奇色彩的经历》,《民国春秋》1997年第3期。
13 张碧君:《最早的外国驻京使馆》,《北京档案》1998年第1期。
14 安尼瓦尔·哈斯木:《古代新疆的打马球运动》,《新疆地方志》2014年第1期。

华一民:《上海跑马场回眸》,《检察风云》2014年第13期。
吴敏文:《抗战名师——晋军第三十二军》,《文史天地》2018年第8期。
王汗吾:《武汉最早的跑马场是什么样子》,《武汉文史资料》2018年第2期。
王汗吾:《汉口郊外西商跑马场建筑群的变化》,《武汉文史资料》2018年第3期。
王汗吾:《武汉近现代是否有过五座跑马场》,《武汉文史资料》2018年第4期。
张维松:《1935年<字林西报>对中华民国时期第六届全国运动会报道的研究》,《体育科研》2019年第1期。
韩雪:《近代青岛汇泉跑马场推测复原研究》,《城市建筑》2019年第21期。

致 谢

感谢中国摄影家协会名誉主席王瑶女士作为本书的艺术顾问，从图书规划、图片搜集到艺
美都给予了真诚细致的指导，她是我们学习的榜样和典范！

感谢鲁迅博物馆李游先生和内蒙古体育职业学院殷俊海先生，他们帮助联系到了国内多个
馆和相关人员，使我们能够顺利得到高清图片的授权！

感谢白明老师、图门陶格陶教练、帅培业老师，他们是近现代马球运动的见证人和古代马
则研究专家，他们提供了珍贵的马球图片！

感谢《马术》杂志李艳阳总编，他是中国马球国家队队员，既懂得马球技术，又懂得杂志
书的编辑出版，他为本书的筹划和图片收集提供了大力支持！

感谢郑州大学郭红卫教授，他给予本书很大的指导和支持，使我们收集到了许多珍贵的马
片和资料，虽然未曾与他谋面，但从他身上我们感受到了学术上的热情支持与无私奉献！

感谢世界中国学研究会秘书长李健秋博士、新疆维吾尔自治区文博院陈新勇副研究员，他
中国古代马球的考证和研究，使得本书的马球文物展示和文字记载更加可靠和翔实！

感谢首都师范大学历史学院刘屹院长和他的硕士研究生李子涵，他们认真校对了古代篇，
他们的历史学术功底，纠正了二十余处史料问题！

感谢香港《文汇报》前副主编尹树广先生和中国体育文物收藏家李祥先生，他们是中国古代
代体育史的专家和体育文物收藏家，为本书提供了信息和指导！

感谢吴佳萦女士，她协助我们收集各种资料，她的信息资料收集能力对本书有无可替代的价

感谢我们的挚友侯宝华和邵诗利，他们热情无私地给予本书多方位的帮助，对我们是极大的
励和鞭策！

感谢文化大师和书画家冯骥才、苏士澍、陈丹青、曾翔、邵岩、王建安、赵宏、华绍栋、庞
为本书题词和绘画，他们对我们的支持与鼓励，使我们感到无比荣幸！

事实上，给予本书支持和帮助的人还有很多很多，无法一一列举，在此我们一并表示深深的感

公元前770
春秋至南北朝时期
公元581年
公元589年
隋唐五代时期
公元907年
公元960年
宋辽金元时期
公元1368年
明清时期
公元1859年
公元1911年
公元1932年
公元1945年
公元1949年
公元1978年
公元2005年
现代马球传入中国
中国人的马球队
中国现代马球的兴盛
中国现代马球进入新时代

中国马球

POLO IN CHINA

王婧婵
王国华
栾奕
著

古代篇

文物出版社

第一作者简介

王婧婵 博士 Dr. Jackie Wang

· 美国宾夕法尼亚大学学士
· 美国哥伦比亚大学和英国伦敦政治经济学院双硕士
· 香港大学博士
· 中国科学院大学特别研究助理
· 曾在联合国妇女署实习工作
· 天津环亚国际马球俱乐部创始会员
· 1003 POLO 马球俱乐部联合创始人
· 女子马球手，多次参加马球赛事

· 中国摄影家协会名誉主席王瑶为王婧婵拍摄的作品《凝思》

马球之家 Polo Family

本书三位作者是一家人：父亲王国华、母亲栾奕、女儿王婧婵。父亲王国华毕业于天津大学，获博士学位，是马球历史和文化的爱好者、收集者、推广者。母亲栾奕毕业于清华大学和美国维克森林大学，获硕士学位，作为中国第一位女子马球解说员，在国内多地主持、解说重要马球赛事，多次获得『最佳解说员』称号。2021 年 9 月，女儿王婧婵与母亲栾奕共同合作出版了中国第一本中英双语的《马球规则手册》。这是一个热爱马球运动、喜爱马球文化、热衷宣传推广马球事业的真正的『马球之家』！

前言

马球，英文为polo，是一项古老而充满激情的运动，其昂扬的尚武精神吸引了众多爱好者。马球运动曾流行于皇室和军队中，被誉为『王者的运动』和『运动中的王者』，为三大马上体育运动（马球、马术和赛马）之一。马球是人和马共同完成的运动，追求人马合一，又融马术、曲棍球、冰球、高尔夫球和足球等多种运动于一身。同时，马球又是一项男女球手同场竞技的运动，充分体现了性别平等的文化内涵。

2019年11月，作为马球爱好者的王婧婵和她的球友一行四人，开启了赴『马球王国』阿根廷的马球朝圣之旅，去观看令人万分期待的阿根廷马球公开赛中马球顶级球手之间的对决（40级对阵40级）。途中，王婧婵买到了一本《Passion & Glory : A Century Of Argentine Polo》图录，这本图录展现了一个世纪以来阿根廷辉煌并富有激情的马球历史。当今阿根廷马球的世界地位如同中国乒乓球的世界地位，但中国马球的水平似乎就像阿根廷乒乓球的水平。从阿根廷回来后，我们一起翻看这本图录，一个念头闪现出来——能否也出版一本展现中国古代马球辉煌历史和中国现代马球发展历程的图录？随后，通过翻阅一些关于中国古代马球的史料和研究成果，如首都师范大学王永平教授的专著《游戏、竞技与娱乐——中古社会生活透视》、中国社会科学院考古研究所董新林研究员撰写的论文《中国古代马球运动史述论考》以及李重申、李金梅和夏阳所著的《中国马球史》等，我们对中国的马球历史有了更进一步的了解。我们就这样开启了这本图录的筹划和编写工作。编写期间，正赶上新冠肺炎疫情严重时期，这为本就十分艰难的图片和文字资料收集工作带来了更多困难。但马球运动带来的激情和荣耀激励着我们把这项工作做下去，由最初出版一本书的冲动，逐步升华为一种情怀、一种责任和一种使命。从冲动感到使命感的升华，使我们更有信心和勇气化解和克服遇到的困惑和难题，更敢于直面挑战，持续不断地投入超常的精力和财力，坚持做完这样一本几乎是最小众的图书。也是因为有了使命感，从最初构想出版一本中国马球画册，变成出版一本既有一定学术价值又有美学价值的讲述马球历史的图录。这本书系国内外第一本图文并茂地讲述中国马球历史的大型图录，分为古代篇和近现代篇。全书收录了近五百幅中国古代马球文物图片和中国近现代马球照片，许多珍贵的马球图片是第一次呈现在读者面前。

在编写中国古代马球历史的相关内容时，我们以中国马球文物为基础，不放弃任何一件中国马球文物的相关线索，从浩瀚的文物中，寻找中国古代马球的遗迹。在专家、友人的指导和帮助下，通过各种途径和方式，把海内外各大博物馆和考古工作站收藏的和民间私人珍藏的马球文物（包括古代陶俑、壁画、砖雕、铜镜、石刻、书画等）的图片收集起来，把散落在海内外历史文献中的资料、记录挖掘出来，试图向世人呈现完整、丰富的中国古代马球历史。由于题材小众，相关文物数量较少，搜集资料宛如大海捞针，每一张图片的背后都有一段曲折的故事，下面分享其中一部分。

北魏曹望憘造像座石刻

现收藏于美国宾夕法尼亚大学考古与人类学博物馆的曹望憘造像座石刻，是一件北魏时期的重要文物。王婧婵本科毕业于宾夕法尼亚大学，2020年初夏，她写信向母校博物馆申请这件文物的图片授权，恰逢美国疫情较为严重的时期，因为是来自校友的申请，学校第一时间给出回复：『由于疫情我们暂时关闭了博物馆，目前在家办公。手中只有两幅这件文物的高清图片，连同低清图片，一起发给你。等到恢复办公，我们再把剩下的高清图片发给你。』五个月后，宾夕法尼亚大学又发来两幅高清图片。经过核对，其中一幅图片角度与先前收到图片中的一张相同。于是，又经过一番沟通，收到了最后一幅珍贵图片。这样前后共三次沟通与协调，终于在年底收集到这件文物的四幅高清图片，这一切都离不开宾夕法尼亚大学对校友的支持与关爱。

唐墓马球图壁画

中国古代马球文物中，文化和艺术价值最高、最能完整地将打马球的场景保留且展示给后人的，要数唐代和辽金贵族墓葬中出土的马球图壁画。其中最著名的是唐章怀太子墓西壁的马球图壁画。这幅呈现打马球盛大场景的壁画，原长二十余米，只揭取下五片保存在陕西历史博物馆。另外，在章怀太子李贤的亲侄、被追封为节愍太子的李重俊的墓室中，还有两幅描绘唐代贵族往来马球场途中场景的壁画。由于年代久远，加上早期文物保护技术的不成熟，这些壁画都有不同程度的破损。在查阅并反复研究考古发掘报告及相关文献的基础上，我们聘请了专业画师绘制了章怀太子墓马球图壁画和节愍太子墓马球相关

壁画的临摹图，以便为读者展示古代打马球的壮观场景。

唐代福州马球场遗址和石碑

在进行资料检索时，我们在一份报纸上看到有关唐代福州马球场遗址和石碑的信息，于是拜托友人杨梅芳到当地找寻走访，最终找到了位于福建省福州市冶山公园的唐代马球场遗址。她在发给我们的微信消息中感慨道：『受朋友之托实地考察、拍摄位于福州市中山路的唐代马球场遗址，问了一圈福州朋友，还真的无人知晓此地，幸好报道中有「中山路」之地名。沿着中山路一路寻觅，在曾经的福州贡院旁见到一处围起的工地，透过围墙的间隙，望见近百米长的木厩下有一个深坑，猜想必是与「出土」之类相关。进入后发现还真是！考古学家根据现场遗留的痕迹、沙土层，结合《三山志》记载：「冶，山名……今欧冶池山也。唐元和八年，刺史裴次元于其南辟球场。」推断此处是古代马球场。周边长满「胡子」的千年古榕见证了有文字记载的千年马球历史，见证了从「闽国」「东冶」「榕城」，到现今的「有福之州」的历史变迁。』

根据南宋时期福建地方志《三山志》的记载，这个唐代球场由福州刺史裴次元主持开辟。球场建成之初，曾立一块石碑，现已断裂。如今这块《球场山亭记》残碑收藏在福建博物院。幸运的是，在经过数次沟通后，福建博物院的邱老师不仅帮助我们取得残碑照片，授权了拓片的高清图片，还提供了福建文史学家陈叔侗的《球场山亭记残碑考辨》的文章，对本书帮助很大。

唐代打马球纹铜镜

本书收录了北京故宫博物院、扬州博物馆、大唐西市博物馆、怀宁县博物馆收藏的唐代打马球纹铜镜。在前往天津的文物探索之旅中，碰巧在友人办公室的书柜中看到一本日文书《洛阳铜镜》，书中录有一枚保存在洛阳市文物考古研究院的打马球纹铜镜，这是先前洛阳市文物考古研究院在为我们授权马球俑图片时未曾提到的。经过核实，这件珍贵的铜镜确实藏于洛阳市文物考古研究院，但由于镜体破裂，被妥善保管起来，不再展出。这也使本书收录的唐代打马球纹铜镜增至五枚。同时，民间的私人收藏和保利十周年春拍中都有唐代打马球纹铜镜出现，但由于没有更多可靠的出土和考古信息，为了确保本书资

料的准确性和真实性，书中均未收录。

唐代马球俑

马球俑是唐代的典型文物，十分具有代表性，现今存世数量众多。通过与国内外博物馆联络，本书收录六十余件马球俑，仅观复博物馆的一组马球俑就有十件。其他成组出现的马球俑还有中国国家博物馆、陕西历史博物馆、陕西体育博物馆、陕西唐三彩艺术博物馆、洛阳市文物考古研究院和大英博物馆馆藏的陶俑。同时，陕西体育博物馆藏有一组马球俑，由于馆方只在现场实地授权，不接受线上申请，我们只好托在西安的朋友帮忙办理，经历一番波折和辛苦，终于取得了这组陶俑的图片授权。同时我们在海外的一众马球好友，也为申请正规渠道的图片授权而兵分各路。通过团队的共同努力，我们取得了美国波士顿艺术博物馆、堪萨斯州纳尔逊-艾金斯艺术博物馆以及法国吉美亚洲艺术博物馆等机构的馆藏文物图片授权。

河北巨鹿宋墓马球图绢画

在我们参考的大部分中国古代体育史料中都有关于河北巨鹿宋墓马球图绢画的记载，但这些书中照片上的文物都残缺不全且出处不明。经比对核查，我们只得到一个准确的信息——这幅绢画在民国时期出土于河北巨鹿。我们首先辗转联系到河北省文物局，然而这件文物并未在河北省内找到，这是河北省文物局相关负责人的回复：『您好！昨天找宝才就此画了解情况，刚才回复：您昨天提到的那幅画，我咨询了故宫专门研究宋元画的余辉，他说没听说过。又请教了扬之水先生，她说这么多年没人提起过这幅画。如果这画存在大博物馆，他们两位应该知道。另外，也问了专门收藏绢画的藏家也没见过。』

我们推测这件遗失的文物可能收藏在天津某处。随后又通过联系天津市相关人员，帮忙寻找这件文物的下落。几经找寻，得到天津博物馆的答复：『天博很重视你的要求，认真查阅档案文献和库房账目，但天博并没有收藏马球图。简要情况如下：巨鹿宋墓于1917年被发现，因民国时期管理不善，大批出土文物流落民间。1918年天博建馆，从民间借到部分巨鹿宋墓出土文物展出，当时媒体进行了报道。后期天博将展品归还。此外，这批展出文物中也没有马球图的记录。另外，天津在河北省三进三出，多次变化，

也许在河北省博物馆有希望找到你要的。』

我们又通过朋友，在巨鹿县文物保护管理所查找，这是朋友的回复：『联系到了巨鹿县文保所崔所长，据她讲这个图没有在她们那里，具体在哪里她也不知道，也不知道相关的记录……通过邢台市教育局的同行找到邢台市和巨鹿县的文物管理的负责人查访此文物，回复是此物品在邢台官方没有收藏，也不曾见过此文物，可能流落在民间，没有丝毫线索。』这样前后经历了大半年，我们和朋友苦苦找寻，由于此画出土年代久远，加之历史上京、津、冀三地的行政区域划分曾多次变动，故而这幅绢画现在在哪我们不得而知，只得再次把前人拍摄的文物照片收录在本书中。后来查到另外一条线索，前辈学者罗香林在1944年发表的《唐代波罗球戏考》一文的注释中提到『傅先生于1936年1月游巴黎，以卢芹斋君介绍，识法国古董商人某氏，其所藏宋人绘《击鞠图》残卷，绢本，河北钜鹿故城出土，原储瓷瓮内，书颇精彩云。』期待今后有读者能把这个谜团解开。由于绢画及图片残缺且不清楚，特聘请专业画师临摹了一幅白描图，供读者欣赏。

宋代马球砖雕

本书收集的马球文物中，有两件分别收藏于成都体育学院博物馆和中国体育博物馆的宋代马球砖雕。得益于成都体育学院的大力支持，砖雕图片的授权过程异常顺利，并且校方在得知我们的申请意图后表示对即将出版的马球运动专项图书高度期待。中国体育博物馆文物部主任于学岭老师也给予我们莫大的帮助。2020年，因受疫情影响，在申请授权的过程中，正好遇到中国体育博物馆闭馆，时间长达两个月。在这段时间里，于老师与我们的沟通从未间断，他不厌其烦地与我们核对申请文物图片授权的必需流程。当博物馆重新开放办公后，于老师第一时间协助我们取得了授权，他严谨细致的工作态度给我们留下了深刻的印象，在关于近现代马球历史的文献查找工作中，我们也曾多次研读到于老师发表的相关学术论文。

山西金代马球砖雕

在收集文物资料的过程中，我们联系了山西博物院石金鸣先生，请他帮忙寻找两组在山西发现的金代马

球砖雕。在他的推荐下，我们从孔夫子旧书网买到《平阳金墓砖雕》一书，根据书中的信息，得知一组砖雕出土于侯马市，另一组砖雕在临汾市的曲里村。然而过了很久，我们都未能查明曲里村马球砖雕的保存地址。2020年10月的一天，我们收到了石老先生的微信，他激动地写道：『终于找到下落了，现收藏在临汾市丁村考古工作站，由陶富海先生保管。陶先生是一位资深的考古学家，也是我的老朋友。他可以提供一切方便和支持，需要重新拍照也行。他最初的研究报告发表在《文物》1986年第12期。』功夫不负有心人，我们最终获得了两组金代墓葬出土马球砖雕的图像授权。其中在临汾市丁村考古工作站保存的一块，由于风化严重，已经完全破碎，无法再展示，所以这组四件文物中仅三件有照片。为了弥补缺失一块砖雕的遗憾，我们通过线图来展示这件损坏的文物，以期能够完整地展示这组砖雕记录的信息。

明代《帝鉴图说》

另一件令人印象深刻的文物是成书于明隆庆六年（1572年），由内阁首辅、大学士张居正编纂的《帝鉴图说》。该书目前流传于世的版本众多，大多数已知的版本都是书坊发行的。郭红卫老师为我们推荐了收藏在法国国家图书馆的彩绘版《帝鉴图说》，并且通过他的学生申请到这个版本的图片授权。此外，本书中还收录了其他三个版本，分别是北京故宫博物院藏内府珍本，日本宫内厅书陵部图书馆藏明万历元年潘允端刊蝴蝶装本和加拿大不列颠哥伦比亚大学图书馆藏清乾隆、嘉庆年间的纯忠堂刻本。其中下篇『狂愚覆辙』中的『便殿击球』讲的是唐敬宗在父亲唐穆宗因击球暴疾而亡后，不事反思，游乐无度，沉迷于打马球等游戏，最终被身边宦官谋害丧命的故事。本书通过四幅高清图片，配以文字说明，再现这一流传千年的马球故事，无论对马球手、马球爱好者，还是马球研究者都具有现实的教育意义。

本书的图片来自国内外六十余家文博机构，包括北京故宫博物院、中国国家博物馆、敦煌研究院、陕西历史博物馆、美国宾夕法尼亚大学考古与人类学博物馆、美国纳尔逊-艾金斯艺术博物馆、英国大英博物馆、英国维多利亚和艾尔伯特博物馆、法国吉美国立亚洲艺术博物馆等。流失海外的中国马球文物的寻找和高清图片收集是一项艰辛的工作，既要弄清楚哪些博物馆和图书馆收藏有中国马球文物，又要鼓

起勇气直接写信给对方申请高清图片使用授权，尽管过程烦琐，还需支付相应费用，但每得到一幅文物的高清图片，都使我们如获至宝、异常兴奋，经历的艰辛也就烟消云散了。

在收集资料的过程中，我们经常会被问道：投入那么多，费那么大精力，为什么？这使我们想起英国登山家乔治·马洛里的一句激励无数登山爱好者的名言，当年记者提问：『你为什么要去攀登珠穆朗玛峰？』，他的回答是：『因为山在那里。』虽然我们没有乔治·马洛里那样的英雄气概，但仍想在这里借他的名言，解释我们坚持不懈完成本书的初衷——因为马球在那里！

本书的古代篇，按中国古代马球的历史进程分为四部分：马球在华夏隐现的春秋至南北朝时期，马球高光时刻的隋唐五代时期，马球持续兴盛的宋辽金元时期和马球衰微的明清时期。每幅图片均配有标题、文字介绍以及图片说明，同时也穿插了各个年代的马球故事。

马球是一项小众而高端的体育运动，我们竭尽全力去追求马球史料的真实准确、图片的高清精美、装帧的高端时尚，以期使本书的学术价值和美学价值达到较高的水平，成就一本知识广度与收藏价值兼具的、可供国际交流的大型马球文化图录。希望这样一本精心制作的图录能让世界更加了解中国的马球运动和马球文化，能为马球运动在中国的复兴和发展提供历史文化动力。这正是我们作为马球爱好者的内心所想、所期和所愿！

王婧婵　王国华　栾奕

2022年12月2日

目录

1368—1911年

马球，在中国古代文献里被称作『击鞠』『打毬』或『击毬』。从汉末开始，史籍中逐渐出现关于它的记载，至隋唐遂成大观。关于马球的起源，学者们一直没有停止探讨，他们从不同角度梳理资料，旁征博引，各抒己见，大体形成三种马球起源说。一为**波斯起源说**。波斯，即现在的伊朗。此说认为马球应为公元前6世纪左右由古波斯人发明，很可能是由古代中亚地区游牧民族中流行的马上娱乐活动发展而来。马球于隋唐之际传入中国，后再从中国传至日本、朝鲜等国。以向达、罗香林为代表的一批学者，明确提出并论述了马球起源于波斯的观点。二为**吐蕃起源说**。此说认为马球起源于吐蕃，于唐初传入中原。吐蕃，即今天西藏等地。藏语中称马球为『波郎』(polon)，与马球的英文polo相合，二者之间应当有某种关联。波郎之戏最早发源于西藏，在唐代初年传入中原地区。学者阴法鲁最早论述了马球起源于吐蕃的观点。三为**中原起源说**。此说认为马球于汉魏时期起源于中原地区，系由蹴鞠演化而来。曹植在《名都篇》中有『连翩击鞠壤，巧捷惟万端』的诗句。有学者将其作为马球源于汉魏的一个例证。另有学者认为，诗中的『鞠壤』指的是宴席上助兴的游乐项目。壤，即击壤，是古代的一种投掷类游戏；鞠，则是蹴鞠，也就是踢球，和马球没有关系。而且，马球这项运动，一定是在骑马之风很普遍的游牧民族中产生的，但马球的贵族化、规范化应该是游牧民族进入阶级社会后才完成的。

壹

春秋至南北朝时期

公元前770年

公元589年

马球运动在华夏的隐现

对于隋唐之前中国马球运动的情况，学术界尚无定论。本节收录的三件文物在时代上跨越千年，目前仅疑似与马球有关，其性质仍有待更多的考古发现和研究来确定。让人感到亲切与宽慰的是，尽管时光荏苒，无数风沙卷过大漠，但华夏大地上的马球文化痕迹并未被冲刷殆尽。

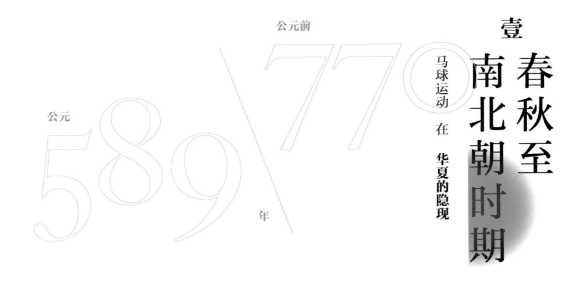

I

新疆洋海墓地出土圆形皮囊和木杖

2003年，新疆维吾尔自治区吐鲁番市鄯善县西北火焰山南麓的洋海古墓群中出土了三件由羊皮制成的圆形皮囊，年代为公元前700年~前400年。皮囊直径6.5~8.4厘米，和当代马球用球的直径（7.6~8.9厘米）相近。洋海墓地还出土过8件完整的木旋镖，长度在40~60厘米，短于现代马球球杆（120~140厘米），从现代马球技术角度判断不太可能是马球球杆，或许是步打球的短杆。然而在洋海墓地还出土了多支木杖，长度约100厘米，可能为打马球的球杖。另有一些墓葬出土有马尾挽成辫状的殉马。此外，从洋海墓地出土的马衔、马镳、马辔头、马鞭等马具来看，当时的驯马、驭马能力已达较高水平，这是马球运动产生的基础条件。有学者据此提出马球起源的第四种可能——马球起源于吐鲁番地区。不过，当时当地是否已有打马球的活动，尚需更多的考古发现去证实。

·公元前700年~前400年
·圆形皮囊直径6.5~8.4厘米
木杖长约100厘米
·吐鲁番博物馆藏

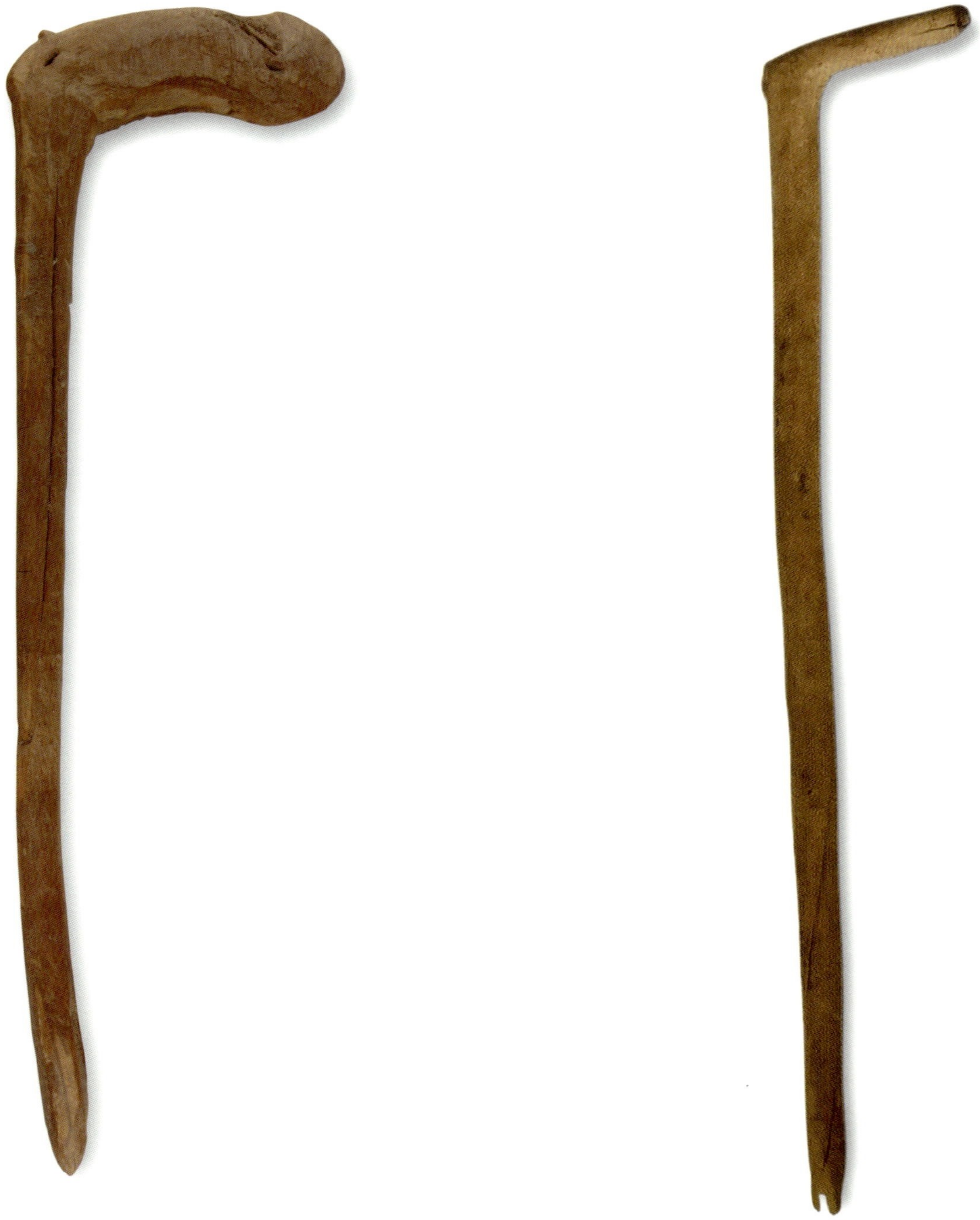

2

甘肃敦煌马圈湾汉代烽燧遗址出土球形物

1979年10月，由甘肃省博物馆文物队与当时的敦煌县文化馆组成的汉代长城调查组对敦煌马圈湾烽燧遗址进行了考古发掘。此次发掘出土了一件西汉中期的球形物，『内填丝绵，外用细麻绳和白绢搓成的绳，捆扎成球』，有学者推测其为马球用球。汉代被认为是马球运动传入华夏的发生期，这个传入的脉络非常绵长，而且大多湮没于历史的尘埃中，难以爬梳。我们所能依据的也只是从一些考古资料中发现的蛛丝马迹。马圈湾遗址是汉代敦煌郡境内东西烽燧线上的一处军事要塞，通过对与其同时出土的竹简进行释读，推断其使用时间应为西汉宣帝到新莽时期，当时的居住者主要为戍边的军人。以马球作为日常娱乐并进行骑术训练是游牧民族的一个传统，汉人军队驻扎在这里，入乡随俗也是自然而然的。马球运动与军营结下了不解之缘，常常被用来作为军队日常训练与娱乐的重要项目。

·西汉
·直径 5.5 厘米
·甘肃省文物考古研究所藏

3 北魏曹望憘造像座石刻

北魏曹望憘造像座石刻年代为北魏孝明帝正光六年（525年），代表了中国古代雕刻艺术的较高水平。造像座平面呈正方形，两侧的石刻描绘了墓主夫妇出行的场景。男主人出行画面中，左侧三人身形高大，居中者应为墓主人曹望憘；最右侧有一匹高头大马，应为曹望憘的坐骑；中间数人应为马夫、侍从，他们牵马执仗，各司其职；右数第三梳双髻者手里拿了一支顶端为偃月形的长杆。另一侧为女主人出行画面，右数第四人手里也拿着一支顶端为偃月形的长杆。这两支偃月形长杆形似打马球所用之球杆。

·北魏正光六年（525年）

·边长约60、高约30厘米

·美国宾夕法尼亚大学考古与人类学博物馆藏

北魏曹望憘造像座石刻拓本

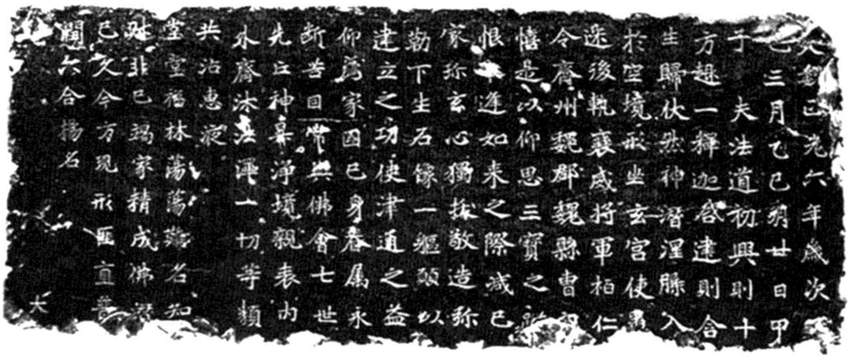

中国在隋代重归统一，结束了数百年分裂征战的历史。李唐建国，继续了隋的统一局面。强大繁荣的大唐帝国为中外文化交流创造了良好的条件，马球运动也在这时迎来了它的高光时刻。沉迷其中的既有帝王将相，也有公主王妃。马球在唐代，是一项不折不扣的皇家运动、贵族运动和时尚运动。

贰 隋唐五代时期

马球运动的高光时刻

581—960年

李唐王朝的统治者来自北方，唐高祖李渊出身北周关陇贵族，他的祖母独孤氏、皇后窦氏，还有唐太宗李世民的皇后长孙氏，都出身于当时的鲜卑贵族。传说唐太宗李世民『壮冠虬髯』，额头宽而高，胡须长而卷曲，颇有胡汉混血的特征。唐代自建国之初便与西域诸国往来频繁，这为马球运动的流行奠定了基础。

除了有趣和富有挑战性的特点外，马球还是一项带有浓厚军事色彩的运动，其繁盛与当时的作战形式密不可分。骑兵的战斗力在唐初发展到极盛，而马球运动中的很多动作与马上砍杀技术的动作十分相似。参赛者在马球场上相互配合、驰骋拼搏，无疑是体力、技能与智谋的综合较量。李氏先祖自唐高祖李渊的祖父李虎起，先后在北魏、西魏、北周、隋朝居高阶武职。唐高祖李渊更是马上得天下，治军经验丰富。在唐代帝王的倡导下，马球运动经历了从军营到皇宫再到民间的发展过程，风靡全国。人们对它爆发出空前的热情，从帝王到平民，从军营到内宫，从武将到文人，无不喜爱，甚至在妃嫔宫女中也不乏马球高手。或许可以说，当马球与盛唐在一个恰当的历史时空相遇，从而迎来了它的高光时刻。

唐代国祚289年，历21位皇帝，其中至少11位皇帝是资深的马球爱好者。唐王朝宏阔舒展的精神气质，使马球这一具有异域气息的运动被欣然接受，也为马球运动注入了豪放劲健的生命力。时至今日，那些驰骋于马背上的身影，穿越千年时光，仍然有一种力量，唤起人们对这个强大王朝的向往和对马球运动的热爱。

（一）隋唐五代时期马球壁画

隋徐敏行墓壁画（局部）

唐节愍太子墓马球图壁画（局部两幅）

唐章怀太子墓马球图壁画（局部五幅）

唐李邕墓胡人打马球图壁画（局部）

唐唐安公主墓执马球杆男侍图壁画

唐渤海国贞孝公主墓侍从手持杆壁画

敦煌莫高窟第61窟主室东壁维摩诘经变全图壁画

本节收录了七幅隋唐五代时期的墓葬和石窟中的与马球相关的壁画。其中唐章怀太子墓出土的马球图壁画，以宏大的画面再现了马球在唐代的辉煌，是中国古代马球文物中将马球运动的盛况展现得最为全面的文物。

I

隋徐敏行墓壁画（局部）

1976年，隋开皇四年（584年）的徐敏行墓于山东省济宁市嘉祥县杨楼村被发现。该墓墓室西壁绘有男主人出行图，画面分三部分：左侧为一匹骏马和两名侍从，前面一人执缰，后面一人双手握一长杆，扛于左肩，长杆前端弯曲，形状和长度与马球杆颇为相似；画面中间四人分别持团扇、障扇和华盖；画面右侧二侍从各牵一马。此壁画同位于河北省张家口市的宣化下八里辽墓中的马球图壁画有相似之处，但宣化辽墓壁画图像与马球的相关性更为明确。

·隋开皇四年（584年）
·纵70、横107厘米
·山东博物馆藏

2 唐节愍太子墓马球图壁画（局部两幅）

节愍太子李重俊是唐中宗李显的第三子，神龙二年（706年）秋被立为太子。由于被韦皇后与安乐公主排挤，李重俊不胜愤恨，于神龙三年（707年）七月，率左右羽林卫及千骑，杀韦氏党羽武三思、武崇训等十余人，但自己亦为左右所杀。唐睿宗即位后为其昭雪，恢复其太子身份。于景云元年（710年）将其陪葬于定陵。李重俊墓位于陕西省富平县宫里乡南陵村北。墓道西壁的马球图已经残缺不全，最南部绘有起伏的山峦和若隐若现的红绿花草，山峦之北为平坦的马球场。画面隐约可辨两组五人持杆骑马的场景。其中一组的后三人保存较好，前二人头部等处都已残损，仅身姿隐约可辨；五匹马的腹部以下皆残损，它们围成一个圆形；最右侧一人，手持三支球杆，方脸阔鼻，壮实而略显笨拙，幞头双带垂肩，或许是赛场旁的侍从。五人距离紧凑，姿态安适，均凝神于球场，或许是在赛场外勒马观看的侍从，抑或是正在等待上场的替补队员。另一组绘有五位骑者，其中四位保存较好，胸腰以上的画面都很清晰。四人皆戴黑色幞头，着圆领长袍，足蹬黑靴，紧握缰绳，三人上身俯贴于马背，最前一人回头后顾，似正与另外几人商议着什么；马后蹄奋蹬，急驰向前，动感十足。这五人应是纵马驰向球场的参赛者。

·唐太宗李世民——马球的最初提倡者

唐太宗李世民（599~649年）是中国古代杰出的军事家和政治家。他从少年起就投身军旅，经常领兵作战，最终与父兄一起建立了统一的唐帝国。登基为帝后，他非常重视军事力量的培养。当时唐王朝面对的侵扰主要来自北方游牧民族，而与这些草原铁骑作战，必须得有精锐

·王洛丹、庞啸晨临摹

的骑兵。唐自高祖起便建立了监牧制度，设有专门负责马匹牧养和训练的太仆寺。

关于马球与唐太宗的关系，当时的笔记小说《封氏闻见记》中还记载了一则有趣的故事。某日，唐太宗在长安城安福门的城楼上观看马戏表演。第二天，他对身边的侍臣说：『我昨天登楼看马戏，是为了与民同乐，同时也观察一下百姓的喜好与社会风习，本来也不是为了耳目之娱。谁知一开场，就有一群西域的胡人表演马球给我看，这个明显不合礼制。我想，之所以如此设计，恐怕是因为有一次我听说胡人擅长打马球，就随口说想看看他们是怎么打的，谁知真的有好事者组织起胡人打球给我看。现在我已经下令把他们昨天玩的马球都烧了，免得这些胡人以为靠着这些把戏就能邀宠晋升，索性断了他们这个念头。这件事对我也是个警告啊！做君王，不可不慎！』透过唐太宗半真半假的说辞，我们能感受到他对马球那种既喜爱又戒备的心理，而且也透露出这样一个信息：唐初马球还不是十分流行，更未走入宫廷成为皇家的集体运动项目。

当时擅长打马球的多为胡人或番人。而当时中原与北方突厥及西部的吐蕃仍征战不休，外交上正处于由敌对向和平过渡的敏感时期。作为一代帝王，唐太宗对一切与他们有关的人和事都保持一定戒备，也是可以理解的。

·唐景云元年（710年）
·每幅纵70、横120厘米
·陕西省考古研究院藏

3 唐章怀太子墓马球图壁画（局部五幅）

章怀太子李贤是唐高宗李治与武则天的次子。章怀太子墓位于陕西省咸阳市乾县，是乾陵的17座陪葬墓之一。该墓墓道壁画共进行过两次绘制：第一次是唐中宗神龙二年（706年）李贤以雍王身份迁葬时绘制；第二次是唐睿宗景云二年（711年）追封李贤为章怀太子并将其与王妃房氏合葬时重新绘制。考古工作者在揭取壁画时，发现两重壁画的痕迹仍十分明显。因马球图壁画画面较大，揭取时将其分割成了五块。

马球图壁画位于墓道入口处西壁，与东壁的狩猎出行图壁画相互对应。它既是一幅出色的壁画作品，也是研究唐代马球运动的珍贵资料。画面上有二十余匹正在跑动的骏马，体态丰实，马尾用细绳紧扎。骑士均头戴幞头，身穿白色或褐色窄袖袍，脚蹬黑靴，左手执缰，右手执偃月形球杖，在场上驱马争夺。画面最前面一人回头看球，紧随其后的一人骑在飞驰的骏马上，回身反手作击球状，另有三人正驱马向前准备抢球，画面中还有一骑白马者，手中没有球杖，应是裁判。画面远处是青山和古树，表现的似乎是在郊外打球娱乐的情形。壁画中对骑手神态动作的描画细致生动，动静结合，充分显示出唐代画工高超的绘画技巧和独具匠心的艺术构思。整个画面布局时而紧凑、时而舒朗，真正达到了『疏可走马，密不透风』的艺术效果，呈现出一种和谐的韵律美，生动地再现了唐中宗时期马球运动的盛况。

·唐中宗李显时的宫廷马球

唐景龙三年（709年），一代女皇武则天已经去世四年，在位的是她第三个儿子唐中宗李显。这年的十一月，长安城里迎来了一支浩浩荡荡的迎亲使团——吐蕃派了千余人迎娶金城公主，带队的是朝中权臣尚

·陈仰曌临摹

赞咄。即将远嫁的金城公主，是当年含冤去世的章怀太子的孙女，自幼长于中宗身边，虽然年纪尚幼，但身份尊贵。这桩亲事也是唐大胜吐蕃后双方化干戈为玉帛的一个标志性事件。为了显示对这次和亲的重视，唐中宗设盛宴招待吐蕃迎亲使团，还安排了一场宫廷球队的马球表演，作为宴会的助兴节目。尚赞咄看后，表示自己这次带的侍从中也有擅长此技者，不如两队比试一番。唐中宗答应了，让人特地从侍卫中选了几位马球好手与他们比赛。谁知比赛一开始，『大唐宫廷队』便落了下风，被『吐蕃迎亲队』连连攻破球门。观战的唐中宗深感脸上无光，急忙下旨调临淄王李隆基（后来的唐玄宗）、嗣虢王李邕、驸马杨慎交和武延秀等人驰援。李隆基率队，以四人敌吐蕃十人，驰骋球场，往来如风，所向披靡，球杖频挥，连连洞穿球门。几局下来，『大唐队』大获全胜，『吐蕃队』的傲气荡然无存。唐中宗龙颜大悦，当场赏赐了冠军四人。这则小故事背后透露出这样一些信息：从贞观十五年（641年）唐太宗下旨令习打球起，近七十年的时间，马球运动已得到一定普及，不但宫廷侍卫能上场打球，一些皇亲国戚也成为个中高手。而且作为一代天子，唐中宗用马球表演款待吐蕃贵宾，说明马球运动在当时的地位与影响。唐中宗李显的政绩乏善可陈，但对于马球走入宫廷，他却起到很重要的作用。武崇训是中宗最宠爱的女儿安乐公主的驸马，他和另一位驸马、长宁公主的夫婿杨慎交都是狂热的马球爱好者，据说他们建造私家球场时，为了达到最佳效果，竟然洒油以筑球场，可见唐代的达官贵人是何等迷恋马球，又何等挥霍、奢侈！

· 唐景云二年（711年）
· 全长8.2、南面高1.7、北面高2.4米
· 陕西历史博物馆藏

·章怀太子墓墓道西壁马球图之一

此段壁画所绘为打球场面，画中五人骑于马上，正激烈地争打地上的小球。

章怀太子墓墓道西壁马球图之二

此段壁画描绘的是位于几名激烈争球的球手后面的一组队列。画面漫漶残缺，人数不详。他们与争球的球手保持一段距离，骑马伫立观望，似为观众或等待上场的队员。

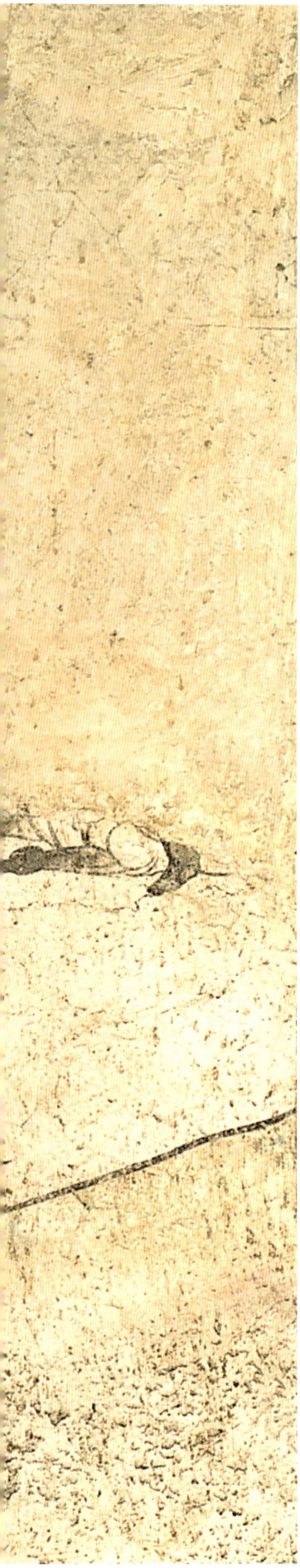

· 章怀太子墓墓道西壁马球图之三

此段壁画画面残缺，几名骑手中只有一名着红袍者较为完整，他正骑马狂奔，从他飞起的幞脚可以想象其速度之快。

·章怀太子墓墓道西壁马球图之四

此段壁画图中人物与山石比例协调，崇山峻岭间，一名侍从和一名武士模样的骑手正风驰电掣地奔赴球场。

·章怀太子墓墓道西壁马球图之五

此段壁画是一幅单纯的松柏图，松树挺直整齐。唐代是中国画兴盛发展的重要时期，随着山水画的独立成科并迅速发展，唐墓壁画中也开始出现山石、树木等对环境的描绘。

4 唐李邕墓胡人打马球图壁画（局部）

2004年，陕西省考古研究院发掘了陕西省渭南市富平县唐高祖献陵陪葬墓之一的嗣虢王李邕墓。该墓修建于唐玄宗开元十五年（727年）。墓葬前甬道西壁有一马球图壁画，表现的是双骑争球的场面。壁画中男子均骑于剽悍骏马上，左侧男子手持缰绳和球杆，头戴黑色幞头，幞脚在空中飞舞，身穿红色袍服，脚蹬黑色马靴，满面虬髯，似胡人模样。右侧男子右袒，展现出结实的肌肉，回头后望，右臂上举，欲挥杆击球。两匹骏马均前蹄腾空，配合主人动作。马匹色彩鲜明，人物形象鲜明，笔法简练传神，富有强烈动感。这幅马球图应是墓主人生前娱乐生活的写照。李邕是唐高祖李渊第十五子李凤的嫡孙，身份显贵，虽然经历过两次宗室争权的政治风云，但他通过与韦皇后妹崇国夫人联姻，不仅得以自保，还成为唐中宗宠信的近臣。中宗本人就喜好击球，李邕作为皇族，同样热衷此道。

·吐蕃马球

马球运动曾在吐蕃盛极一时，吐蕃马球的高超水平在当时闻名遐迩。贞观十五年（641年），唐宗室女文成公主嫁给吐蕃赞普松赞干布。景龙四年（710年），唐宗室女金城公主嫁给吐蕃赞普赤德祖赞。因文成公主和金城公主先后嫁于吐蕃二王，两地间使者往来频繁，经济文化交流密切，吐蕃还通过互市向唐购买茶叶、丝绸等物品。马球也是唐蕃文化交流的内容之一。在唐长安发生过不少关于马球的故事，也流传下来不少相关诗篇。遗憾的是，吐蕃马球运动后来似乎消失于历史长河中。西藏各地的寺院壁画中对西藏地方传统体育，如抱石、摔跤、赛马、射箭、武术、气功、杂技、游泳、赛跑、棋类等，均有描

绘，但却未见关于马球运动的记录，在藏文史料中也很难找到吐蕃马球运动的更多记载。马球运动在西藏消失的原因有待藏学家和史学家进一步考证与研究。

·唐开元十五年（727年）
·纵130、横305厘米
·陕西省考古研究院藏

5

唐唐安公主墓
执马球杆男侍图壁画

该壁画出土于陕西省西安市东郊王家坟唐安公主墓甬道东壁，唐安公主殁于唐德宗兴元元年（784年）。壁画中两名男侍均头戴黑色幞头，身穿圆领袍。前面侍者双手举于胸前，一副若有所思的神情；后面侍者双手举着球杆，毕恭毕敬，应是身份较低。

·唐代将领张建封与文豪韩愈的两首马球诗

作为马术和击球紧密结合的一项体育运动，马球也能够用来训练战士的骑术和砍杀技能，提高其战斗力。因此马球运动在唐代军中颇受喜爱。唐德宗时期，徐州刺史兼徐泗濠节度使张建封就十分痴迷于马球。

张建封是唐代中期著名将领，史载其少喜文章，慷慨尚武，能文能武，常以武功自夸。贞元四年（788年），唐德宗任命张建封为徐州刺史兼徐泗濠节度使，驻军徐州。张建封到徐州后，为了拱卫这块战略要地，从提高军事技术的角度出发，积极提倡马球运动。他命人在当时徐州城东北角汴水和泗水的汇合处修建了一块极阔大的球场，专供士兵打马球用，这一举动受到全体军士的欢迎。

张建封在徐州当了十二年的节度使，在他的倡导下，徐州的马球运动兴盛一时。贞元十五年（799年），韩愈来到张建封的幕府做推官，这时张建封已经64岁了，韩愈看到他这样的年纪还亲自上场打马球，几次劝谏，认为打马球是一项非常危险的运动，无论是落马，还是被马球或球杖击中，都会对人造成极大伤害，甚至造成残疾或死亡。韩愈还写了一首著名的《汴泗交流赠张仆射》诗：

汴泗交流郡城角，筑场千步平如削。

·唐兴元元年（784年）
·纵119、横103厘米
·陕西历史博物馆藏

短垣三面缭逶迤，击鼓腾腾树赤旗。
新雨朝凉未见日，公早结束来何为？
分曹决胜约前定，百马攒蹄近相映。
球惊杖奋合且离，红牛缨绂黄金羁。
侧身转臂著马腹，霹雳应手神珠驰。
超遥散漫两闲暇，挥霍纷纭争变化。
发难得巧意气粗，欢声四合壮士呼。
此诚习战非为剧，岂若安坐行良图？
当今忠臣不可得，公马莫走须杀贼！

但张建封并没有因韩愈的关心而中止马球活动，而是继续『闲就平场学使马』，并写了一首《酬韩校书愈打球歌》，以自豪的心情表达对马球运动的喜爱：

仆本修文持笔者，今来帅领红旗下。
不能无事习蛇矛，闲就平场学使马。
军中伎痒骁智材，竞驰骏逸随我来。
护军对引相向去，风呼月旋朋先开。
俯身仰击复傍击，难于古人左右射。
齐观百步透短门，谁羡养由遥破的。
儒生疑我新发狂，武夫爱我生雄光。
杖移鬃底拂尾后，星从月下流中场。
人不约，心自一。马不鞭，蹄自疾。
凡情莫辨捷中能，拙目翻惊巧时失。
韩生讶我为斯艺，劝我徐驱作安计。
不知戎事竟何成，且愧吾人一言惠。

6

唐渤海国贞孝公主墓侍从手持杆壁画

该壁画出土于1980年发掘的位于吉林省延边朝鲜族自治州和龙市龙水乡的渤海贞孝公主墓。壁画中共绘12个人物，其中有两幅侍从持杆图，本书收录了其中一幅。侍从所持杆状物形制与马球杆十分相似。

·马球场上的危险

马球运动确实很激烈，也相当危险，当时尚没有专门的护具和头盔，在比赛中常常会出现人员伤亡的情况，也有一些酷爱此技的贵族子弟因打马球受重伤甚至身亡，为此还引出过不少纠纷。

成德军节度使李宝臣和魏博节度使田承嗣各统领一方藩镇，李宝臣的弟弟李宝正娶了田承嗣的女儿。但在一次马球比赛中，李宝正所骑马匹受惊失控，撞死了田承嗣的爱子田维。田承嗣一怒之下，下令将李宝正鞭挞至死。两家从此结仇，相互征伐，引发了数个藩镇之间长达几十年的混战，唐代的国力因此更加衰微。

同样因马球而生怨的还有唐末重臣朱温。他的侄子朱友伦在长安打马球时不幸从马上摔了下来，当场身亡。朱温一怒之下，将同去的十几个随从全部处死，还怀疑丞相崔胤是事件的幕后黑手，意欲杀死崔胤，并从此与朝廷决裂，走向反叛之路。

唐末国运颓危，内有宦官专政，外有藩镇割据，社会上骄奢淫逸的风气盛行一时。在这种社会背景下，马球运动也被染上了一些政治色彩。

·唐贞元九年、渤海国大兴五十六年（793年）
·壁画中侍从身高117厘米
·延边博物馆藏

7 敦煌莫高窟第61窟主室东壁维摩诘经变全图壁画

敦煌莫高窟第61窟壁画，上部绘佛国品，右侧绘文殊菩萨，左侧绘维摩诘居士。值得注意的是，画面中文殊菩萨左下方绘有两名胡人样貌的男子，手持顶端呈偃月形的长杖，形制颇似马球杆。另外，敦煌莫高窟第156窟南壁及东壁南侧下部有一幅《张议潮出行图》（本书未收录此图），此壁画是唐懿宗咸通二年（861年）节度使张议潮率领军队打败吐蕃、攻克凉州后，为庆祝整个河西归入唐王朝辖下而绘制的。有学者认为在《张议潮出行图》的前部仪卫队中穿圆领窄袖团花锦袄子者应为马球球手。

·五代
·敦煌莫高窟原址保存

（二）唐代马球石刻及拓片

唐故处士王君夫人郜氏墓志马球图线刻

唐李宪墓石椁壁板男装仕女图线刻拓片

唐《球场山亭记》残碑

唐大明宫含光殿及球场石志

本节收录的四件有关马球的石刻记录了马球运动在唐代不同时期的发展状况。收藏在大唐西市博物馆的故处士王君夫人郜氏墓志线刻马球图线条优美，收藏在福建博物院的《球场山亭记》残碑留下了唐代福州马球活动的记录。而最著名的当属收藏在中国国家博物馆的唐大明宫含光殿及球场石志，明确记录了大明宫皇家马球场的信息。

I

唐故处士王君夫人郜氏墓志马球图线刻

唐故处士王君夫人郜氏墓志四杀上的线刻，分别为出行图、乐舞图、马球图和游春图。其中马球图线刻以马球为中心，两侧各有一队球手，每队五人，全部右手持杆，两支球队纵马相向奔驰，作击球状。画面整体构图均衡优美，刻线细腻流畅。

· 唐开元二十三年（735 年）
· 纵 8.5、横 63 厘米
· 大唐西市博物馆藏

· 叶俊临摹

唐故處士王君夫人部氏墓誌銘并序
君諱玄進字彝太原人也衣冠共耀笙鶴靈傳盡被諸文案令
可得而略矣曾祖伯仁上柱國祖父熹□皆勇冠三軍志撫四
秉久成而功不伐斅奇而妙不彰上則不過護軍下則纔登柱
國嗚呼道之不行也其若之何君即護軍之第二子也纘戎前
烈不仕即安室名利之機安恬澹之趣竟循循於鄉黨貴寂寂
於丘園易云歲歲清遠老氏云身退天之道其在茲乎皆其輔

·唐故处士王君夫人部氏墓志拓片

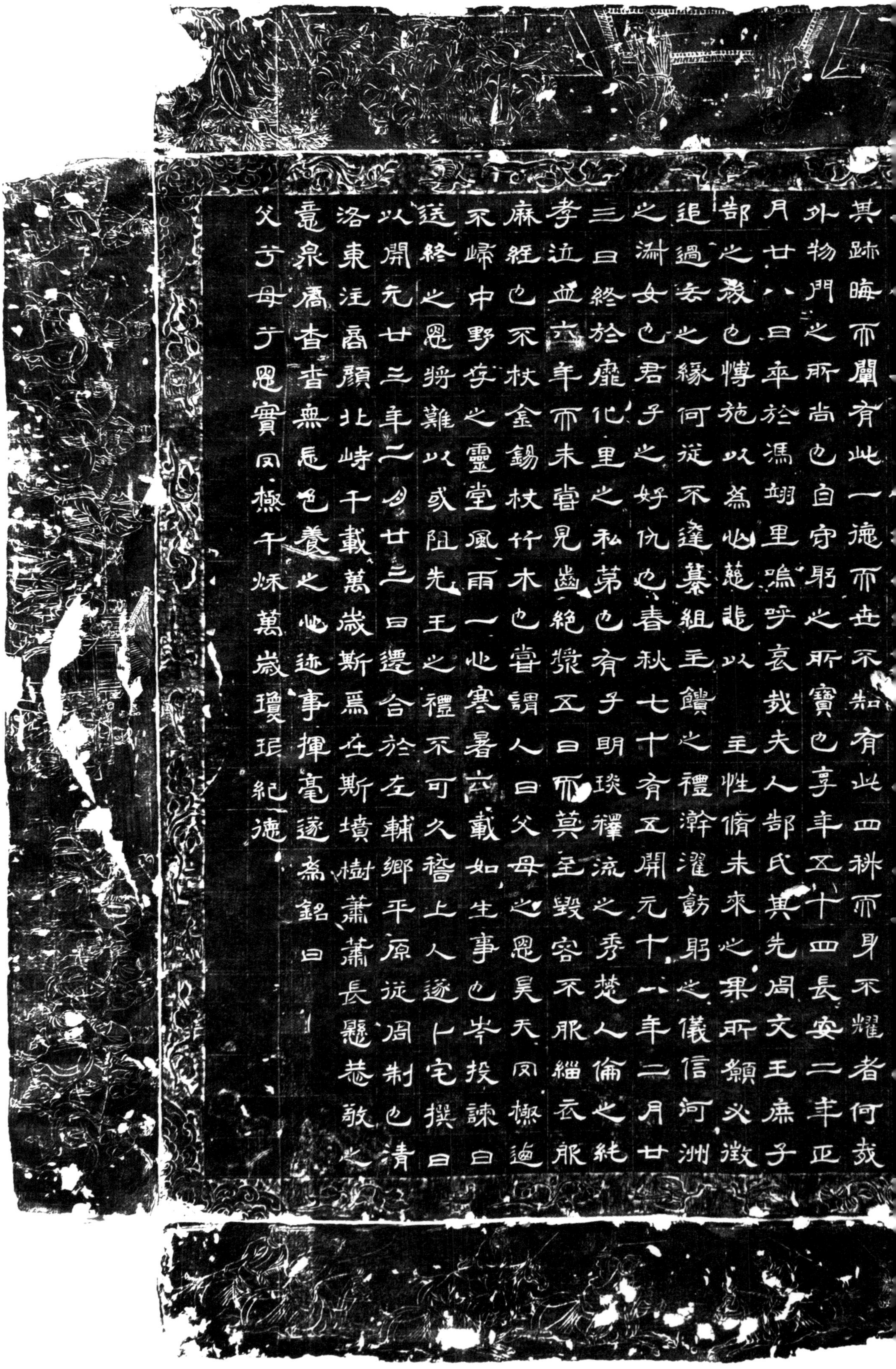

其跡晦而闡有此一德而无不知有此四秫而身不耀者何哉
外物門之所尚也自守躬之所寶也享年五十四長安二年正
月廿八日卒於馮翊里嗚呼哀哉夫人郜氏其先周文王庶子
郜之後也博施以爲心慈悲以　主性脩未來之果所願必徵
追過去之緣何從不逢纂組主饋之禮澣濯飭躬之儀信河洲
之淑女也君子之好仇也春秋七十有五開元十一年二月廿
三日終於廱化里之私第也有子明琰禪流之秀楚人倫之純
孝泣血六年而未嘗見齒絕漿五日而莫至毀容不服緇衣服
麻絰也不杖金錫杖竹木也嘗謂人曰父母之恩昊天罔極迺
不歸中野安之靈堂風雨一心寒暑六載如生事也岑投誄曰
送終之恩將難以感阻先王之禮不可久稽上人遂卜宅撰日
以開元廿三年二月廿三日遷合於左輔鄉平原從周制也清
洛東注高顏北峙千載萬歲斯爲在斯墳樹蕭蕭長懸恭敬之
意泉扃杳杳無忌色養之心迹事揮毫遂爲銘曰
父兮母兮恩實罔極千秌萬歲瓊琚紀德

2 唐李宪墓石椁壁板男装仕女图线刻拓片

唐李宪墓位于陕西省渭南市蒲城县三合乡三合村。李宪为唐睿宗长子、唐玄宗长兄，曾让太子位于李隆基，死后被追赠为『让皇帝』。其墓葬石椁侧壁板上有男装仕女图线刻，女子面庞丰满，裹软脚幞头，内衬高头巾子，幞头两脚垂于肩侧。身着翻领开衩长袍，腰束带，脚蹬尖头薄底锦靴。双手露于袖外，拱于胸前。左肩斜背马球杆两柄。

·唐玄宗李隆基——文武全能的马球高手

唐玄宗李隆基（685~762年）球艺精湛，年少时便痴迷打马球，民间曾有『三郎少时衣不整，迷恋马球忘回宫』的歌谣。他当临淄王时，曾在球场上大胜吐蕃队，可以说打出了一次外交上的胜利。当了皇帝后，他更是把马球变成宫中一项日常游乐活动，『开元天宝中，玄宗数御楼观打球为事，能者左萦右拂，盘旋宛转，殊可观』。他在大明宫东内苑修建了球场和观球赛的『亭子殿』。他不仅在长安城宫内打球，还下令在骊山华清宫的北绣门外、舞马台旁修建球场，以供其每年冬季去骊山避寒时与羽林军将士或其他随行官员挥杖打球。

当时的醴泉尉阎宽有篇《温汤御球赋》，对球场、选手、乘马和比赛场面皆有较为详尽的描述。参加比赛的马匹高大俊美，装饰华丽，昂首待发；参加比赛的健儿『力壮身勇』，彪悍孔武，『君前决死，且不敢辞』；比赛现场更是精彩纷呈，众球手『并驱分镳，交臂叠迹』『轻剧腾犺，迅拚鸷鸟』『或目留而形往，或出群而受敌』『百发百中，如电如雷』。

唐玄宗不仅身体力行地积极参与马球运动，还用诏书的形式向各地（首先是军队）推广马球，把马球当作『用兵之技』。根据阎宽《温汤

·唐天宝元年（742年）
·纵147、横73厘米
·唐惠陵博物馆藏

御球赋》的记载，天宝六载（747年）十月，唐玄宗照例同杨贵妃去骊山温泉宫（同年改为华清宫）避寒。这一年，他已经62岁了，但驰骋球场仍丝毫不见老态：『志气超神，眉目胜画，地祇卫跸，山灵捧靶。众沸渭以纷纭，独雍容而闲暇。』到达骊山的第三天，他就下了一道诏书：『伊蹴鞠之戏者，盖用兵之技也。武由是存，义不可舍，顷徒习于禁中，今将示于天下。』大意是：马球运动是训练士卒的一种手段，有利于提高军队作战技能，不能只限在宫廷中开展，应该向各地推广。诏书下达后，唐代马球便在军队中广泛普及开来，成了『军州常戏』。『闲就平场学使马』成为当时军队生活的写照。不少军队驻所都建有球场，而且占地面积很大。徐州军队三千人路过许昌时，陈许节度使薛能就在球场招待他们住宿，足见球场之大。同时军队的球技也相应得到提高，『俯身仰击复傍击，难于古人左右射』『侧身转臂着马腹，霹雳应手神珠驰』，都是描写军队马球训练和比赛的诗句，当时军中球手球技不凡可见一斑。

《新唐书·艺文志》记载唐代内库收藏有《宁王调马打球图》，如今已失传。据说是唐玄宗时期内廷供奉画家韩幹所画，并注有『大梁人，太府寺丞』。这说明当时对皇室打马球的场景是有绘图记录并收藏保存的。

在儒家学者看来，帝王过分沉迷游乐，对国家来说并不是一件值得庆幸的事，宋人晁说之《题明皇打球图》曰：『阊阖千门万户开，三郎沉醉打球回。九龄已老韩休死，无复明朝谏疏来。』可见唐玄宗一直到老年仍十分喜爱打球，他是唐代皇帝中寿命最长的一位，享年77岁。在中国历代皇帝中，也算是长寿了。

3 唐《球场山亭记》残碑

·唐元和八年（813年）
·纵53、横99厘米
·福建博物院藏

该残碑发现于1958年，上刻『冶山，今欧冶池山是也。唐元和八年，刺史裴次元于其南辟球场』等字样。根据南宋淳熙《三山志》碑文原文与此残碑上的文字排列方式判断，原碑长度在280~300厘米。

此碑为唐宪宗元和八年（813年）福州刺史裴次元为纪念建新球场而立。据《三山志》记载，福州曾有旧球场，但规模狭小，远离军营。裴次元出任福州刺史后，亲自考察，在靠近兵营的冶山开辟了一个新球场。新球场的设计沿袭了长安的风格，又结合当地的风土，施以巧思，利用自然地形，以园林、山水和亭台楼阁环绕马球场，将军事训练、体育运动和风景游览相结合，所谓『奔星乱下花场里』，在唐代众多的马球场中独树一帜。

据宋代文献记载，北宋熙宁年间，此碑被搬到州署衙门，此后下落不明，直到一千多年后被重新发现。碑文翔实地记录了中唐时期福州城市发展的情况，从政治、经济、外事、交通、军事、文化、城市建设与园林艺术等方面，为人们展示了唐代福州的繁荣景象。

·唐代的马球场

根据土质结构与铺筑方式的区别，唐代的马球场主要分为泥地球场、草地球场和山地球场三种。其中泥地球场是最主要的一种。这种球场用经过细筛的泥土反复夯打、滚压而成，夯面要求平坦、光滑、致密，以便于球的滚动。有的权贵之家还在夯土层上加油料，再细心地夯打滚压、反复拍磨，使整个赛场地面光亮如镜，不仅外观好看，比赛时也不会因扬尘而遮蔽球手和马匹的视线，安全性更好。杨慎交、武崇训等均曾以这种方法建筑球场。不过，在泥地球场中，拌油夯打毕竟只有少数人有财力为之，大多数的泥地球场只能用泥土夯打滚压而成。但即使是这种普通的球场，平时的养护成本也很高，且需有专人管理。唐僖宗时期在成都修的球场，为保证『平望若砥，下看犹镜，微露滴而必闻，纤尘飞而不映』，日常服役者达数百人之多。

草地球场是利用天然草坪开辟球场，开展比赛。这种球场的好处是比较安全，不容易造成人员伤亡。也有一些泥地球场由于疏于打理，荒芜长草，自然形成了草地球场。这种情况往往会被人讥笑。唐宪宗就曾问过他的一位大臣：『听说你在荆州的球场都长草了？怎么会这样呢？』那位大臣答得很惶恐而巧妙：『确实有此事，是我疏于管理！不过虽然有草，也不妨碍打球。』除泥地和草地两种球场外，我们在章怀太子墓马球图壁画中，还看到了山野间的马球场。可见当时草地平整、风光秀丽的山间空地，也是人们喜爱的天然马球场。马球活动通常在光线明亮的白天进行，但也有人喜欢在晚上打球。据《资治通鉴》卷二六六记载，淮南节度使杨渥居丧期间昼夜纵情享乐，为了在夜里也能打球，特定制了『十围之烛』置于球场上，用以照明。这恐怕是最早的『灯光球场』了。

唐代马球场地大小不等，军队驻地的球场一般都比较大，而大明宫里和城中的球场通常会小一些。整体来说，唐代马球场要比现代马球场地大一些。现代马球比赛为八人八马，唐代马球场上可达二十人二十马。倘若遇皇帝要看热闹，场内甚至可涌入百余人马。球场多为长方形，比较宽阔，如韩愈诗中所说张建封在徐州的球场，其周长为『千步』。『千步』在诗歌中本是艺术语言，按理说不能作为古代球场实际周长的依据。但不同朝代的诗歌反复袭用『千步』这一相同的数字，而无其他数字在有关诗词中出现，这就不能看成是一个简单的重复。再结合现代马球场地的周长来考证，可以推测古马球场实际周长定与千步相去不远，可见其大。

球场设有球门，为了美观华丽，有人会在门柱上绘彩色图画，因此球门也被美称为『画门』，诗人用『街得流星入画门』的句子描写进球的场景。《明皇击球图》中的球门即彰显了马球门柱的华丽。但唐代球门的规格大小、是双球门还是单球门，已经不可考证。

球场周围要筑矮墙，称司马墙。一来是作为边线界墙，提醒打球人在接近边线时，减慢奔马的速度，以防受伤；二来是比赛时马球如被击打出界，会遇墙弹回，打球人不必跑到很远的地方去捡球。也有人用锦缎做成『步障』，代替砖石砌的墙，这样既能使球场变得更加富丽堂皇，又能避免激烈比赛中出现人与马撞到墙上受伤的情况，尤其受到帝王和权贵之家的欢迎。《资治通鉴·后梁纪》载：『蜀主常列锦步障，击球其中，往往远适而外人不知。』球场旁边通常都要建几座观球的亭子，相当于现在运动场旁的观众席。遇上重大比赛，还会搭建临时棚子以供众人观看。据清人徐松的《唐两京城坊考》，长安凌云阁北有球场和观球的亭子，大明宫东苑有鞠场和观球的亭子殿。

唐代除长安、洛阳外，福州、徐州、梁州等地都修建有球场，位于西北的敦煌也有马球场。从敦煌遗书中的《张淮深变文》可知，唐代归义军首领张淮深曾在球场举行盛大仪式，迎接唐王朝派来的使者。

唐代马球场遗址
隋唐时期，我国古代的马球运动已经盛行。据《三山志》记载：“冶山，今欧冶池山是也。唐元和八年（公元813年），刺史裴次元于其南辟球场”。
1998年11月，市考古队在省直机关事务管理局工地考古发掘工作中，发现了唐代马球场遗址。发掘面积400多平方米，揭露出的地面平坦坚硬，总厚度25-30厘米，由上而下可分为五层。
2018年4月到7月，市考古队在冶山片区进行考古调查勘探，清理出唐马球场遗迹。揭露面积约60平方米，保存地面平坦，保存厚度8-25厘米，共有2-7层夯土层。在其东部发现两块柱础石，推测它可能是马球场东部边界的附属建筑。

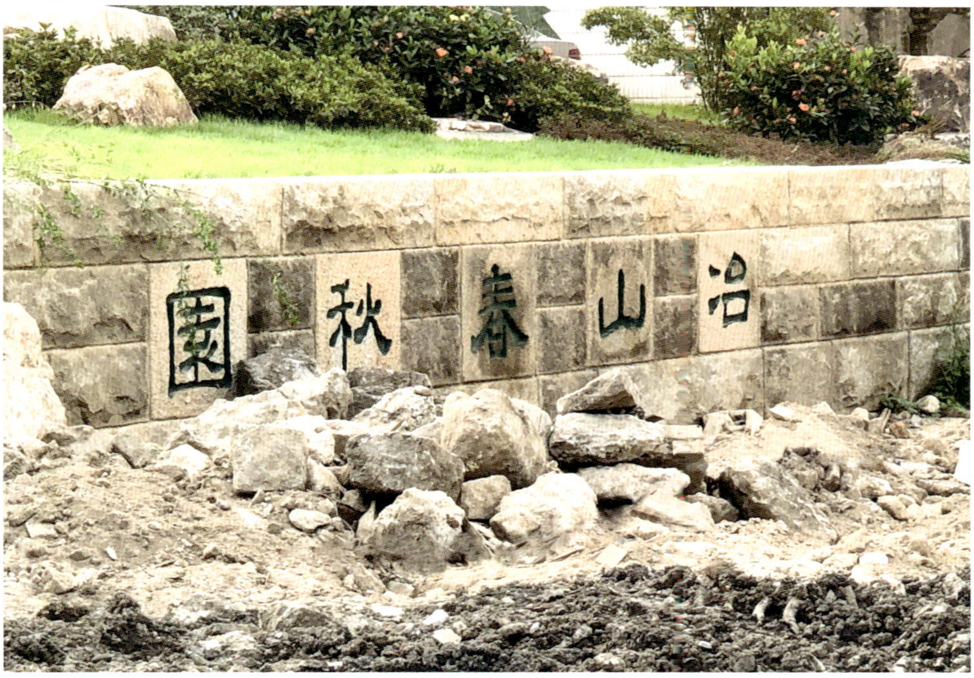
冶山春秋園

·福州冶山春秋园内的唐代马球场遗址
·杨梅芳摄影

4 唐大明宫含光殿及球场石志

1956年，陕西省西安市大明宫含光殿遗址出土了一块方形石志，上有『含光殿及毬场等大唐大和辛亥岁乙未月建』字样，字体工整刚劲。根据铭文，此石志制作于唐文宗太和五年（831年）十一月，比大明宫初建时晚二百年左右。铭文中将『含光殿』和『毬场』并称，说明当时大明宫含光殿建有马球场。

大明宫是唐代皇帝和后妃的居所，也是皇帝理政的地方。始建于唐太宗贞观八年（634年），时名永安宫。唐高宗龙朔二年（662年）再次修建。唐末毁于战火。

在唐代宫苑内，马球场是重要的设施之一，皇帝很可能经常观看或参与打球。大明宫内共有十处球场，分别是宫内麟德殿、中和殿、清思殿、飞龙院四处，东内苑的左神策军、右龙武军与龙首池南三处，西内苑的梨园、右神策军和含光殿三处。

·唐大明宫含光殿及球场石志拓片

·唐太和五年（831年）
·纵53.5、横53.3厘米
·中国国家博物馆藏

·唐华清宫图（含大、小马球场）

华清宫自唐玄宗李隆基扩建以后，变得更加宏伟秀丽，是李隆基和杨贵妃每年必去的行宫。从清乾隆时期刊印的《临潼县志》中收录的《唐华清宫图》中可看到，华清宫除长生殿、讲武殿、斗鸡殿、舞马台等殿阁建筑外，西南方向还有大、小马球场各一。根据华清宫的发展历史及兴衰变化推测，这两个球场建于唐玄宗时期的可能性较大，应是宫廷专用的马球场。

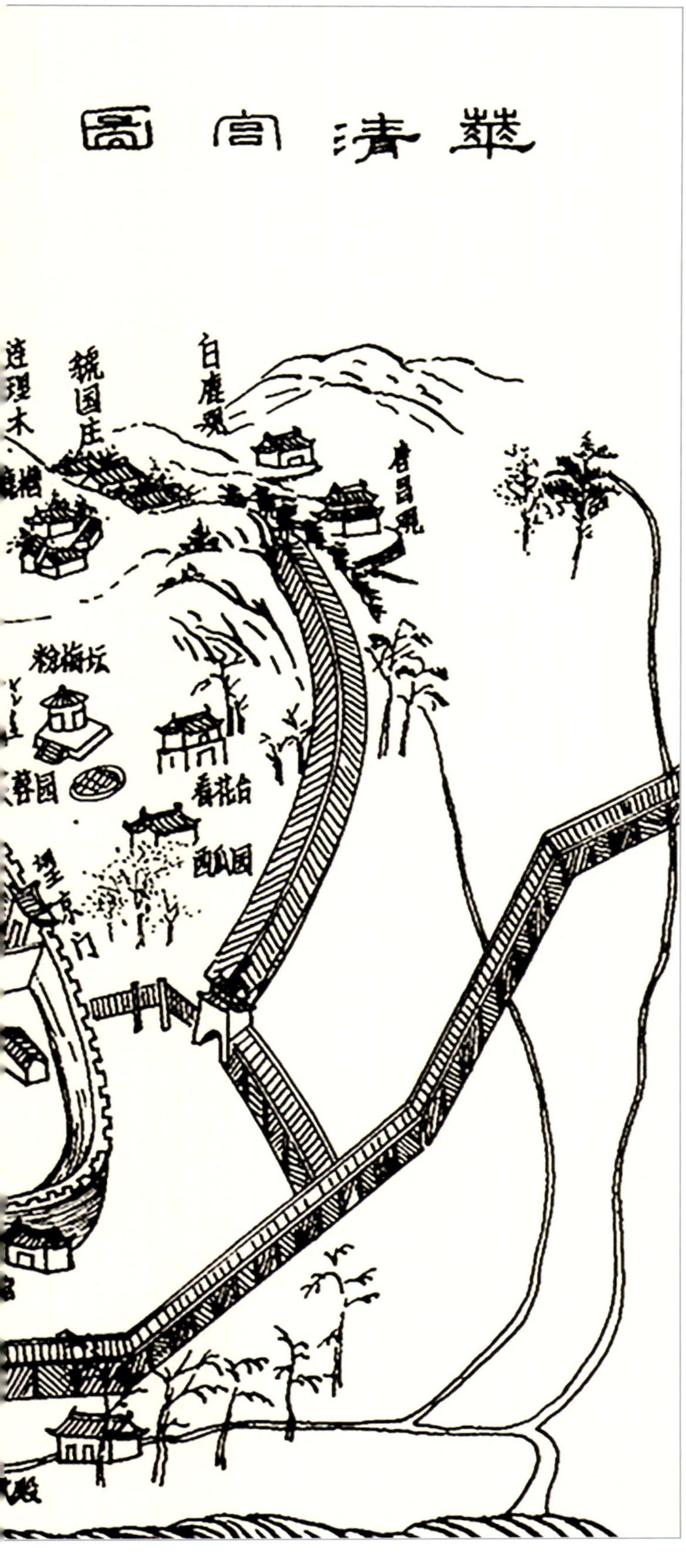

·清乾隆《临潼县志》中的《唐华清宫图》

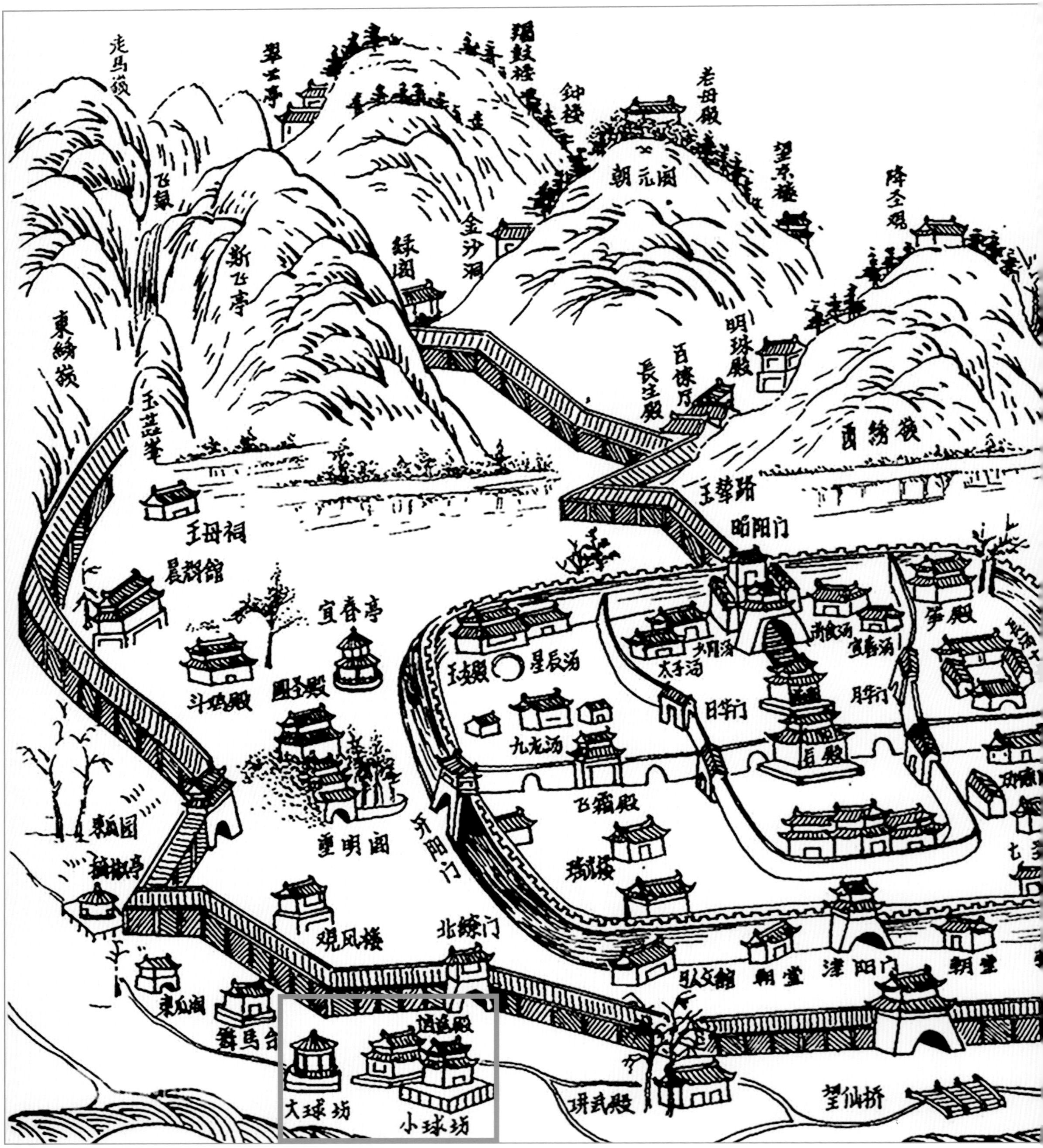

走马岭
翠云亭
钟楼
老母殿
望京楼
降圣观
飞泉
朝元阁
金沙洞
绿阁
東綉岭
明珠殿
長生殿
玉蕊峯
西綉岭
王母祠
玉辇路
昭阳门
宜春亭
斗鸡殿
星辰汤
太子汤
宜春汤
日华门
月华门
九龙汤
重明阁
飞霜殿
观风楼
北缭门
津阳门
朝堂
舞馬台
逍遥殿
大球坊
小球坊
讲武殿
望仙桥

（三）唐代马球纹铜镜

北京故宫博物院藏唐马球纹铜镜

江苏扬州出土唐马球纹铜镜

河南洛阳出土唐马球纹铜镜

安徽怀宁出土唐马球纹铜镜

大唐西市博物馆藏唐马球纹铜镜

本节收录了五枚精美的唐代马球纹铜镜，它们分别藏于北京故宫博物院、扬州博物馆、洛阳市文物考古研究院、怀宁县博物馆和大唐西市博物馆。这五枚铜镜的整体造型和图案均非常相似。呈八角菱花形，圆纽。镜背图案分为内外两区。内区为四人打马球浮雕图案，每人骑一骏马，挥舞前端呈偃月形的球杖，动作各不相同。或高举球杖，作抢球状；或俯身向前，球杖下沉，作击球状。人与球之间衬以高山、树木或花卉图案，应是表现郊外马球比赛的场景。整体纹饰生动饱满，简洁大方，传神地表现了当时丰富多彩的马球活动，展现了唐人阔大豪放、兼容并蓄的胸怀，是唐代铜镜中的珍品。

I

北京故宫博物院藏
唐马球纹铜镜

该镜背正中置一圆纽，内、外区纹饰以连弧纹相隔。内区为主纹，以纽为中心，设骑马打球的四人，骏马奔驰于山林间，构图舒展而生动。

·唐宣宗李忱的马球绝技

唐宣宗李忱（810~859年）是唐代第十七位皇帝。史载他性格明察沉断，用法无私，从谏如流，勤于政事。政事之余，唐宣宗也是一位马球高手，球技在当时堪称马球界之翘楚。他打起马球来，斗志昂扬，奔驰腾跃，能于空中运球击球，杖下的球在空中飞舞，快若流星，其控球技术之高常令观者瞠目结舌。

·唐代
·直径 19.3 厘米
·北京故宫博物院藏

2

江苏扬州出土唐马球纹铜镜

该镜1965年出土于江苏省扬州市邗江县泰安乡金湾坝工地。扬州为唐代铜镜的主要产地，扬州和并州（今山西太原一带）当时均以生产贡品铜镜闻名。扬州铜镜素以品质精良、造型优美著称。一镜之上，有平面、凹面、凸面之分，照物成像，有大小、反正、远近之别，制作技术已经达到相当高的水平。从唐中宗时期开始，扬州匠人制作的『方丈镜』『江心镜』『百炼镜』等成为贡品，进一步促进了扬州铜镜铸造业的繁荣。1949年后，扬州出土了许多唐镜，这枚铜镜是其中很有代表性的一件。

·亡于马球的唐穆宗李恒

唐穆宗李恒（795~824年）是唐代第十三位皇帝。他26岁继位，正是血气方刚的年纪。唐穆宗对马球十分喜爱，虽然从现有记载看，他自己并不是马球高手，但至少也应该算是个马球爱好者。他的死也和马球有关。他继位的第三年十一月，一次在宫内看宦官和内官打马球，一位内官突然被球杖击中，落马而亡。受惊的马匹直奔观众席而去。幸好四周侍卫护驾，唐穆宗才没有受伤，但由于惊吓过度，回到宫中休息的时候，他突然感到头晕目眩，双足麻痹，不能站立。按症状推测，应该是突发性中风。为了缓解病情，唐穆宗开始服用丹药，不知是丹药中的重金属导致中毒，还是其他原因，病情不但没得到缓解，反而越发严重，次年十二月，唐穆宗驾崩，享年不足30岁。

·唐代

·直径 18.5 厘米

·扬州博物馆藏

3

河南洛阳出土
唐马球纹铜镜

洛阳市文物考古研究院藏有一枚中唐时期的马球纹铜镜，该镜于2003年年底出土于河南省洛阳市伊川县城关镇大庄3号墓。

·因沉迷马球而遇害的唐敬宗李湛

唐敬宗李湛（809~827年）是唐穆宗的长子。由于父亲早逝，唐敬宗李湛登基时还是个15岁的孩子，他继承了父亲爱好游乐的天性，甚至有过之而无不及。唐敬宗酷爱打马球，不仅讲究排场，而且有嗜血、暴虐的倾向。他喜欢让人半夜打球，而夜晚灯光昏暗，人和马看不清球的方向，场上常常会发生『碎首折臂』事件。唐敬宗不知体恤，反而以此为乐，所以宫内那些打球的内侍都很怨恨他。继位第三年的一个冬天，唐敬宗又一次出去『打夜狐』，还宫之时已是深夜，此时随从已经人困马乏，但他仍兴致盎然，非要侍从陪他打球，并饮酒取乐。酒酣耳热之际，唐敬宗起身如厕。此时大殿上灯烛忽然熄灭，随侍的宦官和打球供奉趁机合谋将其害死，当时他年仅18岁。

在明代内阁首辅、大学士张居正亲自编撰的《帝鉴图说》中，『便殿击球』一篇讲述的就是唐敬宗初继帝位荒于朝政，终日玩乐，最后竟遭弑逆之祸的故事。张居正希望以此告诫当时尚且年幼的万历皇帝，要吸取教训，勤于政事。本书的第四章明清时期部分收录有四个不同版本的《帝鉴图说》中『便殿击球』的插图。

·唐代
·直径18.8厘米
·洛阳市文物考古研究院藏

4 安徽怀宁出土唐马球纹铜镜

该镜于1983年出土于安徽省安庆市怀宁县雷埠乡的一座唐墓中。

·『击球赌三川』的唐僖宗李儇

唐僖宗李儇（862~888年）是唐代第十九位皇帝。在唐代历任君主中，唐僖宗是名声和政绩不太好的一位。唐僖宗非常聪明且精力旺盛，不仅喜欢骑射、击剑、蹴鞠、斗鸡等体能和竞技类项目，对围棋、音乐甚至算术都有浓厚的兴趣和不凡的天赋，但他最喜欢的还是马球。他曾向人夸口，如果朝廷设置马球进士科，他能拿状元。他最为人诟病的是一场令人匪夷所思的以国事为赌注的马球比赛。一日，唐僖宗召集神策军将陈敬瑄、杨师立、牛勖、罗元杲四人举行马球比赛，奖品是川中地区三个重要节度使的位置。唐僖宗规定，谁第一个进球，谁就能去三川中最富饶的西川（四川西部）做节度使，其他人则只能分到山南西道（陕南附近）节度使和东川（重庆附近）节度使的职位，陈敬瑄第一个击球进洞，夺得了西川节度使的职位。这就是历史上臭名昭著的『击球赌三川』。

·唐代
·直径19.5厘米
·怀宁县博物馆藏

5

大唐西市博物馆藏
唐马球纹铜镜

此镜为五枚打马球纹铜镜中尺寸最小的一枚，直径仅15厘米。可以清晰地看到内区主纹饰空隙处及外区的蝴蝶、瑞草等装饰，这使镜背纹饰整体显得生动、饱满又不繁缛。

·唐昭宗李晔的打球供奉

唐昭宗李晔（867~904年）也是一位马球运动的狂热爱好者，身边常年有打球供奉陪伴。唐末，权臣朱温逼迫唐昭宗迁都洛阳，六军侍卫散亡殆尽，唐昭宗身边仅有小黄门及打球、内园小儿二百多人，但对于这些人朱温也不放心，命人灌醉后将其全部坑杀，换上年貌、身高相当的二百人顶替，唐昭宗初不能辨，后来才有所察觉，明白自己已经成为真正意义上的孤家寡人，是朱温的俎上之肉了。

·唐代
·直径 15 厘米
·大唐西市博物馆藏

（四）唐代打马球陶俑

唐王雄诞夫人魏氏墓出土三彩打马球女俑（四件）

唐韦洞墓出土彩绘打马球女俑（三件）

唐韦洞墓出土彩绘打马球女俑（五件）

观复博物馆藏彩绘打马球女俑（十件）

陕西体育博物馆藏打马球俑（七件）

法国吉美亚洲国立艺术博物馆藏彩绘打马球俑（六件）

彩绘打马球俑（六件）

美国纳尔逊-艾金斯艺术博物馆藏打马球女俑（四件）

陕西唐三彩艺术博物馆藏彩绘打马球俑（四件）

陕西临潼关山唐墓出土白陶打马球俑（两件）

英国大英博物馆藏彩绘打马球俑（两件）

台北故宫博物院藏三彩打马球女俑（两件）

美国波士顿美术馆藏打马球女俑（两件）

震旦博物馆藏打马球女俑（两件）

美国诺顿艺术博物馆藏打马球女俑（两件）

河南洛阳邙山出土彩绘打马球女俑

美国底特律美术馆藏打马球女俑

美国克利夫兰艺术博物馆藏彩绘打马球俑

新疆阿斯塔那古墓群出土彩绘泥塑打马球俑

美国圣地亚哥艺术博物馆藏打马球俑

唐代的打马球陶俑在目前出土的中国马球文物中数量最多，且女俑占多数。当时女子以健康为美，喜着翻领窄袖胡服，配以乌皮小靴，装束轻便地进行各种马上活动。本节收录了收藏于国内外约二十家博物馆的六十六件唐代打马球陶俑。

作为唐代马球文化的一个缩影，打马球陶俑以直观形象的方式向人们展示了唐代马球的诸多细节，补充了文献的不足，让我们对中国马球这一高光时刻的面貌有了更多了解。中国古代进行马球比赛时，会对所用马匹的马尾进行挽扎，这一习惯延续至今，但历代挽扎方式各有不同。现在见到的唐代打马球陶俑及壁画中，马尾皆扎作锥形。具体做法应是先将马尾折成数折，再用细绳捆扎，仅留出部分尾鬃。

数量众多的唐代打马球陶俑说明马球这项运动在唐代曾十分流行。一件件陶俑跨越千年，将历史的光彩带到现代人面前。特别是女子打马球时动感的身姿，正是唐代女性激情奔放、健康活力的展现。

I

唐王雄诞夫人魏氏墓出土三彩打马球女俑（四件）

2012年，河南省洛阳市华山北路唐王雄诞夫人魏氏墓出土四件形制相同的三彩打马球女俑，俑为灰白胎。骑俑外穿翻领窄袖长襦，脚蹬平底高筒靴，发色乌黑，面部圆润，躬身向左，右臂涂朱并平抬胸前，左手屈肘后拉作奋力挽缰状。马体型较高，马首偏向左侧，从头顶起沿颈背至肩胛处鬃毛浓厚，臀部浑圆，螺旋状翘尾，立于长方形底板上。骑俑颈部以上无釉，胸部及长襦施黄釉和绿釉，高筒靴施绿釉。马身施黄釉，马面、马鬃、马尾及马蹄呈乳白色，马鞍为酱釉、绿釉交错，五彩斑斓，马腿部有流釉。王雄诞夫人魏氏生于隋开皇十六年（596年），王雄诞去世时（623年），魏氏27岁。唐垂拱二年（686年）魏氏去世，享年90岁。

· 唐垂拱二年（686年）
· 长 33~36、通高 35.5~42 厘米
· 洛阳市文物考古研究院藏

2 唐韦洞墓出土彩绘打马球女俑（三件）

1958年，陕西省西安市长安区南里王村唐韦洞墓出土了十九件三彩打马球女俑。马呈昂首直立状，身上的彩绘鲜艳夺目。骑在马上的击球者均头梳双髻，身着红、绿搭配的翻领外衣和长裤，足蹬黑靴，神情专注地作出各种击球姿势。

·打马球为乐的唐代宫人

唐代自玄宗后的多位帝王都喜爱马球这项运动，后宫的太监、宫女及民间的教方女伎也都迷上了打球，并受到专门训练。诗人王建写有著名的《宫词》一百首，描述了宫中妇女骑射歌舞、弈棋刺绣等生活场景，其中一首就是描写打马球的：

对御难争第一筹，殿前不打背身球。
内人唱好龟兹急，天子鞘回过玉楼。

宫廷女子打马球之风，一直到五代仍颇流行。前蜀皇帝王建的妃子花蕊夫人所作的一首关于马球的诗中写到：『自教宫娥学打球，玉鞍初跨柳腰柔。』将女子打球的姿态写得很美。不同于『佳人拾翠春相问』的妩媚婉约，打马球的女子美得飒爽而豪放。

· 唐中宗时期（705~710 年）
· 通高 33~35 厘米
· 陕西历史博物馆藏

3

唐韦洞墓出土彩绘打马球女俑（五件）

1958年，陕西省西安市长安区南里王村唐韦洞墓出土。

· 唐中宗时期（705~710 年）
· 通高 33~35 厘米
· 中国国家博物馆藏

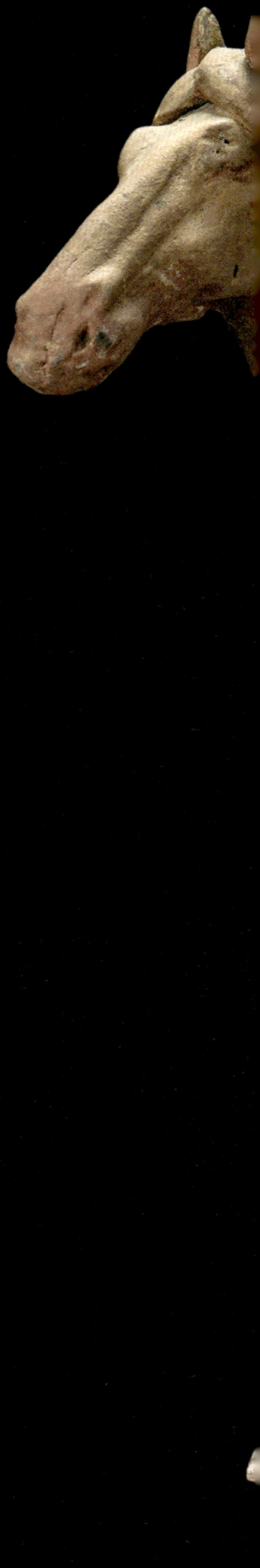

4 观复博物馆藏 彩绘打马球女俑（十件）

该组打马球女俑展现了唐代女子打马球的飒爽英姿，色彩鲜明，形象生动。

·唐代女诗人鱼玄机与马球

晚唐女诗人鱼玄机写过一首《打球作》，全诗以球自况，语带双关：

坚圆净滑一星流，月杖争敲未拟休。
无滞碍时从拨弄，有遮拦处任钩留。
不辞宛转长随手，却恐相将不到头。
毕竟入门应始了，愿君争取最前筹。

鱼玄机是长安人，史载其性聪慧，有才思，好读书，尤工诗，与李冶、薛涛、刘采春并称『唐代四大女诗人』。她幼时家贫，曾嫁李亿为妾，作《打球诗》以球自况，表达自己不愿任人拨弄，希望早日入门，得到一个好的归宿。但其入门后仍不能为正妻所容，遂不得不出家为女道士。唐代社会风气开放，鱼玄机做女道士之后，与当时著名的文人雅士交往甚多，诗文唱和，生活风流不羁。

· 唐代
· 长 21~23、高 19~21.8 厘米
· 观复博物馆藏

5 陕西体育博物馆藏打马球俑（七件）

陕西体育博物馆藏有一组打马球俑，共七件，每件陶俑姿势、神态不一，展示了唐人打马球的各种姿态。

·球杖击钱币

唐德宗年间（779~805年），河北藩镇有个姓夏的军官，骑术精良，武艺超群，能拉开几百斤力的弓，尤其精通马球技术。他曾在马球场上做过一次打马球的特技表演：在球场的地上垒十几个铜钱，他策马飞驰，用手中的球杖击钱，一次只击一枚，而且这一枚铜钱只飞出一丈远。十几枚铜钱，个个如此。击钱的精准程度令人叹为观止。如用这种本领在球场上射门，当是百发百中了。

·唐代
·单件长25、高18厘米
·陕西体育博物馆藏

6 法国吉美亚洲国立艺术博物馆藏彩绘打马球俑（六件）

这六件打马球俑中，1号为单髻打马球女俑，2、3、4号为双髻打马球女俑。这应该是两队正在比赛的女马球手。她们分别着红、绿色翻领胡服，长度及膝，足蹬黑靴，面庞丰润，眉眼秀丽，显得活泼可爱，少女感十足。她们所骑之马颈部鬃毛修整如刷，马尾经修剪并束起。马作昂首嘶鸣状，显得雄壮有力。马球运动对于坐骑的要求很高，一匹好马不仅能为球手赢得比赛，也会为整个比赛的视觉效果增色。马匹的雄壮与女球手的柔美相得益彰，令人赏心悦目。

5、6号为胡人俑。他们身着束腰翻领外衣，头戴高顶翻沿毡帽，这是居住在中亚河中地区（大部分位于今乌兹别克斯坦境内）的粟特人的典型帽子。两名骑手英姿勃发地跨坐在马上，一人左手持缰，右手执杖，准备击球；另一人不顾危险，俯身向下击球。马匹双腿前伸，作飞奔状，人马配合默契。

· 唐代

· 高 26~36 厘米

· 法国吉美国立亚洲艺术博物馆藏

1

2

3

4

5

6

7 彩绘打马球俑（六件）

这六件打马球俑是私人收藏品，见于许多马球相关的图书中。马上人俑动感十足，姿态为马球运动的经典动作，即左手向身后拉拽缰绳，右臂上扬准备击球。这种姿态在古代陶模雕塑艺术品和铜镜纹饰中颇为常见。其中少女形象的陶俑，头梳单髻，脸部圆润，胭脂晕于脸颊，点绛色唇，身着翻领胡服和长裤，所骑骏马体型健硕、四肢纤长。其中两匹马鬃毛束为三股，称为『三花』。用马鬃编梳『毛花』的潮流在当时甚为风行，这些毛花数量的多少由马匹主人的地位决定。6号马球俑头戴高顶白边翻沿毡帽，身着绿色圆领缺胯袍，足蹬黑靴，双臂平行高举过肩，双拳紧握，可能是在提缰勒马或平举球杖。

· 唐代

· 高 27~30 厘米

· 私人收藏

1

2

3

4

5

6

8 美国纳尔逊-艾金斯艺术博物馆藏打马球女俑（四件）

·女子驴鞠的兴起

由于马体型大、性暴烈、速度迅疾，身体纤弱的女子乘骑有一定风险。于是，选乘身形矮小、性情温驯的驴来打球，成了一时风尚。从目前所见史料看，驴鞠大致开始于唐代宗时期（762~779年）。据《旧唐书·郭英乂传》，剑南节度使兼成都尹郭英乂『聚女人骑驴击球』，时间应在他出任剑南节度使的763年以后，比唐中宗时期（705~710年）马球的流行晚约半个世纪。可以理解为马球运动的一个衍生品。

女子驴鞠虽然不如马球那样飒爽威武，但也自有妙处：它不仅是一种体育运动，更是一种如舞蹈般的观赏性娱乐活动，可谓参与者强身健体，观看者赏心悦目。驴鞠出现后，很快传到了京城，甚至引起了皇帝的兴趣。宝历二年（826年），年轻的唐敬宗在大明宫麟德殿特意观看过一次驴鞠表演。一些浪荡子弟也将家中婢女或女伎召集起来，令其骑驴打球，骑具与服用都极其豪奢，花费令普通百姓为之咋舌。

唐代出现驴鞠，与当时社会的骑驴风尚也有关系。驴在先秦时期并不多见，自汉武帝始，中原与匈奴、西域交往日密，驴被大规模引入。到了唐代，驴是马的重要补充，唐代驴价大致在三千文至五千文的范围内上下浮动，虽然不乏居奇货而高沽者，但总体上驴价是比较低廉的，这正是唐人好骑驴的重要原因。

值得一提的是，文人骑驴在当时也是一道风景，《全唐诗》中含『驴』的诗达六十多首。晚唐宰相、诗人郑綮曾被人问起是否有新作，他风趣地回答：『诗思在灞桥风雪中，驴子背上。』『风雪骑驴过灞桥』也成了诗人笔下、画家卷上一个充满飘逸潇洒意境的场景。

·唐代
·单件长32.7、高25.4厘米
·美国纳尔逊-艾金斯艺术博物馆藏

9 陕西唐三彩艺术博物馆藏彩绘打马球俑（四件）

·周宝与夫人崔氏的马球故事

2012年，考古工作者在陕西省西安市发掘了一座唐代墓葬，墓主人为一崔姓女子，去世于唐僖宗乾符五年（878年）。据墓志可知，她的丈夫周宝是泾原、镇海节度使，也是当时有名的马球高手。

据《新唐书·周宝传》，军人周宝屡立战功，但得不到晋升。他得知唐武宗（814~846年）喜欢马球，就苦练马球技术。在某次比赛中，对方用的是铁球杖，两马交会抢球之际，周宝的左眼被铁球杖的尖端打中，眼球都掉出来了，谁知周宝竟将眼球取下来一口吞下去，继续比赛。也许是这种生猛的风格太有震慑力了，最终他所在的球队赢得了比赛。真是『功夫不负打球人』，他以精湛的球技和『丧一目』的代价赢得了唐武宗的青睐，很快就被提升为金吾将军。

崔氏墓中出土了驴骨。考古工作者对这些驴骨进行了分析，发现这些驴的肱骨中段偏圆，与普通驴有所不同，极有可能是在长期驴鞠运动中适应运动速度的变化导致的变化。同时，在崔氏墓中还发现了一件环状铅马镫，底部有凹形踏板。这也证明了陪葬的驴是用来骑行，而不是用于驮运货物的。学者们认为，崔氏生前可能也是一个马球爱好者，她也许曾骑驴打球。

·唐代

·陕西唐三彩艺术博物馆

10 陕西临潼关山唐墓出土白陶打马球俑（两件）

1981年，考古工作者在陕西省临潼县关山大队的一座唐墓中发掘出土了四件白陶打马球俑。从制作风格判断，当属唐玄宗天宝年间的遗物。马双耳直竖，头向前伸，嘴略张开，鼻孔似在喷着热气，四蹄凌空，尾鬃扎起，造型精巧，神态逼真。马上骑士头戴幞头，身穿长袖衣衫，有的直身、有的侧身、有的伏身，但均以右手持球杖（出土时木质球杖已朽），作击球或抢球状。骑士的姿态与坐骑奔跑的动作配合得十分和谐，整体给人一种在球场上拼搏奋击的感觉。本书收录了其中两件。

·唐代的街头马球

唐代，马球运动在民间广受欢迎，敦煌曲子词《杖前飞》中就有『闲闷结伴就球场』之句。但百姓们没有条件修建球场，有的就在大街上击球，就像今日的青少年在街头踢足球一样。唐文宗开成元年（836年）三月，诗人李绅被任命为河南尹。到任后，他发现洛阳里巷间有许多少年乘马打球，他们往往衣冠不整，有时甚至因打球引发群殴，影响当地治安。这也反映出唐代马球运动的流行。

· 唐代
· 单件长 14、高 8.5 厘米
· 陕西历史博物馆藏

II

英国大英博物馆藏彩绘打马球俑（两件）

·唐代文人打马球

依唐代传统，进士及第要举行一系列的庆祝活动，包括曲江会、杏园宴、观佛牙、慈恩寺题名、月灯阁球会等，其中的月灯阁球会就是新科进士之间进行的马球比赛。用球赛的方式来庆祝进士及第，这在我国历史上是比较罕见的。透过这一习俗，可以看出当时马球不仅是好武之人的特长，在文人学士间也颇受欢迎。每年球会『看棚栉比』『万毂千蹄』，万人空巷，盛况空前。《唐摭言》中就记载了一则相关轶事。乾符四年（877年），新进士照例举办月灯阁球会。一群军将跑过来凑热闹，纵马飞奔，往来冲突，一下子搅乱了进士们的场子。这自然是很煞风景的事情，但当时把持权柄的多为各地藩镇，军人气焰嚣张，百姓和一般文官都拿他们没办法，文弱的进士们更是敢怒不敢言。新进士中有一个叫刘覃的年轻人，是一名官宦子弟，父亲刘邺任过户部侍郎、诸道盐铁转运使等职务，后来升任宰相。年轻气盛的他拎起球杖翻身上马，冲到军将们面前喝道：『新进士刘覃来陪你们打球，如何？』军将们自然高兴，很想借此机会戏耍一下这位小进士。哪知道刘覃身手不凡，在马背上『驰骤击拂，风驱雷逝』，球技十分了得。最后一击，他抡起球杖击打，马球凌空飞出，无影无踪。军将们看傻了眼，自知技不如人，只能在数千观众的哄笑和掌声中，讪讪地低头策马而去。刘覃用球技为进士们大大出了一口气，也体现了唐代文人崇尚的『上马能战，下马能治，文武双全』的强健人格。

·唐代
·英国大英博物馆藏

12 台北故宫博物院藏三彩打马球女俑（两件）

这两件三彩打马球女俑均通体施釉，色彩鲜艳。女子头梳双髻，面部彩绘出五官，身着黄、绿色翻领窄袖胡服和长裤，足蹬短靴。女俑侧身，头微前倾，左手近马首，似勒缰绳，右手作握杆击球状。马体态健硕，立于长方形底板上，作蓄势待发状。

·唐代的马球比赛规则

因为相关史料的缺乏，唐代马球比赛的具体规则与细节已不可考。但从流传下来的一些杂记文章与诗词歌赋中，隐约可以推测出当时赛场上的情形。据记载，唐代神策军的马球比赛在开赛前，两队人马分别立于球场两侧待命，军吏宣读奖赏办法后，掌管教习士兵的都教练『放球入场中，诸将皆駷马趋之』。而在宫中打球时，唱筹卫士将球放在球场正中，由皇帝开球，在这个过程中，双方球员是不允许争抢的，待皇帝回到大殿接受群臣朝贺后，球员再上马回到场中。此时，担任裁判的护军或内侍会将两队人马引开，令其横排于球场两边各自门前，面向球场中央。比赛开始后，双方队员策马奔向球场中央争球，以射门进球为赢。赛场上众马齐驱，场面热烈，所谓：『杖移鬃底拂尾后，星从月下流中场。人不约，心自一。马不鞭，蹄自疾。』比赛双方以计筹计算输赢，敦煌曲子词《杖前飞》中有『或为马乏人力尽，还须连夜结残筹』之句。比赛时有鼓乐伴奏，以烘托气氛，配乐多为节奏明快的西域乐曲，正是『内人唱好龟兹急，天子鞘回过玉楼』。

·唐代
·台北故宫博物院藏

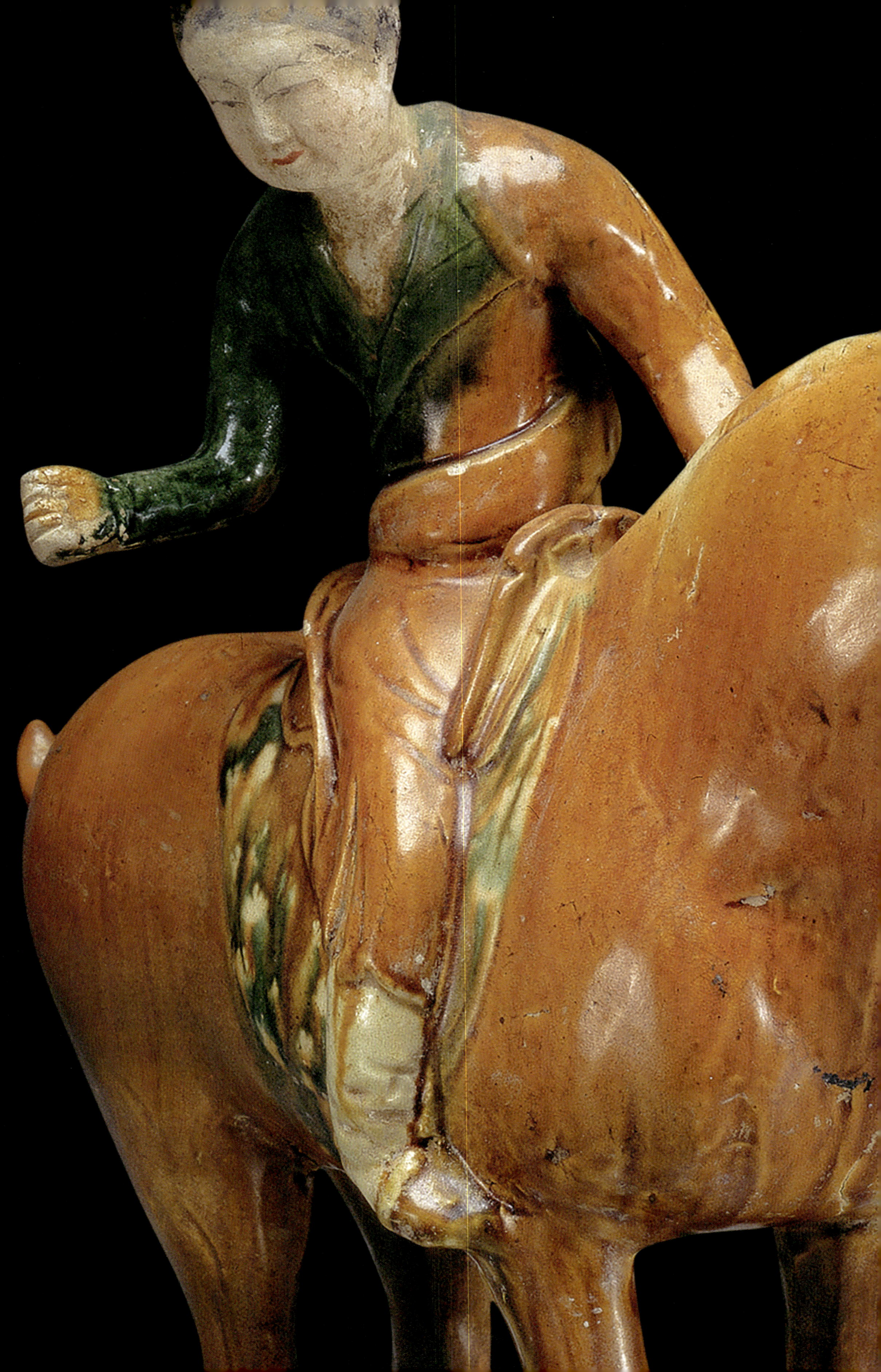

·一件马球俑的不同角度

13

美国波士顿美术馆藏打马球女俑（两件）

·唐代的马球马

打马球，最离不开的还是马。马球比赛对马的要求很高，必须是精挑细选的宝马良驹。既要剽悍，经得起冲撞；又要奔驰迅疾，能冲到最前面；还要灵活，能在抢球时左右盘旋。据记载，唐玄宗时，宫中参加马球比赛的马匹都『左萦右拂，盘旋宛转』，非常灵活。当然，做这样的高难度动作，危险程度也很大，时常会出现马匹脱缰甚至受伤的事故。在唐代乃至五代十国，北方各地都会选取优质品种的骏马进奉朝廷，以供打球之用，皇室与权贵阶层也因此拥有大量良驹。一匹优质马球用马通常价值千金。唐玄宗时，于阗国特使进贡了两匹专用于打马球的马，分别叫『玉花骢』和『夜照白』，将这两匹马从于阗运到长安就用了半年之久。马匹上场的装扮也值得一提，除『银蹬金鞍』外，马匹的尾巴和鬃毛都要经过特殊处理，或剪去马尾，或将马尾打结，马鬃则需要剪平或编成小辫子，以防在奔跑冲撞中马匹的鬃毛和尾巴相互缠绕。比赛的激烈程度亦由此可见一斑。

· 唐代
· 单件长 40.5、高 20.5 厘米
· 美国波士顿美术馆藏

14

震旦博物馆藏 打马球女俑（两件）

两位女骑手头梳高髻，伏于马背，双膝紧夹马身，左手持缰，右手作挥杆状。马匹作疾驰状。

·唐代
·单件长 40.5、高 34 厘米
·震旦博物馆藏

15

美国诺顿艺术博物馆藏打马球女俑（两件）

·唐代
·单件长 38.4、高 31.8 厘米
·美国诺顿艺术博物馆藏

16 河南洛阳邙山出土彩绘打马球女俑

1976年出土于河南省洛阳市邙山徐村。骑俑左手执辔，右手俯身作击球状。马身形矫健，作嘶鸣状。图为此件陶俑的三个角度。

·唐代的马球杆

唐代马球球杆多为木制或竹制，长度约100厘米，外面包裹皮革，有的绘刻精美花纹。杖头弯曲，类似今天的冰球杆，诗人往往将其比作新月。如敦煌曲子词《杖前飞》中有『球似星，杖如月』，蔡孚《打球篇》中有『初月飞来画杖头』的句子，直到宋金时期，球杖仍是『端如偃月』。因为传球，尤其是射门的准确度与球杖的关系极大，所以马球爱好者对球杖的质量很讲究。宫廷和上层贵族用的球杖，多饰以雕花或彩绘，实用之外也十分美观，王公贵族往往为其一掷千金。当时社会上有专门制作球杖的工匠。相传江南有一位做球杖的高手，人们称他『苏校书』，校书是校书郎的简称，通常供职于弘文馆等机构，负责校对典籍、勘正讹误，制作球杖应当是他的业余爱好。据说他爱喝酒，平时交游甚广，好道教修真之术，做球杖主要是用来换酒钱。人们喜爱他做的球杖，除了爱其工艺精良外，恐怕还有一份对文化人的推崇吧。

·唐代

·长41、通高36.5厘米

·洛阳博物馆藏

17

美国底特律美术馆藏打马球女俑

· 唐代
· 长 37.1、高 34.3 厘米
· 美国底特律美术馆藏

18 美国克利夫兰艺术博物馆藏彩绘打马球俑

·唐代的马球服装

唐人对马球服装非常讲究，常见比赛服装多为帛制或锦制，窄袖，圆领，长度过膝。腰束丝带，或用特制的腰带，镶珠嵌玉或以玉石制成，又称宝带或玉带。

马球运动对体力有很高要求，一场下来，球手往往大汗淋漓。这时就需要更换球衣。唐人李廓的《长安少年行》一诗中就有『长陇出猎马，数换打球衣』的句子，这里可以有两种理解：一种是一场球一换衣，数场球则数换衣；另一种是一场球之内，每当球衣被汗水打湿或被球弄脏，就进行更换。这要求每位球手准备数套球衣。据记载，唐代成都的工匠们用蜀锦制成马球服装进贡朝廷，一次数量可达五百件之多。

在唐代马球活动中，无论帝王贵胄，还是职业打球军将，皆喜戴幞头。幞头一般用帛、锦、布制作，内衬桐木或纱、麻。幞头后部的拴带自然下垂，称为垂脚，也可盘卷折叠成各种样式。

关于球靴，史料中见得最多的有两种：丝鞋与乌皮靴（青膝长筒皮靴）。丝鞋多用于娱乐，乌皮靴多用于弋猎、征战。正规的马球比赛中，球手多穿乌皮靴，由六块皮缝制而成，又称『乌皮六缝靴』，靴尖微微上翘，靴底有软底与硬底两种，唐、宋多为软底，元、明以后硬底渐流行。《便桥会盟图》卷中所绘人物穿软底靴，而《明宣宗行乐图》卷上所绘则为硬底靴。

曾担任过四川省马术协会副主席的帅培业先生，经过多年的研究，认为马球服是中国古代唯一比较成熟的专业运动服。具体式样是圆领及膝袍、乌皮六缝靴。在沈从文先生的指点下，帅培业先生全手工复制出全套的团花青锦马球服成品，为了庆祝第十一届亚运会在北京召开，这套马球服于1990年在中国体育博物馆公开展览。本书近现代篇中收录有帅培业先生制作的马球服图片。

·唐代
·高31.2厘米
·美国克利夫兰艺术博物馆藏

19

新疆阿斯塔那古墓群出土彩绘泥塑打马球俑

此俑于20世纪70年代初出土于新疆维吾尔自治区乌鲁木齐市吐鲁番县阿斯塔那古墓群230号墓，是马球运动在古代丝绸之路上传播的历史见证。白马四足腾空，作奔跑状。马上骑士蓄八字短须，头戴便帽，身着长袍，足蹬黑靴。左手握缰，右手握一末端作弧形的草杆（出土时此杆尚在），面露微笑，双目注视前方，作击球状。

· 唐代
· 高 26.5 厘米
· 新疆维吾尔自治区博物馆藏

20

美国圣地亚哥艺术博物馆藏
打马球俑

·唐代

·美国圣地亚哥艺术博物馆藏

（五）唐代其他马球文物

新疆托库孜萨来遗址出土棉线球

黑龙江渤海国上京龙泉府遗址出土象牙球

敦煌文献S.5636《新集书仪·打球会》

新疆维吾尔自治区博物馆收藏有一件喀什地区巴楚县托库孜萨来遗址出土的棉线球，疑为唐代马球用球。黑龙江省渤海国上京龙泉府遗址出土一件象牙球，疑似马球用球。大英图书馆收藏的敦煌文献打马球书仪，则向人们展示了当时人组织打马球活动时的邀请函和回复函。

I

新疆托库孜萨来遗址出土棉线球

该球于1959年出土于新疆维吾尔自治区喀什地区巴楚县托库孜萨来遗址。制作此球的棉线有两种，一种较宽、较长，为分段织造而成；另一种为两股线捻成的棉绳。两种棉线错综缠绕成紧实的线球。表面较为光滑。外部原应有包裹物，通常是熟好的皮子，皮面既能使球在击打过程中更有弹性，又牢固耐用。此球是否为马球用球，还有待进一步论证。

·唐人的马球用球

唐代马球的设施、装备及规则设置已经比较完善，但仍在不断地发展变化。比如打马球所用之球，当时称作『鞠』，大小如成年男子的拳头。唐代初期『鞠』是用几层皮革裹上动物毛发做成的，柔软轻巧且有弹性，外面涂以七彩，称作『彩球』『画球』『七宝球』。开元年间的起居郎蔡孚《打球篇》诗中就有『宝杖雕文七宝球』的句子。唐代中后期，越来越多的人开始使用木制马球，即以轻而结实的木头做成球形，再于其外裹上薄薄的皮革并涂成朱红色。这种球一直沿用至宋代。据《宋史》记载，皇帝观赏马球表演时，侍从从金盒里取出的就是朱漆球。新疆托库孜萨来遗址出土的唐代棉线球和黑龙江省宁安市上京龙泉府遗址出土的唐代渤海国象牙球，据推测亦为唐代的马球用球。此外，嘉峪关长城博物馆也曾经展出过与马球用球形制相似的球形实物。

· 唐代
· 直径 4.5 厘米
· 新疆维吾尔自治区博物馆藏

2

黑龙江渤海国上京龙泉府遗址出土象牙球

黑龙江省宁安市牡丹江畔的渤海国上京龙泉府遗址曾出土一枚象牙球，据推测应为打马球用球。该球直径约6厘米，相当坚硬，上有着色痕迹，与中原地区的木制马球形制颇为相似。

· 唐代

· 直径 6 厘米

· 渤海上京遗址博物馆藏

3 敦煌文献S.5636《新集书仪·打球会》

在现存的敦煌文书中，学者们还发现了与马球有关的书仪。此件S.5636《新集书仪》中有『打球会』一节，记载了邀请他人来打马球和受邀者回复时的书信范本。

首先是邀请函：『数日言会，群公悉集，朋流悦兴，无过击拂。伏承畿官，骏卫爽明，每事华饰，终是球伯，美之难及，形睹指拨，倍随仁德，便请降至。不宣。谨状。』大意是：这几天恰好几位朋友来访，大家聚到一起，最开心愉快的事情，莫过于打马球了。您的骏马、骑术与球技都是我们这里有名的，所以请您一定到场指教。

下面紧跟着的是一封答书：『忽奉来书，伏承诸贤并至，深谢眷厚。喜得陪随，便乃奔赴，不敢推延，谨还状不宣。谨状。』大意是：收到来信，非常荣幸，感谢您的厚爱。如果能陪同诸公一起打球，那当然是最好不过。一定到场，不敢推辞延误。

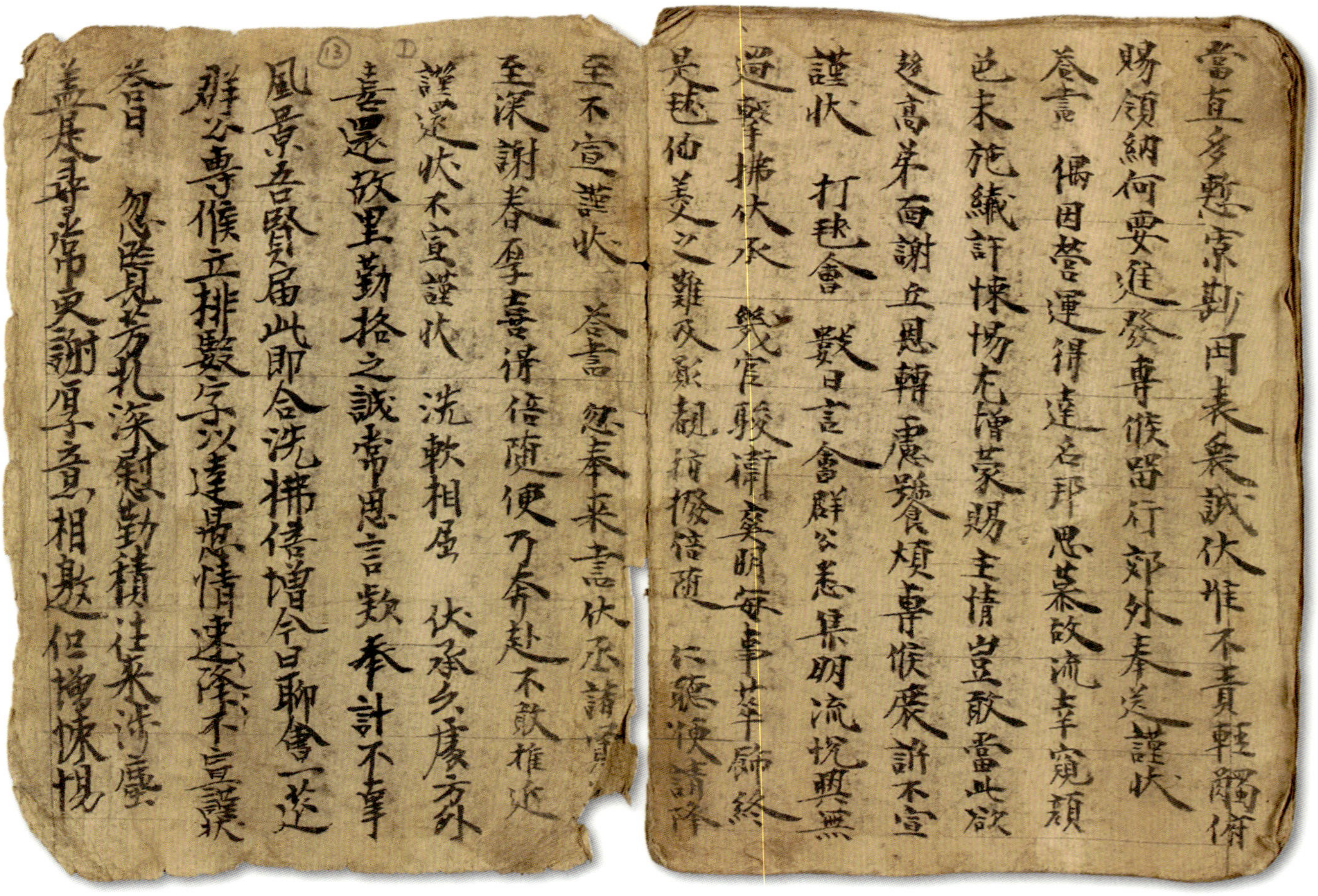

當直多慙宗勘因表衷誠伏惟不責輕觸俯
賜領納何要進發專候留行郊外奉送謹狀
荅書 偶因營運得達名邦思慕故流幸寬顏
邑未施纖許悚惕尤增蒙賜主情豈敢當此欲
趍高筵面謝丘恩轉屬騰賽煩專候虔誠不宣
謹狀 打毬會 數日言會群公慕景明流悦興無
過擊拂伏承 幾官駿衛宴明每事奉歸終
是毬伱美之難及歡覿宿撥倍隨 仁德便請降

至不宣謹狀 荅書 忽奉來書伏承諸賢
至深謝眷厚喜浮倍隨便乃奔赴不敢推延
謹還狀不宣謹狀 洗軟相屈 伏承久處方外
喜還故里勤恪之誠常思言歎奉計不辜
風景吾賢屆此即合洗拂傳增今日聊會一延
群公專候立排數字以達愚情速降不宣謹狀
荅目 忽蒙見芳札深慰勤積往來涉屢
盡是尋常更謝厚意相邀但增悚惕

宋辽金元时期，中国进入了一个少数民族政权与汉族政权共存的时代。北宋和南宋，马球仍是皇室热衷的运动之一，得到了持续发展，马球比赛也更加规范化和仪式化。辽、金、元是由少数民族建立的政权，在其统治下，马球既是军事训练项目，又是重大节日的表演项目，得到了充分发展。

叁

宋辽金元时期

马球运动的持续兴盛

907—1368年

较之唐五代时期，马球运动在宋辽金元时期普及的范围更广。宋代统治者更多地是将马球运动视为一种竞技娱乐项目。从国家庆典的观礼活动到平民百姓的日常生活，都有马球运动的存在。辽是契丹人建立的政权，金是女真人建立的政权，由于是以骑猎游牧为生的马背民族，他们对马球这项马上运动更加情有独钟，甚至将其列为国家级祭祀仪式『拜天』之礼后的重要比赛项目之一。元人打马球的习俗承自金人，每年端午、重九等节日，都会举行有太子及诸王参加的马球比赛。

宋辽金元时期，马球运动逐渐由流行于上层的贵族运动发展为市井百姓喜闻乐见的大众运动，可谓『旧时王谢堂前燕，飞入寻常百姓家』。这一方面是因为宋代以后城市经济发达，市井文化、市民娱乐形式都得到高度发展，为马球走进寻常百姓家提供了必要的物质条件；另一方面，宋辽金元时期，草原政权的强势崛起，也为马球这一马背运动的普及奠定了基础。但也许是因为政权更迭较快，且当时的文士对此关注不多，这一时期关于马球的记录反而不是很多，这也给人们造成了马球运动在唐代之后就走向衰落的印象。实际上，至少在宋辽金元时期，马球运动还是相当受欢迎的，参与者和爱好者中不仅有富家子弟、市井闲人、士卒军官，更不乏皇亲国戚，甚至是皇帝本人。

（一）宋辽金元时期马球文献与绘画

敦煌研究院藏敦研001《归义军衙府酒破历》

河北巨鹿宋代墓葬出土马球图绢画（局部）

北宋李公麟（传）《明皇击球图》卷

元陈及之《便桥会盟图》卷

宋辽金元时期与马球相关的文献和绘画作品，包括藏于敦煌研究院记录了马球活动后酒水支出情况的《归义军衙府酒破历》；河北巨鹿出土的宋代打马球绢画生动展现了打马球的场景；藏于辽宁省博物馆、传为宋代大画家李公麟绘制的《明皇击球图》卷，展现了唐玄宗带队打马球的场景；藏于北京故宫博物院、元代画家陈及之绘制的《便桥会盟图》长卷中也有打马球的场景。

I

敦煌研究院藏敦研001《归义军衙府酒破历》

敦煌研究院藏敦研001《归义军衙府酒破历》记载：『（四月）十九日，寒食座设酒三瓮，支十乡里正纳球场酒半瓮。』唐宋时期，寒食节是国家法定假日。『破』意为支出，『酒破历』指记录酒花销情况的账目。本件《归义军衙府酒破历》中的记录体现了当时在敦煌地区有打马球后聚餐饮酒的习俗。此时的敦煌是丝绸之路上的重镇，商旅使节往来不绝。归义军衙府为内政外交的需要，设立了专门用于接待的衙署宴设司、柴场司等。

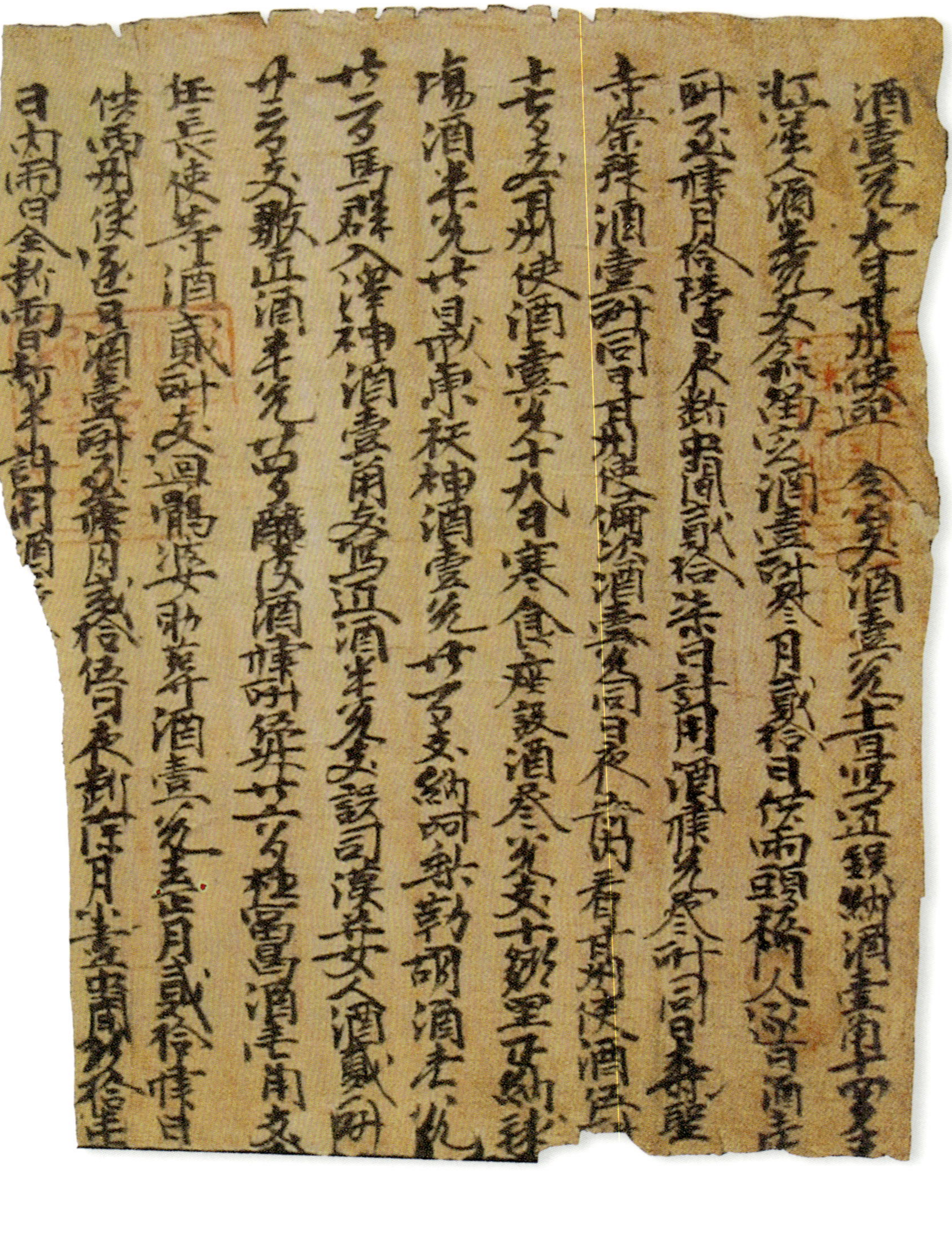

·北宋乾德二年（964年）
·纵6、横5.7厘米
·敦煌研究院藏

2 河北巨鹿宋代墓葬出土马球图绢画（局部）

1917年，位于今河北省邢台市巨鹿县域内的一座宋代墓葬中出土了一幅绘有打马球场景的北宋绢画。画面主体为四名骑士手持偃月形球杖，两两相对，四杖相交，共争一球。

·走向仪式化的宋代马球

马球运动在北宋颇受重视，宋太祖、宋太宗、宋仁宗、宋神宗、宋徽宗、宋孝宗、宋光宗、宋宁宗等都十分喜爱这项运动，甚至有几位皇帝亲自参与其中。《宋史·礼志》记载：『打球，本军中戏。太宗令有司详定其仪。』

马球运动发展到宋代，已经成为一种成熟规范的体育活动。从现存的文献及考古资料看，这一时期马球运动的流行范围较广，且是隆重的『军礼』之一，朝廷经常举行马球比赛或表演，还为其制定了详细的规章制度。这些马球活动往往场面宏大，对抗激烈，集竞技性、技巧性、娱乐性与观赏性于一体。

《宋史·礼志》中军礼部分详细记载了宋太宗时期（976~997年）马球比赛的场景。每年三月，皇家会在大明殿前举办马球比赛。比赛前相关部门需要平整场地，立木架球门。球门设在东西两侧，约一丈高，门上刻金龙，下面以石制莲花台为底座。比赛时，每个球门两侧各有一人持小红旗计分。御龙官着锦袍，持哥舒棒，绕球场观察比赛情况。大殿两侧走廊上，由教坊设专门的乐队，负责演奏龟兹乐，并分别于廊下和东西球门的旗下各设五面鼓。

开赛前，皇帝由专人引导陪同，乘马至球场，群臣于球场前迎接，教坊奏《凉州曲》。皇帝至球场御殿前立定，比赛双方自御殿左右进入球

·庞啸晨临摹

场，至球门前合为一队横排，全体下马，面东背西而立。皇帝驱马至球场西南方，面北背南而立。

宫廷内侍将漆成朱红色的马球献于皇帝马前，通事舍人宣布两队所攻球门。之后皇帝用球杖将马球击往大殿方向，是为开球。位于大殿两廊的教坊乐队开始奏乐，并配合马球的起落或击鼓或鸣钲。待马球滚至大殿前方停下，殿前侍卫舞动红旗，皇帝驱马从球场西南方回至球场北面大殿前立定，接受群臣的敬酒献礼，并为大臣与参赛球员赐酒，作为回礼。两队球员饮毕上马，皇帝再次开球，而且必须由皇帝将第一球打入球门，球被带至球门附近时，两廊乐队快速击鼓。皇帝进球后，鼓声猛击三响，戛然而止。群臣、侍卫与球员等齐声高呼『万岁』。随后，唱筹侍卫将马球放在球场正中，参赛球员骑马横排于球场两边的各自门前，面向球场中央。皇帝再次击球，两队人马驱马争击，比赛正式开始。球赛过程中，教坊乐队需始终配合比赛进程演奏音乐。球员进球得分后，驱马向四周叫好之人致意称谢。赛满预定局数后，由皇帝在御殿设宴，招待出席观看赛球的王公大臣，同乐共庆。

宋代马球制度也许与唐代有所不同，但基本的球场设置和比赛规则，如分队争胜、驰马争击、鼓声伴奏、射门得分等应当没有什么区别。皆是于球场东西各设一个球门，比赛双方分成两队，将球打入对方球门算得一筹；皆有专门的唱筹人手持小红旗计分，在球场东西两旁台阶下设有插旗的架子，其中一方将球打入对方球门，唱筹人就在一方旗架上插上一面红旗；整个比赛过程皆有鼓乐伴奏。

从这些详尽到近乎琐碎的记录中可以看出，到了宋代，马球对于宫廷的礼仪意义似乎已经超过了娱乐与运动的意义。马球被规范化了，但也变得刻板了，当年马背上快意挥杆的纵情，变成了进退有节的拘谨，马球运动走到这一步，其生命力的萎缩似乎也是不可避免的了。

·北宋
·藏地不详

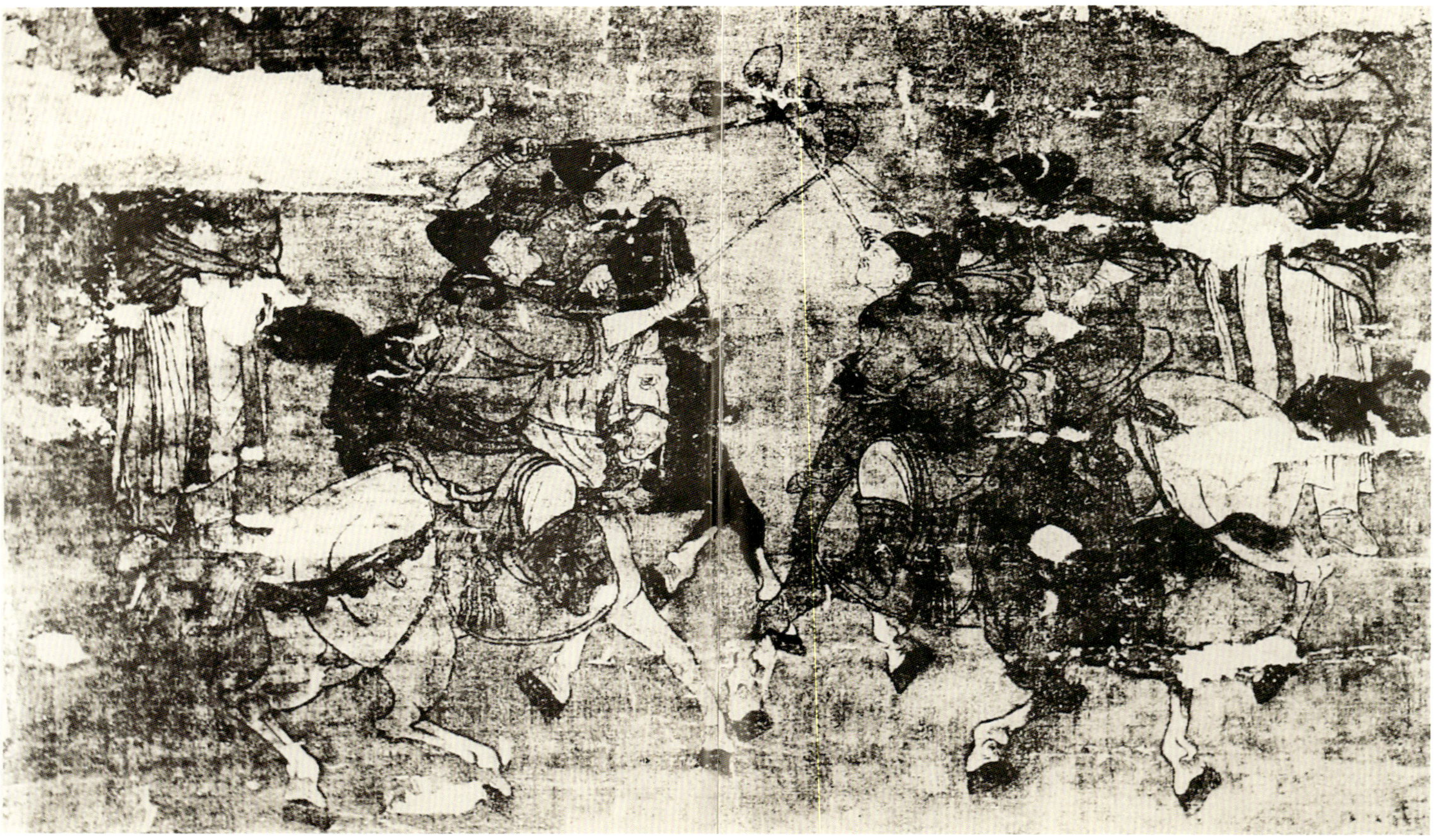

3 北宋李公麟（传）《明皇击球图》卷

该图描绘了唐玄宗击球娱乐的场景。画面上共有十六个人，有男有女。男性均头戴幞头，身着圆领窄袖袍，足蹬乌皮靴；女性皆头顶花冠，身着右衽窄袖短襦，长裙束带，肩披窄长披帛。

位于画面正中的人年龄略长，气度高贵，神情专注，胯下骑一匹骏马，正微微侧身，准备击球，其球杆杆头有精美的纹饰，应为唐玄宗。他身边的人有的头戴官帽，有的头上簪花，也都骑着马，手持球杆，争抢着地上的小球，应为皇帝身边的官员、侍从和妃嫔。画卷两端各绘有二人，分立球门两旁把守，均为女扮男装。值得注意的是，画面上有一戴凤冠的女子，有专家认为她可能就是杨贵妃。整幅画面布局疏密有致，线条流畅，人物姿态各异，静中有动，富于变化。

此作品在流传中一直被视为北宋李公麟的作品，但画上无作者款印，后有明代傅著、吴乾、董其昌等人的题跋。也有近人从画风研究认为应为南宋画家所画。据记载，李公麟还画有宋神宗君臣观赏马球的盛大场面，可惜此画已佚。

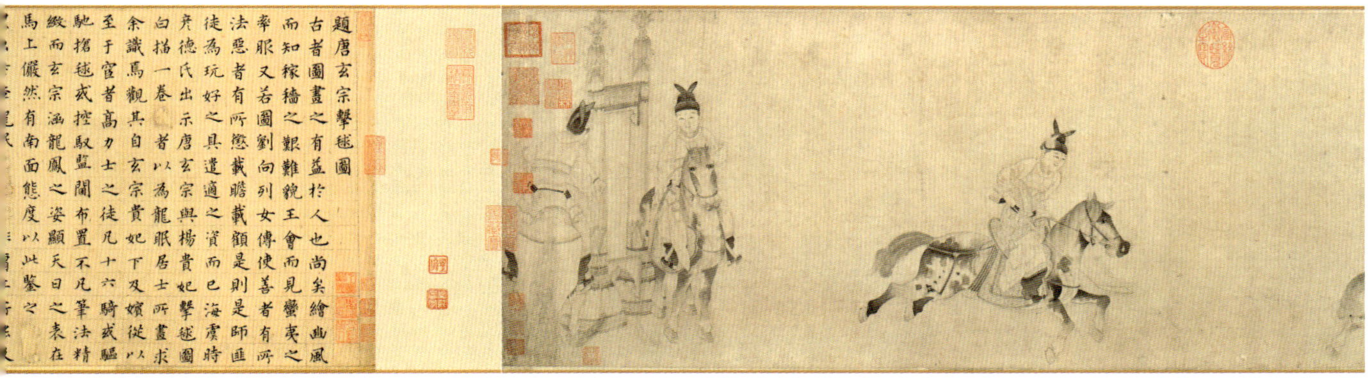

·北宋
·纸本水墨
·纵 32.1、横 523.2 厘米
·辽宁省博物馆藏

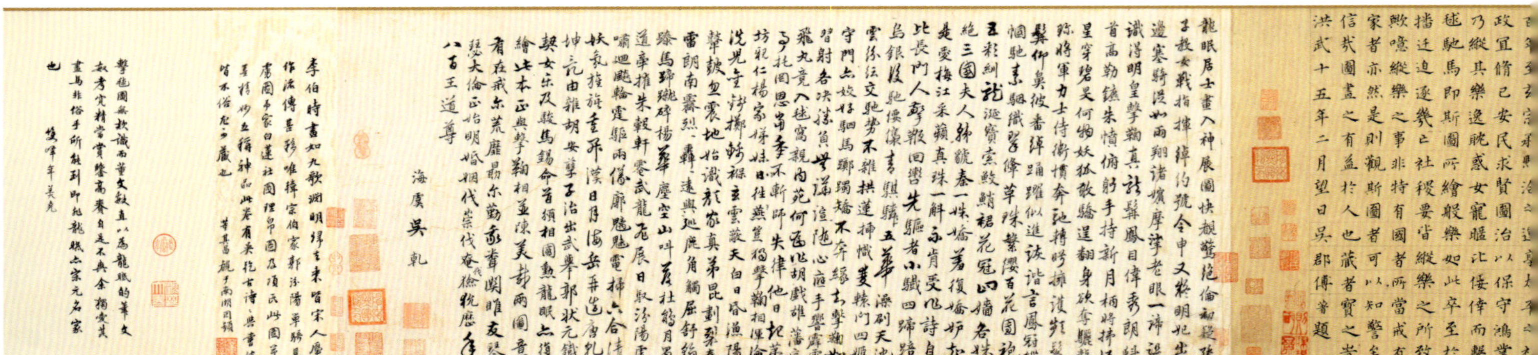

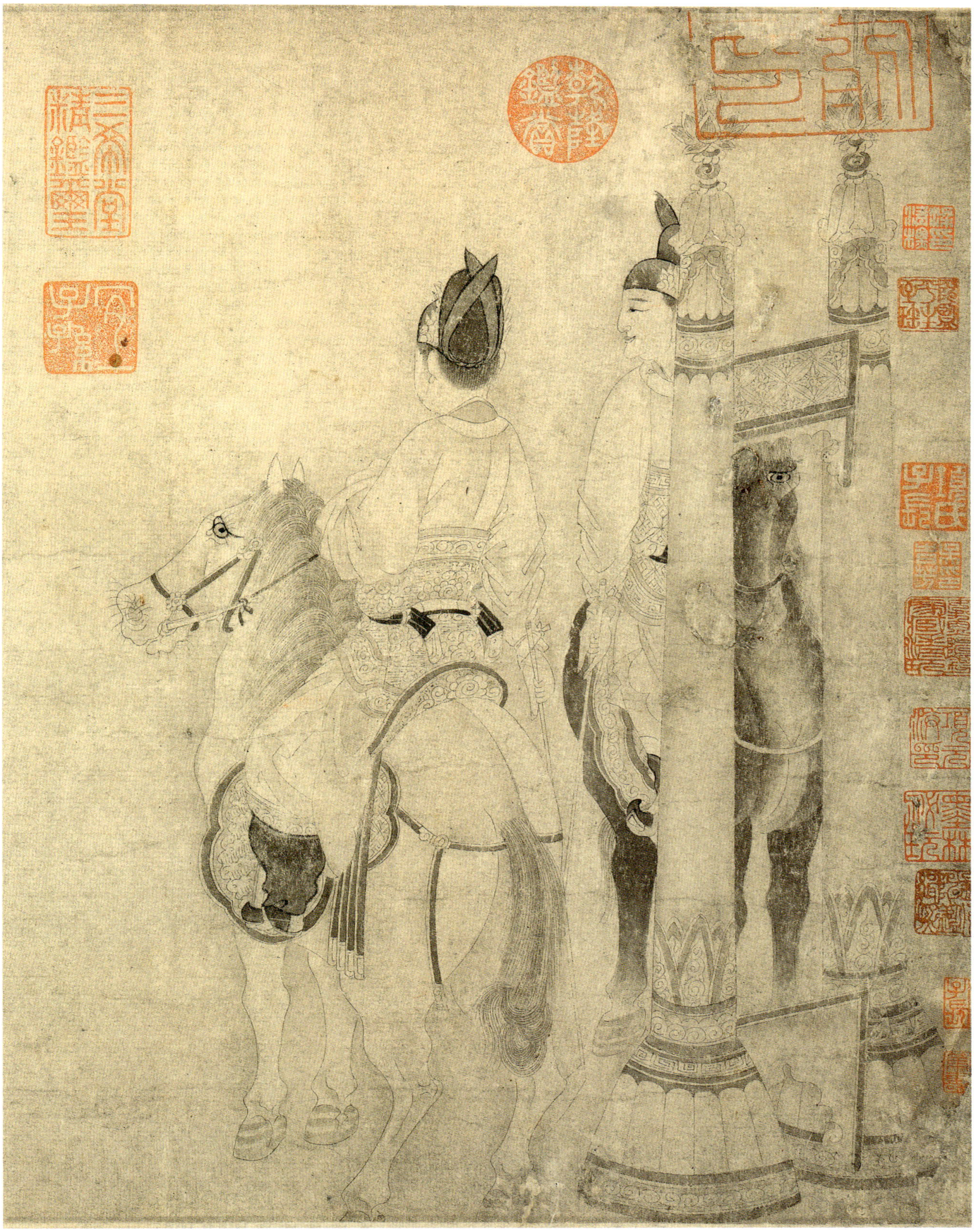

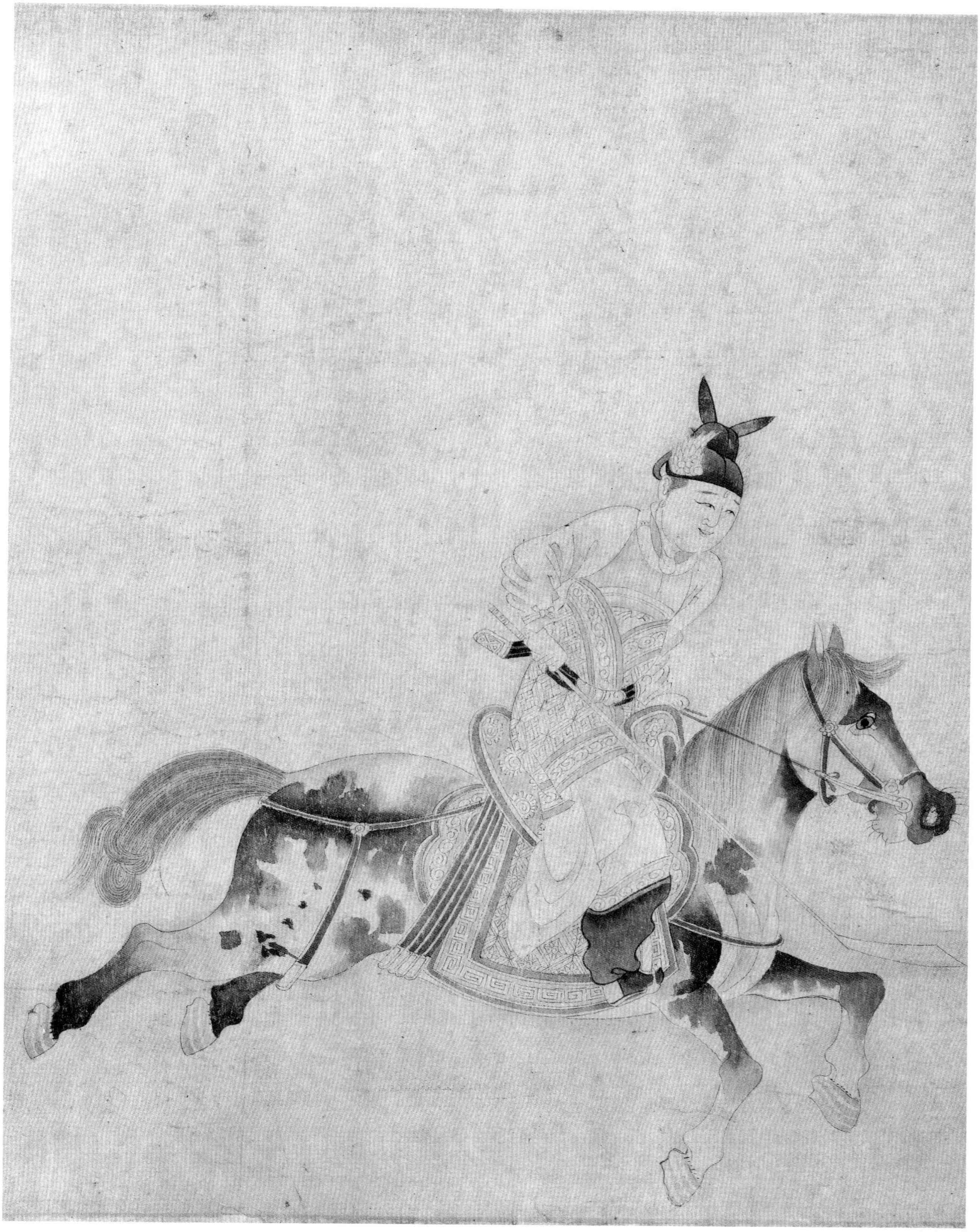

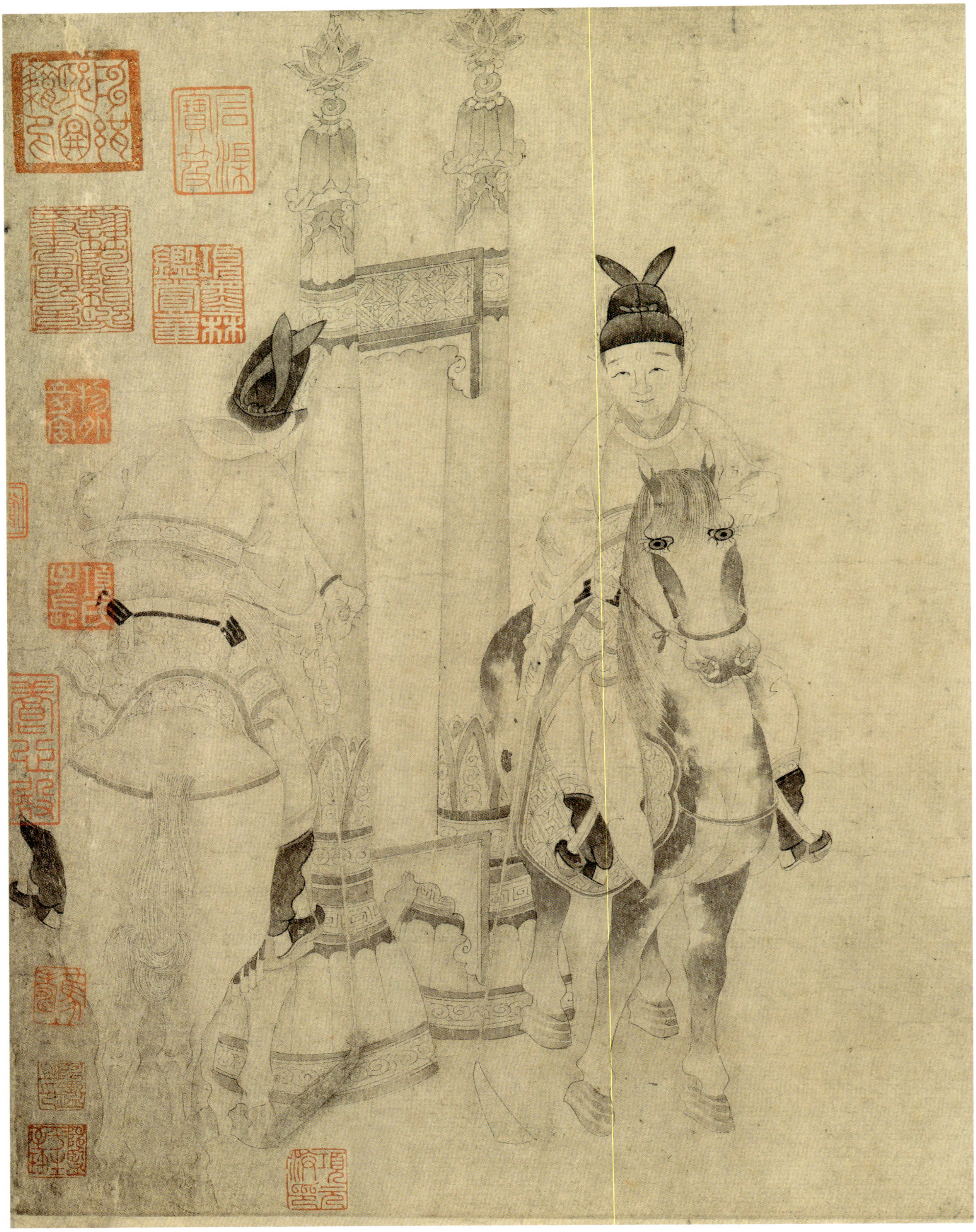

4 元陈及之《便桥会盟图》卷

据《旧唐书·突厥列传》记载，唐武德九年（626年）八月，突厥颉利可汗率十万人马进犯刚刚建国的大唐。突厥军队一步步逼近距长安仅二十余里的高陵，京师大震。李世民闻讯后与房玄龄等六人飞骑直奔渭水南岸，于便桥截住突厥军队，指责颉利可汗毁约。大批唐军随后而至，气势逼人，颉利可汗不得不当即请和，斩白马立誓，在便桥上与大唐会盟结好。元代画家陈及之依据这段史料绘制了一幅长卷《便桥会盟图》。

画卷共绘246人、180匹马、4头骆驼，场面宏大，内容丰富，绘制了突厥人的马术、马球、舞旗表演等场景以及驼马、整队士兵、零散骑士等；画中李世民端坐于龙辇上，神情威严宽厚。在画卷的一侧，两队不同冠服的马球手正在进行一场激烈的竞赛。右侧十余名骑兵持偃月形球杖向前奔驰，左侧四名骑士正在激烈地争抢击球，似乎也暗示了双方军队紧张对垒时的情势。《便桥会盟图》不但记载了唐王朝与突厥颉利可汗会盟的政治军事事件，还向人们展示了唐代盛行的马球运动。

·元代
·纸本白描
·纵36、横774厘米
·北京故宫博物院藏

（二）宋辽金元时期马球砖雕

中国体育博物馆藏宋代马球砖雕

成都体育学院博物馆藏宋代马球砖雕

山西侯马金代董海墓出土马球砖雕（一组）

山西襄汾曲里村金墓出土马球砖雕（一组）

本节收录了宋辽金元时期的多件以马球为题材的砖雕，包括藏于中国体育博物馆和成都体育学院博物馆的两件宋代砖雕，以及山西出土的金代砖雕。其中山西侯马金代董海墓出土的砖雕呈现出较高的艺术水平。

I

中国体育博物馆藏
宋代马球砖雕

这件砖雕近正方形。画面中球手骑于马上，左手执缰，右手持偃月形球杖，横于胸前。所骑之马，头抵向前蹄，后蹄撩起，尾巴上扬，尾鬃未经修剪约束。整个画面颇有动感。

·一代『玩主』宋徽宗赵佶

北宋末年著名的『玩主』宋徽宗赵佶（1082~1135年）酷爱马球。宋徽宗才华横溢，在文学、艺术、体育等方面都显示出杰出的天分，可以说，他除了皇帝没当好，别的事都干得挺好。他对马球运动的最大贡献，是组织成立了技艺高超的宫廷女子马球队，而且每到佳节，都组织女子马球比赛给百姓们观赏，扩大了马球运动的影响与群众基础。据《东京梦华录》记载，宋徽宗之嫔崔修仪组建了一支女子马球队并担任队长，皇帝亲自为球队挑选人员，指导训练。球员一律着男子装束，服饰华丽，马匹雄骏。宋人周辉在《清波杂志》中曾记载了这样一则故事：政和五年（1115年）四月，宋徽宗宴群臣于宣和殿，先召五百余名宫廷侍卫表演骑射，赢得一片喝彩。之后又宣召宫女，为众人表演骑马射箭、打马球，这些宫女能于鞍上开强弓，射柳枝和绣球，箭术、马术、球技皆精妙绝伦，不仅群臣赞叹，连旁边观看的侍卫都自叹弗如。

宋徽宗本人也很得意于自己的这支女子马球队，赋诗赞曰：『控马攀鞍事打球，花袍束带竞风流。盈盈巧学男儿拜，唯喜长赢第一筹。』宋徽宗喜好马球本无可厚非，但令人叹息的是，最终他及儿子宋钦宗被掳被害的命运，也与马球多少有些关联。

1126年冬，金人攻陷太原，随即率军直逼北宋东京汴梁（今河南开封）。

农历十一月廿五日，金军前师到达汴梁城郊。当时已近元宵节，他们怕逼迫太甚，使宋国臣民横下一条心抗争到底，便命令士卒停止攻城，暂时屯兵观望，给北宋朝廷制造心理压力。北宋朝廷趁此机会连忙派使臣赴金营求和，此举正中金人下怀。他们利用节日期间民众观灯、看马球表演等习俗，一次次邀请甚至要挟宋钦宗和当时已是太上皇的宋徽宗赴金营观礼，最终于1127年初成功地掳走了两位帝王，也给中原民众留下了巨大的心理创伤。

1135年，宋徽宗受尽折磨病死。1161年，宋钦宗已被掳三十余年，仍为阶下囚，与他一起的，还有辽国的天祚帝耶律延禧。据宋代话本《大宋宣和遗事》记载，这年春，金主完颜亮大宴群臣，命宋钦宗与耶律延禧各率一队人马表演马球，却事先命人故意用瘦弱的老马换掉宋钦宗的壮马。比赛过程中，突然有数个身份不明的骑手从球场一角冲上，耶律延禧被他们一箭射中心口，坠马而死；宋钦宗见状大惊坠马，这时又一暗箭射来，正中其要害，一代帝王，就此成为马蹄下的冤魂。为了毁灭罪证，残暴的完颜亮甚至下令不必收尸，任其尸身被乱蹄践踏入泥中，对外则宣称他们是在马球比赛中意外身亡。

·宋代
·纵25、横24厘米
·中国体育博物馆藏

2 成都体育学院博物馆藏宋代马球砖雕

·马球高手宋孝宗赵昚

南宋偏安一隅，同时也将马球运动带到了长江以南。南宋的第二位皇帝孝宗赵昚（1127~1194年）也痴迷于马球。他不仅自己时常亲临球场与武士们打球，还带领当时的太子、后来的宋光宗赵惇（1147~1200年）一起打球。《桯史·隆兴按鞠》记载，他『锐志复古，戒燕安之鸩，躬御鞍马，以习劳事』，把马球作为一种锻炼体魄与意志的勇敢者运动，坚持练习，遇到风雨天气，便下令用油布遮雨，以细沙铺地，绝不肯因天气而中断练习。

马球运动对抗激烈，群臣担心宋孝宗受伤，屡次上书，请求他不要从事这项高危险性的运动，而宋孝宗确实也曾在练习中伤过眼睛，但他仍不肯中断，只是更小心一些而已。一次，他胯下的坐骑突然不听话，从球场上朝殿旁的马棚奔去，而球场与马棚间有一道回廊，门檐甚低，眼看坐在马上的宋孝宗就要被撞下马，周围的侍卫太监都大惊失色，而宋孝宗却在千钧一发之际，一下抱住了门廊顶柱，等到侍卫们跑过来救驾的时候，他已经从容而下，面色如常。当时在场者『皆称万岁……英武天纵，固宜有神助也』，其实这就是长年从事体育运动培养出来的机敏与从容。

宋孝宗还将马球运动推广到各地兵营，马球运动在军中被推向新的高峰，各地驻军都修建球场，把打马球作为练兵的手段。诗人陆游曾在南郑的军中服役，他多次写诗回忆军中打马球的情形，如《冬夜闻雁有感》：『从军昔戍南山边，传烽直照东骆谷。军中罢战壮士闲，细草平郊恣驰逐。洮州骏马金络头，梁州球场日打球。』《九月一日夜读诗稿有感走笔作歌》：『四十从戎驻南郑，酣宴军中夜连日。打球筑

场一千步，阅马列厩三万匹。』

马球运动在南宋军营的普及，与宋孝宗为代表的最高统治者的提倡是密不可分的。然而，与之相反的，是南宋中叶一些儒臣对马球运动的反对甚至歧视。宋孝宗时，陈俊卿、周必大等人对皇帝和太子击球一事就极力反对，认为太过危险，同时也太奢侈。私下里，一些文人甚至认为马球是『风流弟子与闲人所习』『多贱人能之』，鄙薄之意溢于言表。作为一种植根于游牧文化的运动项目，马球进入农耕文化后，产生一些『水土不服』也是很正常的，除了文化和生活习惯上的差异外，对草原民族的戒备心理也是其中一个原因。

·宋代
·纵 29、横 29 厘米
·成都体育学院博物馆藏

3 山西侯马金代董海墓出土马球砖雕（一组）

此为山西省临汾市侯马市牛村古城金代董海墓出土的一组马球砖雕，墓主董海为当地豪绅。马球砖雕位于墓中前室西壁中部的四扇板门的障水板上，共四块。每块均雕有一人一骑。马的颜色分为红、黄两种，应为两队，每队各两人，其中左起第一、三人为黄队，第二、四人为红队。球手除第四人为髡发外，其余均头裹软巾，身穿圆领窄袖长袍，左手执缰绳，右手拿偃月形球杆。马健壮剽悍，鞍鞯齐备。四名球手有的纵马驰骋，有的挥杖击球，有的勒马回视，有的驻马而立，形态各异，形象生动。

·金代皇帝打马球

金代的马球运动继承辽代的传统，据《金史》记载：『以重五、中元、重九日行拜天之礼。重五于鞠场，中元于内殿，重九于都城外……行射柳、击球之戏。』金代皇帝和贵族也热衷马球运动。重五日，就是现在的端午节，皇帝与文武百官在鞠场行拜天礼后便举行马球比赛，很是热闹。金世宗（1123~1189年）喜欢击球之戏，经常于其住所常武殿赐宴击球。当时的司天提点马贵中上疏劝谏：『陛下是天下之主，守着宗庙社稷。类似围猎、打球都是危险的事，前几天太子打球的时候，就从马上掉下来，差点发生不幸，您一定要以此为戒，以后还是不要再打球了！』但金世宗并没有接受他的建议，反而毫不客气地驳斥道：『祖宗靠武力征服天下，哪能因为太平了就这么快地忘掉武力了呢？皇统年间曾禁止过马球，当时的人都认为不对。我现在练习马球，是为了给天下的人做表率，要时时刻刻地练习武艺。』金哀宗（1198~1234年）也痴迷于击球之戏。他还专门请一个叫撒合

辇的人教他打马球。他的母亲明惠太后见其沉迷过深，极力反对，不见效，便警告撒合辇：『你作为臣子，应该辅佐皇帝做正经事，怎么能教他打球呢？如果再被我听到你教皇帝打马球，一定会杖责你！』

元人曾绘有《金人击鞠图》，但此图已佚。不过我们仍可以从元人傅若金《题金人击鞠图》诗中，感受到当时打马球的盛况：『骏马如云击鞠驰，衣冠彷佛正隆时。向来北地夸豪俊，不省中原厌乱离。』

金代帝王显贵都嗜好打马球，他们组织的球赛往往规模宏大，而且允许百姓观看，场面颇为壮观。流风所及，民间也盛行起马球运动。

·金明昌七年（1196年）
·每块纵28.5、横26厘米
·山西省考古研究院侯马考古工作站藏

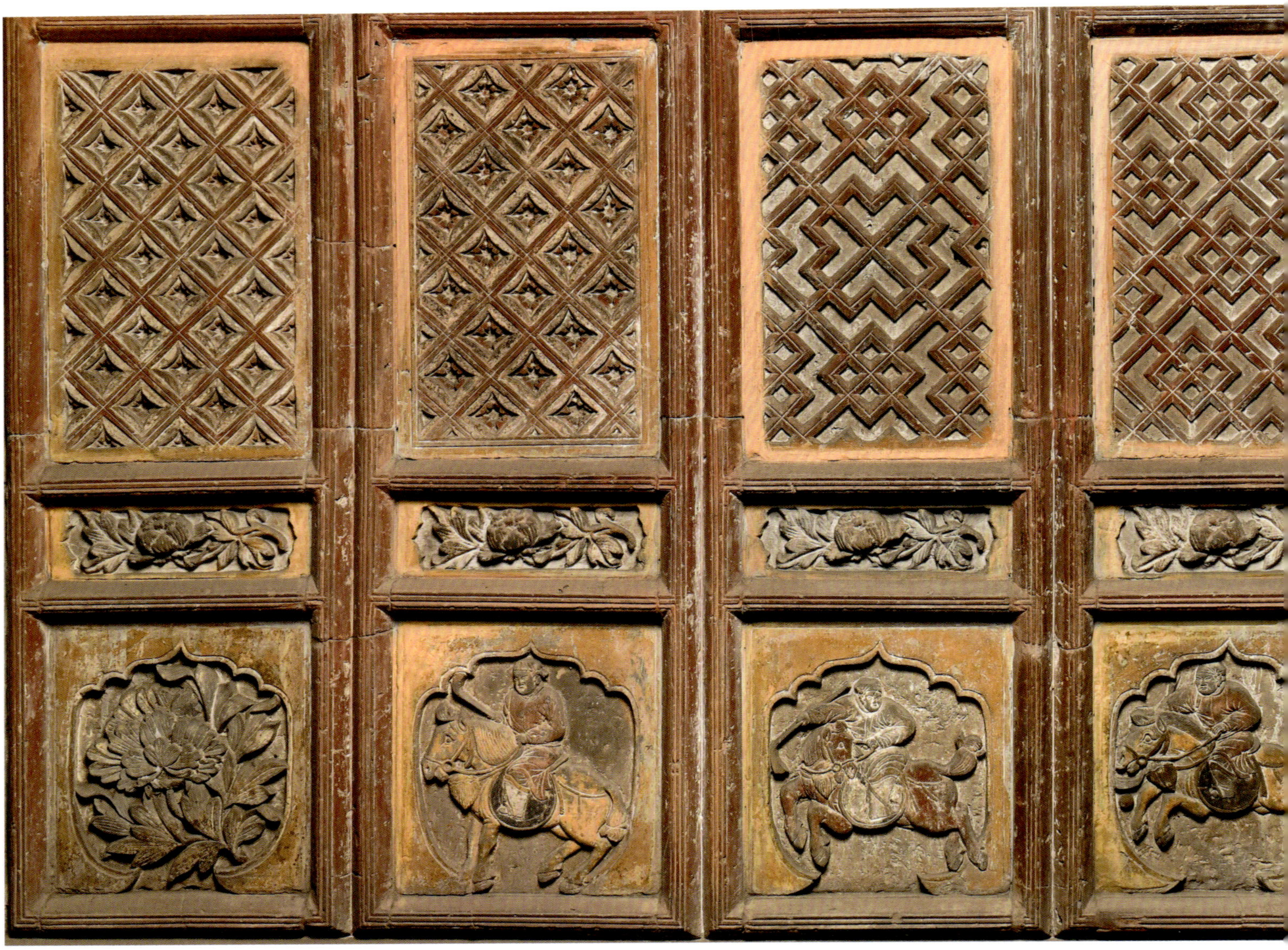

4 山西襄汾曲里村金墓出土马球砖雕（一组）

该组砖雕于1983年7月出土于山西省临汾市襄汾县城关镇曲里村金墓，为墓中所雕格子门的装饰，共八块，分别雕有四种不同的图案（其中一种图案的砖已破损，无法展示）。这些砖雕栩栩如生地刻画了当时马球手执杖击球的情景。球手皆头裹软巾，身着长袍，作策马击球状。马皆呈奔驰状。这四种图案所表现的应是一套连续的打马球动作。画面极富动感，使人感受到马球对抗的激烈。

·金代

·每块纵25、横21.5厘米

·山西省考古研究院丁村考古工作站藏

·陈仰曌临摹

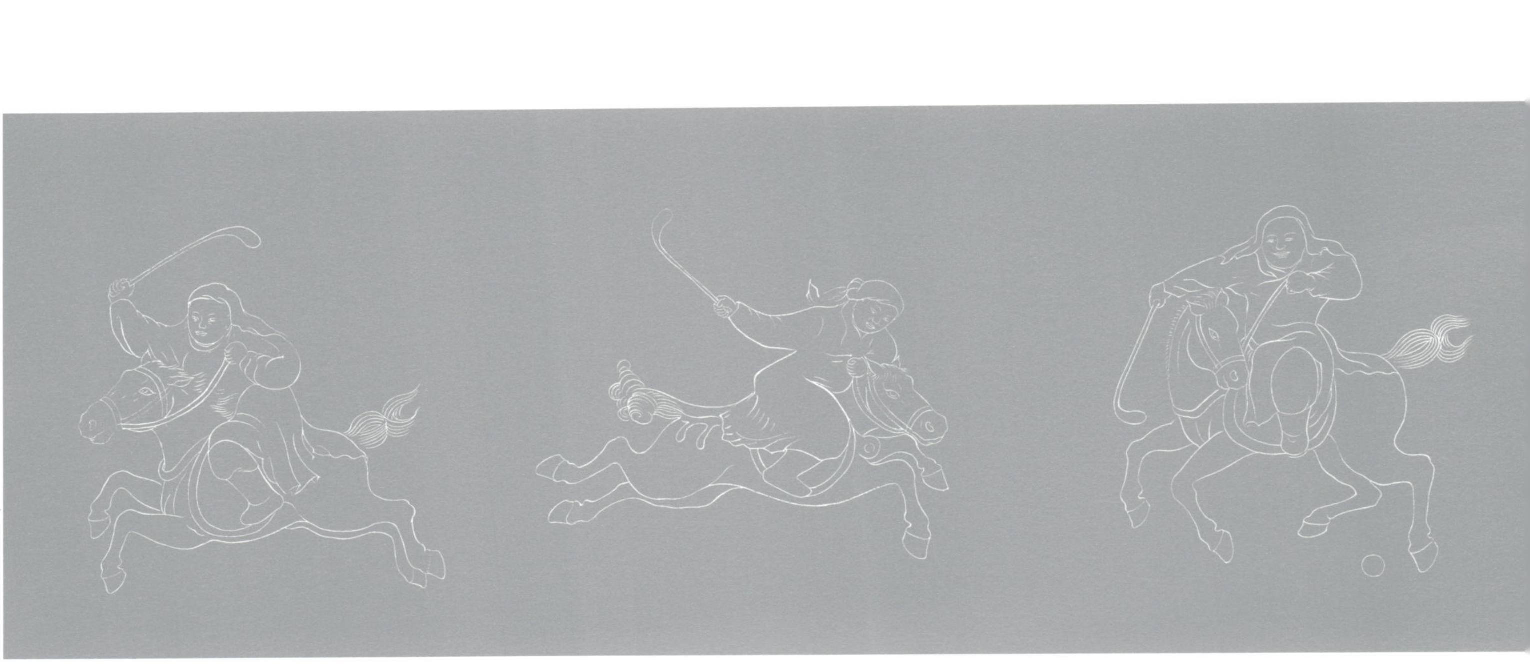

（三）宋辽金元时期马球壁画

内蒙古敖汉旗皮匠沟辽墓马球图壁画

内蒙古敖汉旗玛尼罕乡七家辽墓马球图壁画

河北宣化下八里辽墓马球图壁画

本节收录了三幅出自辽墓的马球图壁画，描绘的是辽代贵族阶层打马球的一些场景。辽金时期，上至皇帝下到达官贵族都对马球运动颇为喜爱。

I 内蒙古敖汉旗皮匠沟辽墓马球图壁画

1990年秋，在内蒙古自治区敖汉旗皮匠沟一号墓出土了一幅精美的马球图壁画。墓主为生活在辽代中期的契丹贵族。画幅上自左至右共绘五匹马，每匹马上各乘一人。五人均为契丹装束，穿窄袖圆领长袍，腰束带，手执偃月形球杖，正进行激烈的马球比赛。

·辽代皇帝打马球

辽穆宗、圣宗和兴宗几位皇帝都很喜欢打马球。《辽史》中多处记载有帝王『击鞠』或『观击鞠』的场景。他们不仅在宫中打球，而且在外出途中也会与臣子一同打球，甚至曾连续数月组织大型的马球比赛。据记载，在辽穆宗应历三年（953年）至辽兴宗重熙二十三年（1054年）的百年中，皇帝直接参与的马球比赛就达二十余次。其中辽圣宗（972~1031年）更是酷爱马球，甚至到了『击鞠无度』的地步。当时他身边的汉族大臣曾援引唐代皇帝击球丧身的教训，劝他稍微收敛，不要太过沉迷。但年轻的辽圣宗也只是『嘉叹良久』，最终还是不肯纳谏。

《辽史》中关于辽兴宗击鞠的记载最多，达十七八次，足见其沉迷击鞠的程度更甚于辽圣宗。他参与的马球运动都有较固定的时间和地点：夏季六、七月在北方，冬季十至十二月在南方。打马球成为其日常锻炼的一个主要内容。除了打球，辽兴宗还特别喜欢看球，经常招募一些善打马球的社会闲散人员，让他们与宫中侍卫比赛，每次都兴致勃勃地观看，并重赏提拔那些技艺出众的球手。马球因此成为

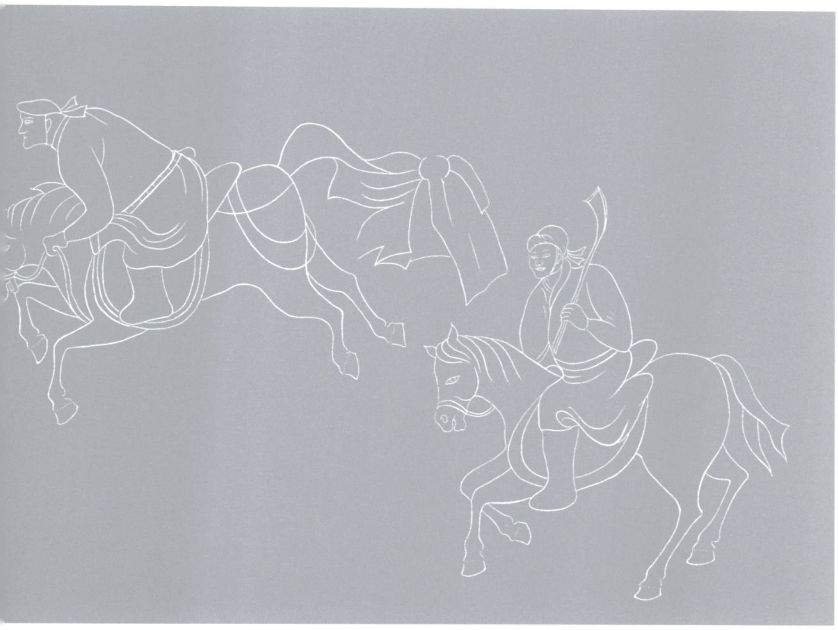

·陈仰曌临摹

一些人的晋升之道。辽道宗（1032~1101年）时期的奸臣耶律塔不也『以善击鞠，幸于上』，据说他能够于马上颠球，纵横驰骋，球不离杖，可见其技术是何等精湛。他也因此深受皇帝的宠爱，并由此发家，在辽代是一个高俅式的人物。辽兴宗曾于重熙七年（1038年）禁止曾经的属国渤海国人击球，这项命令发出的八年后，又发布禁止击鞠令，禁止五京吏民击鞠。辽兴宗本人在重熙十六年（1047年）以后仍五次参与击球，三次观看击球。从辽墓出土的考古资料看，此禁令在民间也并没有得到彻底贯彻。

·辽代中期
·纵 50、横 150 厘米
·敖汉旗博物馆藏

2 内蒙古敖汉旗玛尼罕乡七家辽墓马球图壁画

1995年，考古工作者在内蒙古自治区敖汉旗玛尼罕乡七家墓地一号墓墓室的西南壁发现一幅马球图壁画。该墓墓主应为辽代晚期富裕的契丹平民。此壁画仅残存三分之一。画面左右两侧各绘有两个红色柱子，上端呈尖桃形，可能为球门。两门之间至少有六骑，你来我往，作激烈对抗状。

·辽代女政治家萧太后与马球

982年，辽景宗耶律贤去世，29岁的萧绰成为太后，美貌依旧。她的儿子辽圣宗耶律隆绪此时年仅12岁。当时宗亲重臣们拥兵自重，朝局不稳，于是萧太后想到了那个险些成为自己夫君的男人韩德让。此时的韩德让已经年近41岁。为了使韩德让为自己所用，萧太后封其为顾命大臣，随后又打出感情牌。而韩德让也不负重托，帮助萧太后陆续撤除宗室们的兵权，稳固了萧太后孤儿寡母的权力。自此，韩德让才敢明目张胆地出入萧太后的寝帐。二人起居同步，共同处理政务，亲密无间，也形成了事实上的夫妻关系。

据史书记载，有一次，萧太后亲自到球场观看打马球，为她的情人韩德让参与的马球比赛助威。赛场上，另一位贵族胡里室骑马撞到迎面而来的韩德让的马匹，使韩德让摔落马下，差点出事故。萧太后一怒之下，当即命人将胡里室斩首，为韩德让出了一口气。

·辽代晚期

·纵86、横120厘米

·敖汉旗博物馆藏

3 河北宣化下八里辽墓马球图壁画

1998年秋，考古工作者对河北宣化下八里辽墓进行抢救性发掘，在其中发现了一幅马球图壁画。此马球壁画画面由两人一马组成。右侧有一男侍，头裹巾，身穿圆领窄袖袍服，挽袖，下着裤，左手持一马鞭于胸前，右手执缰绳。左侧为一匹鞍鞯齐备的骏马，长马尾。骏马的里侧站有一髡发少年，手持两种不同颜色的偃月形球杖，似乎在等候主人的到来。整个画面表现的是马球赛前球手们备骑待发的场景，人物和骏马的用笔都很细腻，是一幅难得的佳作。打马球不仅仅是在辽代皇室显贵中流行的运动，小贵族和平民百姓也很喜欢这项运动。

·元代的马球赛事

1221年，南宋使臣赵珙出使当时正在攻打金国并驻扎在燕京（今北京）一带的蒙古军队，见到了成吉思汗的爱将、被封为国王的木华黎，并羁留数月而返。他把自己一路见闻著录成《蒙鞑备录》一书，成为后人研究当时蒙古和幽燕一带文化风俗的重要史料。全书末尾，他记录了一段当时蒙古军中打马球的情况：蒙古军中喜以打马球为嬉，一般场上只有二十多名球员，之所以不肯多用人马，主要是嫌人多哄闹。马球是他们联络友情、日常娱乐的一个重要方式。

据元末成书的《析津志·风俗》记载，元人的马球活动继承自金人，在当时颇为流行，每年端午、重九等节日，都会举行太子、诸王参加的马球比赛。皇帝会召集京城内擅长打马球的军官，于西华门举办比赛。比赛都选用上等骏马，装饰以雉尾、镜铃、障泥、璎珞等，非常华丽。

比赛的时候，先一人纵马前驰，将一个用牛皮缝的软球投到场内，这

应该是开球。然后众人驱马争逐，用藤柄长球杖接球打球。技术高超的球手，能用球杖托住球，马走如电，而球不坠地。更娴熟的球手则会在疾驰的马背上颠球，『以球子挑剔跳掷于虚空中，而终不离于球杖』，最后打入球门得分。

这样精彩的马球比赛，不仅太子、太妃、诸王坐镇观看，京城百姓也纷纷围观。『观者动心骇志，英锐之气奋然……胜者受上赏，罚不胜者。此王者之击球也。其国制如此。』

可见，元代延续了金代的习俗，在端午节和重阳节都进行马球比赛。而元代马球用球的形制为牛皮软球，应当是在牛皮所制外囊里填上毛发一类的物质。马球杆为藤杆，藤杆在现代马球运动中仍有使用。

元代马球的流行范围之广，已经不仅限于北方及蒙古贵族或军官阶层中。即使在生活于南方的汉人中，也颇为流行。元代中期一些记载当时风俗的书中也提到富家子弟打马球的事，认为这是不务正业的表现，可以看出元代马球已成为市井中与踢球、射鸟一样的游戏活动。

·辽代
·纵 130、横 170 厘米
·河北省张家口市宣化区下八里辽墓群原址保存

马球运动在明清时期已呈衰颓之势。如果说在宋辽金元时期，马球运动还被视为练兵的手段，是隆重的『军礼』之一的话，到了明代，马球的这种军事特点便逐渐消失。这一时期的马球运动，与同时期流行的其他球类项目一样，已经成为一种游戏。到了清代，满族统治者虽然也重视军队战斗力的培养，但他们更重视的是马上骑射的功夫，而不是打马球的游戏。上行下效，马球愈发底层化，其流行也仅限于市井间，打马球、看球赛，在当时更像是一种赶庙会时助兴节目。

肆 明清时期 马球运动的衰微

1368—1911年

明初，饱经战乱兵燹摧残的社会迫切需要休养生息。明太祖朱元璋（1328~1398年）采取一系列措施发展经济，稳定局势。同时，面对被逐回草原，但仍对中原虎视眈眈的蒙古政权，他也始终没有放松警惕。他对国家军事实力的建设十分重视，立武学、用武举，马球运动也是他强化骑兵力量的一个方法。

到了明代中后期，马球虽仍存在，但已不受皇帝的偏爱。这也许是因为明代中后期帝王更认同宋儒偃武修文的观点，尚文不尚武，同时也认为马球运动过于剧烈，『非仕宦者为之』。帝王对马球的微妙态度也影响到了老百姓，马球从日常娱乐活动变成了只出现在端午、重阳等节日的特色活动，影响力大大减弱。

到了清代，满族统治者更重视本民族的特色活动，如冰嬉等，对马球没有特别的喜好，马球运动更加衰落。在一些清代文人的笔记中，偶尔能看到关于马球的记录，但社会整体对其的重视程度已经远不如前。尤其清代中期以后，承平日久，武备渐衰，马球运动不再受上层人士欢迎，而下层民众限于物质条件也很难开展。道光时期以后，鸦片流入，白银外流，国民体质整体下滑，民生日益凋敝，马球运动更是乏人问津。中国古代马球的发展步入尾声，江河日下，逐渐衰落。直到又一轮『西风』吹入，现代马球兴起，才让中国马球的辉煌得以接续。

（一）明清时期马球绘画与文献

明清时期的马球相关绘画与文献，包括收藏于北京故宫博物院的明代《宣宗行乐图》卷、收藏于美国圣地亚哥艺术博物馆的明代《春日击鞠图》、收藏于台北故宫博物院的清代丁观鹏临摹的《唐明皇击鞠图》以及收藏于英国维多利亚和艾尔伯特博物馆的《蒙古骑兵打马球图》长卷。本节还收录了四个版本的《帝鉴图说》中的『便殿击球』插图。

I

明《宣宗行乐图》卷

此画为明代早中期的宫廷绘画，主要描绘了明宣宗朱瞻基（1399~1435年）观赏各种体育竞技表演的场面。画面从右到左依次为射箭、蹴鞠、打马球、捶丸、投壶及皇帝起驾回宫的场景，各段之间以宫墙或屏障为界。画卷中马球部分为马球手的击球射门表演。画中描绘的打马球形式，与现在流行于澳大利亚、法国等地的兜网马球十分相似。

·明代早中期
·绢本设色
·纵36.8、横688.5厘米
·北京故宫博物院藏

·明清时期的马球诗

明太祖朱元璋很重视马球运动，定于每年的『双五』和『双九』日召开击球会。明成祖朱棣时期（1402~1424年），中书舍人王绂陪皇帝观赏马球，曾创作了《端午赐观骑射击球侍宴》一诗，形象地描绘了当时马球比赛的激烈场面：『忽闻有诏命分朋，球先到手人夸能。马蹄四合云雾集，骊珠落地蛟龙争。』明代名臣和诗人吴宽的《戊申燕九日·其一》有云：『京师胜日称燕九，少年尽向城西走。白云观前作大会，射箭击球人马吼。』

八大山人朱耷经历了明清两个朝代。他喜画山水花鸟，为避尘世，几次出家为僧，以示对统治者的不满，并时常以画抨击世事，而『人打球来马打球，年年二月百花洲』则是他颂扬民间打马球活动的诗作。《北京风俗杂咏》和《清代北京竹枝词》中也有一些关于球类运动的描述，如查慎行的『北史流传乐未央，上都几处辟球场』，查嗣瑮的『球场射柳马如飞』，蒋景祁的『击球走马幽凉客』，查揆的『插柳天坛逢午节，耍青同上打球场』等。清代北京城仍有马球场，其中以白云观前的球场最为出名，每年九月，白云观前都有射箭、击球等活动，十分热闹。

2 明《春日击鞠图》

该作品为明代画家所绘，实际是宋代《明皇击球图》卷的彩色临摹本。

· 明代

· 纸本设色

· 纵 45.72、横 304.8 厘米

· 美国圣地亚哥艺术博物馆藏

3

明李麟（传）《蒙古骑兵打马球图》

据英国维多利亚和艾尔伯特博物馆提供的资料文件显示，这是一幅描绘蒙古骑手骑鞑靼马进行马球赛的画作。此画是明人根据元代画家的原画临摹的，画家李麟的名字可能是后来加上去的。图中八位球手头戴折角巾，身着长袍，奋力策马击球。人物刻画细致入微，极为生动。

· 明代
· 绢本设色
· 纵 28、横 116 厘米
· 英国维多利亚和艾尔伯特博物馆藏

4

清丁观鹏《唐明皇击鞠图》

此画应为宋代《明皇击球图》卷的临摹本。

·清初的女子马球遗响

清代初期，社会风气仍相对开放，尚保留有唐宋以来女子参与马球活动的遗风。当时京城有专门打马球的组织，被称为击球社。京城善骑术的年轻姑娘们与少年儿郎一起参加马球活动，同场竞技，其艺不输男子。

·清康熙晚期至乾隆年间
·纸本水墨
·纵35.6、横251.9厘米
·台北故宫博物院藏

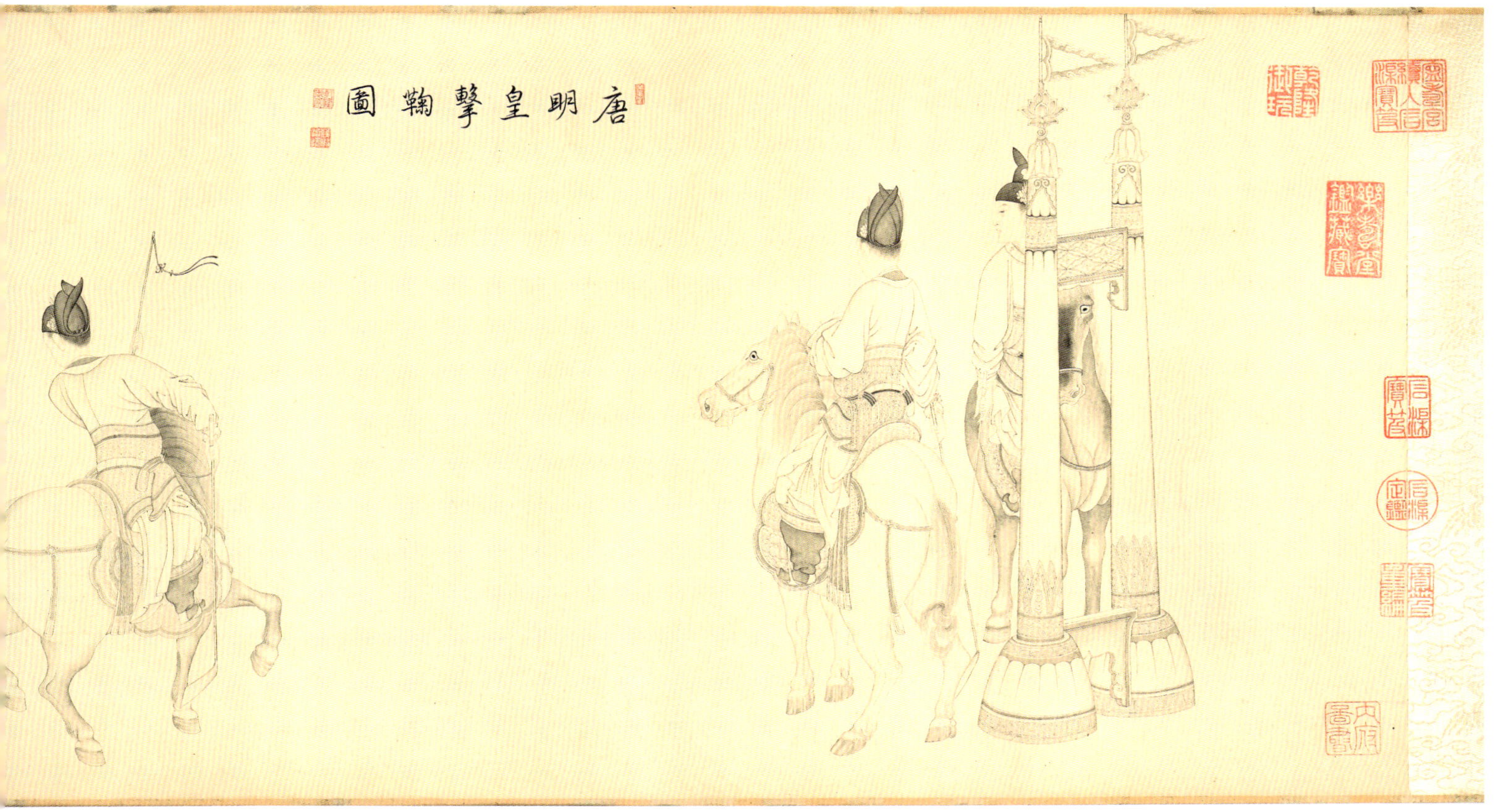

乾隆十一年花朝月臣丁觀鵬奉
勅恭臨李公麟擊球圖

5 潘允端刊本《帝鉴图说》『便殿击球』插图

《帝鉴图说》是明代内阁首辅、大学士张居正（1525~1582年）亲自编撰的、供当时年仅十岁的万历皇帝阅读的教材。该书由一个个小故事构成，每个故事配以插图。全书分为上、下两篇，上篇『圣哲芳规』讲述了历代帝王励精图治之举，下篇『狂愚覆辙』剖析了历代帝王倒行逆施之祸。

其中『便殿击球』一篇讲述唐敬宗初即帝位，荒于朝政，终日玩乐，最后竟遭弑逆之祸的故事。张居正试图以此使小皇帝吸取教训，勤于政事。以下四幅分别是日本宫内厅书陵部图书馆、北京故宫博物院、法国国家图书馆、加拿大不列颠哥伦比亚大学图书馆藏的不同版本的《帝鉴图说》中的『便殿击球』插图。

·明代
·日本宫内厅书陵部图书馆藏

唐史紀敬宗初即位即遊戲無度幸内殿擊毬奏樂賞賜左右樂人不可勝紀又召募力士晝夜不離側好自捕狐狸視朝月不再三大臣罕得進見

解 唐史上記敬宗初即帝位那時他先帝梓宫還在殯通不知哀思只好遊戲沒些撙節常幸各内殿與宦官劉克明等打毬又命樂工奏樂鼓吹喧闐全無居喪之禮賞賜那左右近侍及樂工泛濫不可盡記又把錢去雇募有力的人跟隨左右日夜不離好自家去捕捉狐狸以為戲樂每月視朝還沒有三次大臣不得進見政事都荒廢了其後竟遭弑逆之禍看史上載敬宗所行也有幾件好事本是箇聰明之主只為幼年不曾學問被羣小引誘遂至於此可悲也哉

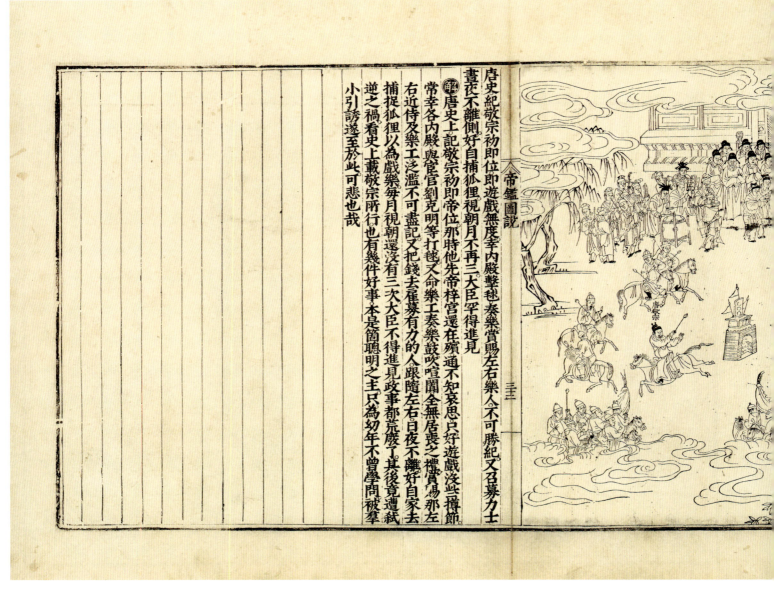

6 内府珍本《帝鉴图说》『便殿击球』插图

图画与文字的记载有时并不能反映真实的历史，即使是作为皇子启蒙教材的《帝鉴图说》也有此情况。明代御用画师所绘的『便殿击球』插图与明代另一幅绘画作品《宣宗行乐图》卷中的马球部分十分相似，显然绘者并没有还原唐代马球运动的真实面貌，而直接借用了更接近元明时期的马球场景。当时的马球比赛使用了与现代马球一样的30码罚球，有可能不是击球而是用杆抛球，类似于当代的兜网马球。

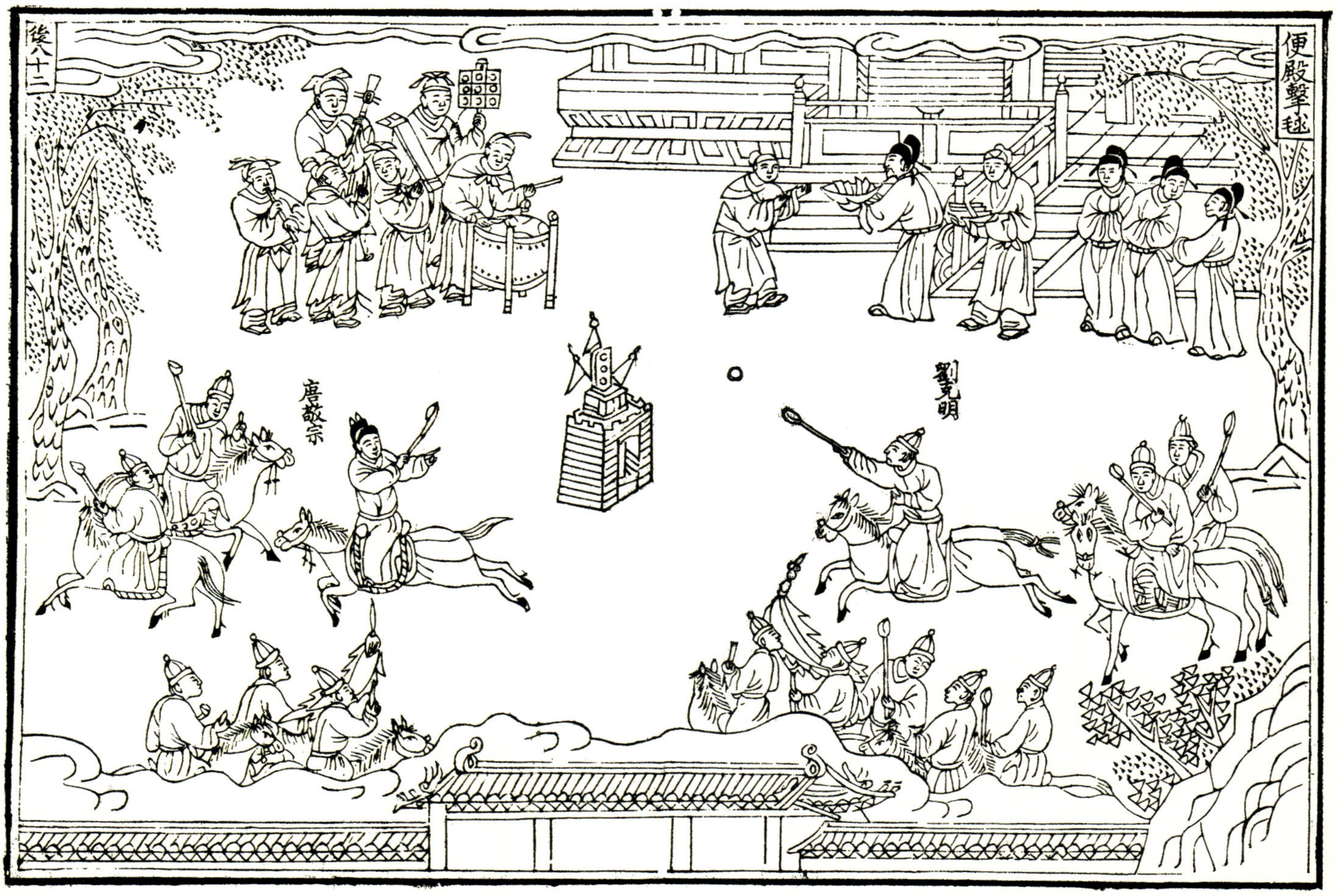

·明代
·北京故宮博物院藏

唐史紀敬宗初即位。即遊戲無度。幸內殿擊毬。奏樂。賞賜左右樂人。不可勝紀。又召募力士。晝夜不離側。好自捕狐狸視朝月不再三。大臣罕得進見

解 唐史上。記敬宗初即帝位。那時他先帝梓宮還在殯。通不知哀思。只好遊戲。沒些撙節。常幸各內殿。與宦官劉克明等打毬。又命樂工奏樂鼓吹喧闐。全無居喪之禮。賞賜那左右近侍及樂工。泛濫不可盡記。又把錢去雇募有力的人。跟隨左右。日夜不離。好自家去捕捉狐狸以為

後仝三

戲樂。每月視朝還沒有三次。大臣不得進見。政事都荒廢了。其後竟遭弒逆之禍。看史上載敬宗所行。也有幾件好事。本是箇聰明之主。只為幼年不曾學問。被群小引誘。遂至於此。可悲也哉

7

法藏彩绘本《帝鉴图说》『便殿击球』插图

·清代早期

·法国国家图书馆藏

8

纯忠堂藏本《帝鉴图说》『便殿击球』插图

·清乾隆至嘉庆年间

·加拿大不列颠哥伦比亚大学图书馆藏

唐史。紀敬宗初即位。即遊戲無度。幸內殿擊毬。奏樂。賞賜左右樂人。不可勝紀。又召募力士。晝夜不離側。好自捕狐狸。視朝月不再三。大臣罕得進見

解 唐史上。記敬宗初即帝位。那時他先帝梓宮還在殯。通不知哀思。只好遊戲。沒些撙節。常幸各內殿。與宦官劉克明等打毬。又命樂工奏樂鼓吹喧闐。全無居喪之禮。賞賜那左右近侍及樂工。泛濫不可盡記。又把錢去雇募有力的人。跟隨左右。日夜不離。好自家去捕捉狐狸以為戲樂。每月視朝。還沒有三次。大臣不得進見。政事都荒廢了。其後竟遭弒逆之禍。看史上載敬宗所行。也有幾件好事。本是箇聰明之主。只為幼年不曾學問。被群小引誘。遂至於此。可悲也哉

（二）明清时期中国周边国家马球绘画与文献

日本江户时代狩野甚之丞《中国鞑靼人打马球图》屏风

日本江户时代狩野探幽《中国鞑靼人打马球图》屏风

日本江户时代狩野古信《中国鞑靼人打马球图》

朝鲜李氏王朝《武艺图谱通志》中『击球』一章

唐代是我国马球运动开展极为普遍和兴盛的时期。这一时期，马球运动通过遣唐使和留学生传入了朝鲜半岛和日本，这在亚洲马球运动史上具有特殊的意义。

文献中关于日本马球运动的最早记录见于日本《经国集》。日本嵯峨天皇弘仁十二年（821年），渤海使臣王文矩等出使日本。天皇在丰乐殿宴请使团人员，宴前，王文矩及使团中一些擅长马球的成员为天皇等人表演了一场马球比赛。嵯峨天皇在观后曾赋《早春观打球》诗一首，《经国集》的作者滋野贞主也写了一首《奉和早春观打球》。

朝鲜半岛关于马球运动的最早记载见于《高丽史》，该书记述了高丽王氏王朝（918~1392年）的历史。书中记载，天授元年（918年），叛军首领派使者表达归顺之意，高丽王将欢迎仪式安排在『球庭』（马球场），并特别举办一场马球表演。此举应有炫耀武力、震慑对方之意。此时相当于中国的五代十国初期，高丽宫廷已有专门进行马球训练与比赛的场地，说明至迟在五代之前，马球已传入朝鲜半岛。其后，马球运动在高丽上层社会和军队中得到很大发展，逐渐成为军事武艺的重要内容和武举选拔人才的重要手段之一。朝鲜文献《大典会通》中记载，1425年，高丽李氏王朝将马球运动列入『兵马调教』内容，为此还专门筑球场三十个，用于军队训练。击球也被定为二十四般武艺之一。1785年，击球被正式列入武举殿试的一项，用以区别复试时成绩接近的考生（李氏王朝的武举，分为初试、复试和殿试三级，最高一级为殿试）。这反映了马球运动在当时朝鲜统治者心目中的地位。

马球对高丽王朝国家防卫能力的提升和军士战斗素质、武人精神的培养起到了巨大的作用。李朝孝宗（1619~1659年）后，随着重文轻武政策的实行以及火药的应用，马球运动才逐渐在军队训练中失去了原有的地位，逐渐衰落。但马球表演作为朝鲜民俗传统之一，一直流传到现代。现在韩国京畿道水原市中央的水原华城的朝鲜时代二十四项实战武艺表演中就包括了马上击球。

本节收录了日本画家绘制的两扇《中国鞑靼人打马球图》屏风、一幅《中国鞑靼人打马球图》绘画作品，以及明代传入朝鲜的、记录诸般武艺的图谱文献《武艺图谱通志》，该书中有关于马球技术规则的记载。

I

日本江户时代狩野甚之丞《中国鞑靼人打马球图》屏风

此屏风为日本江户时代（1603~1868年）早期画家狩野甚之丞绘制，共六扇。16世纪晚期到17世纪早期，马球运动在明清呈衰微之势，而马球作为绘画题材却在日本出现。新兴的武士阶层在他们的新城堡和豪宅中喜欢装饰鞑靼人打马球和狩猎题材的作品。鞑靼人是生活在中国北部和西北边境的游牧民族。他们被认为是技艺高超的骑士，经常展示他们打马球或狩猎的技能。这些艺术品记录了游牧民族的特色和习俗，并在明代被其他艺术家复制。日本画家受到明代绘画的启发，并通过使用艳丽的色彩和华丽的黄金装饰来展示中国鞑靼人打马球和狩猎的场面。比较有代表性的是日本江户时代画家狩野甚之丞、狩野探幽、狩野古信绘制的相关作品。

·1610~1640年
·纵153、横348厘米
·美国弗利尔及赛克勒美术馆藏

2

日本江户时代狩野探幽《中国鞑靼人打马球图》屏风

此屏风为日本江户时代画家狩野探幽绘制，共六扇，描绘了中国北方游牧民族打马球的活动。狩野探幽是狩野甚之丞的侄子。与他的叔叔不同，狩野探幽把这幅画中的场景按照从春天到冬天的季节顺序由右至左排列。狩野探幽作为幕府的主要官方画家，不仅为幕府服务，也为许多江户时代的艺术品收藏者服务，他是这些艺术品收藏者的美学顾问和中日绘画作品鉴定人。

·1668年
·纵 152.3、横 351.6 厘米
·美国弗利尔及赛克勒美术馆藏

3

日本江户时代狩野古信《中国鞑靼人打马球图》

该作品为日本江户时代画家狩野古信所绘，展示了马球骑手的风姿。这些江户时代的日本画家绘制的中国鞑靼人打马球图，都含有与现藏于英国维多利亚和艾尔伯特博物馆的《蒙古骑兵打马球图》以及现藏于北京故宫博物院的《宣宗行乐图》卷中马球部分相同的元素。

·1696~1731年
·绢本设色
·纵49.5、横104.5厘米
·美国大都会艺术博物馆藏

4 朝鲜李氏王朝《武艺图谱通志》中『击球』一章

《武艺图谱通志》又名《御用武艺图谱》，是一部记载明代传入朝鲜的十八般武艺的图谱文献。它是由朝鲜李氏王朝第二十二代君王正祖在1789年（清乾隆五十四年）下令编纂的，于1795年（清乾隆六十年）成书，作者为李德懋、朴家齐。该图谱现藏于韩国国家图书馆。书中保存了明代戚继光《纪效新书》和茅元仪《武备志》等兵书的很多内容，参考了明代晚期以前的兵技文献百余册，具有重要的史料价值，是现代学者研究、复原传统朝鲜武术的重要文献依据。该书分为四卷，第一至三卷为长兵及短兵刃，第四卷则包含拳法、棍法、鞭棍、马上鞭棍、击球。其中『击球』一章，阐述了打马球的规则和技术，是当时较为系统的关于马球技术规则的记载。

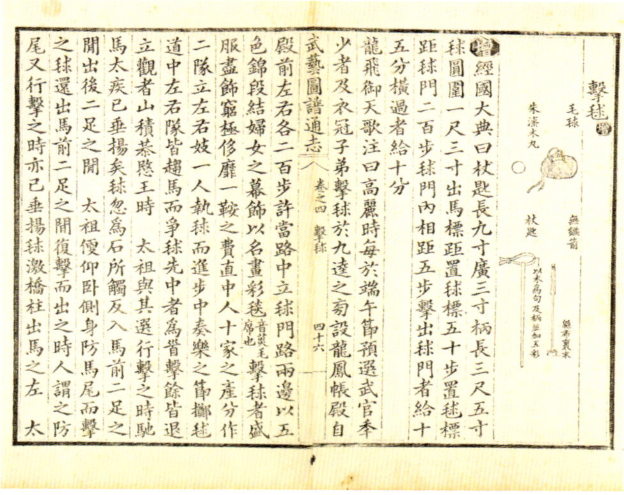

擊毬 圖

毛毬 朱漆木丸 無鏃箭 杖匙 綿布裹末 以木爲句及柄並加五彩

譜 經國大典曰杖匙長九寸廣三寸柄長三尺五寸毬圓圍一尺三寸出馬標距置毬標五十步置毬標距毬門二百步毬門內相距五步擊出毬門者給十五分橫過者給十分

龍飛御天歌注曰高麗時每於端午節預選武官年少者及衣冠子弟擊毬於九逵之旁設龍鳳帳殿自殿前左右各二百步許當路中立毬門路兩邊以五色錦段結婦女之幕飾以名畫彩毬(音莨毛席也)擊毬者盛服盡飾窮極侈靡一鞍之費直中人十家之產分作二隊立左右妓一人執毬而進步中奏樂之節擲毬道中左右隊皆趨馬而爭毬先中者爲首擊餘皆退立觀者山積恭愍王時 太祖與其選行擊之時馳馬太疾已垂揚矣毬忽爲石所觸反入馬前二足之間出後二足之間 太祖便仰卧側身防馬尾而擊之毬還出馬前二足之間復擊而出之時人謂之防尾又行擊之時亦已垂揚毬激橋柱出馬之左 太

武藝圖譜通志 卷之四 擊毬 四十六

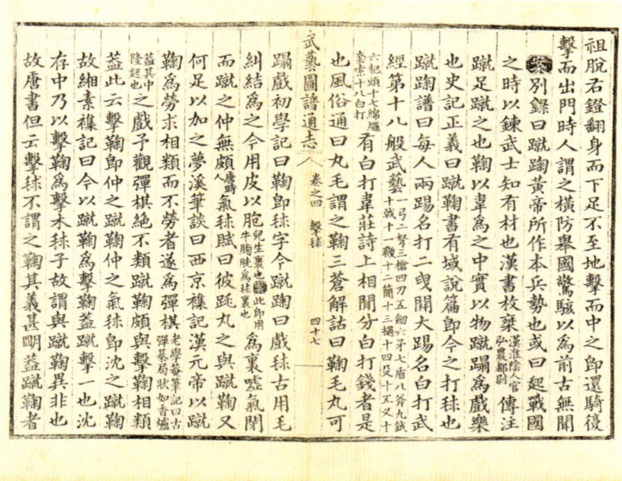

祖脫右鐙翻身而下足不至地擊而中之卽還騎復擊而出門時人謂之橫防擧國驚駭以爲前古無聞

案 別錄曰蹴踘黃帝所作本兵勢也或曰起戰國之時以鍊武士知有材也漢書枚乘(漢淮陰人官弘農都尉)傳注蹴足蹴之也鞠以韋爲之中實以物蹴蹋爲戲樂也史記正義曰蹴鞠書有域說篇卽今之打毬也蹴踘譜曰每人兩踢名打二曳開大踢名白打武經第十八般武藝(一弓二弩三槍四刀五劍六矛七盾八斧九鉞十戟十一鞭十二簡十三撾十四殳十五叉十六杷頭十七綿繩套索十八白打)有白打韋莊詩上相閒分白打錢者是也風俗通曰丸毛謂之鞠三蒼解詁曰鞠毛丸可蹋戲初學記曰鞠卽毬字今蹴踘曰戲毬古用毛糾結爲之今用皮以胞(兒生裹也 案 此卽用牛胸胱爲毬裏也)爲裏噓氣閉而蹴之仲無頗(唐時人)氣毬賦曰彼跣丸之與蹴鞠又何足以加之夢溪筆談曰西京襍記漢元帝以蹴鞠爲勞求相類而不勞者遂爲彈棋(老學菴筆記曰古彈棊局狀如香爐蓋其中隆起也)之戲予觀彈棋絶不類蹴鞠頗與擊鞠相類蓋此云擊鞠卽仲之蹴鞠仲之氣毬卽沈之蹴鞠故緗素襍記曰今以蹴鞠爲擊鞠蓋蹴擊一也沈存中乃以擊鞠爲擊木毬子故謂與蹴鞠異非也故唐書但云擊毬不謂之鞠其義甚明蓋蹴鞠者

武藝圖譜通志 卷之四 擊毬 四十七

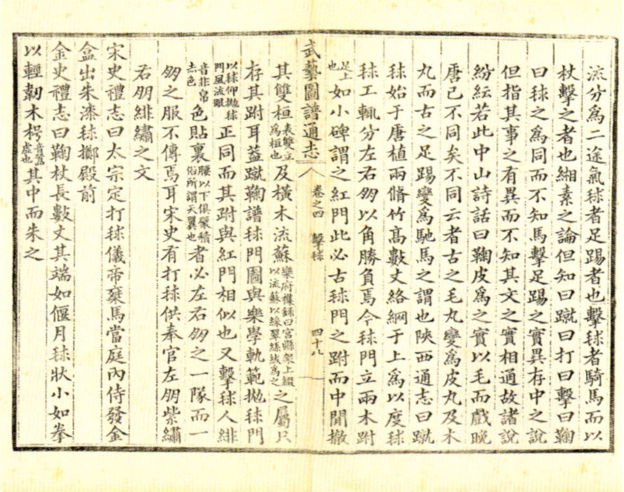

流分爲二途氣毬者足踢者也擊毬者騎馬而以杖擊之者也緗素之論但知曰蹴曰打曰擊曰鞠曰毬之爲同而不知馬擊足踢之實異存中之說但指其事之有異而不知其文之實相通故諸說紛紜若此中山詩話曰鞠皮爲之實以毛而戲晩唐已不同矣不同云者古之毛丸變爲皮丸及木丸而古之足踢變爲馳馬之謂也陝西通志曰蹴毬始于唐植兩脩竹高數丈絡網于上爲以度毬毬工輒分左右朋以角勝負焉今毬門立兩木對(足上也)如小碑謂之紅門此必古毬門之對而中閒撤其雙桓(表雙立爲桓也)及橫木流蘇(樂府襍錄曰宮縣架上綴以流蘇以綵翠絲絨爲之)之屬只存其對耳蓋蹴鞠譜毬門圖與樂學軌範拋毬門(以毬仰拋毬門風流眼)正同而其對與紅門相似也又擊毬人緋(音非帛赤色)色貼裏(騣以下俱襞積俗所謂天翼也)者必左右朋之一隊而一朋之服不傳焉耳宋史有打毬供奉官左朋紫繡右朋緋繡之文

宋史禮志曰太宗定打毬儀帝乘馬當庭內侍發金盒出朱漆毬擲殿前

金史禮志曰鞠杖長數丈其端如偃月毬狀小如拳以輕韌木枵(音囂虛也)其中而朱之

武藝圖譜通志 卷之四 擊毬 四十八

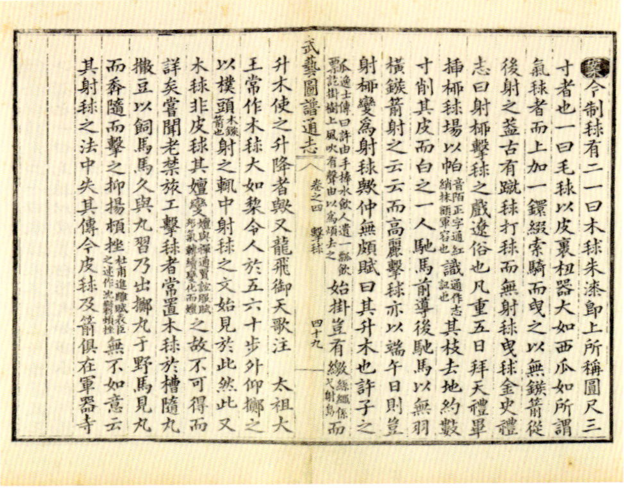
案今制毬有二一曰木毬朱漆即上所稱圓尺三寸者也一曰毛毬以皮裹杻器大如西瓜如所謂氣毬者而上加一鐶綴索騎而曳之以無鏃箭從後射之蓋古有蹴毬打毬而無射毬曳毬金史禮志曰射柳擊毬之戲遼俗也凡重五日拜天禮畢插柳毬場以帕（音陌正字通紅綃抹額軍容也）識（通作志記也）其枝去地約數寸削其皮而白之一人馳馬前導後馳馬以無羽橫鏃箭射之云云而高麗擊毬亦以端午日則豈射柳變爲射毬歟仲無頗賦曰其升木也許子之瓢（逸士傳曰許由手捧水飲人遺一瓢飲訖掛樹上風吹有聲由以爲煩去之）始掛豈有繳（絲縷係弋射鳥）而升木使之升降者歟又龍飛御天歌注 太祖大王常作木毬大如梨令人於五六十步外仰擲之以樸頭（木鏃箭也）射之輒中射毬之文始見於此然此又木毬非皮毬其嬗變（嬗與禪通賈誼服賦形氣轉續變化而嬗）之故不可得而詳矣嘗聞老禁旅工擊毬者常置木毬於槽隨丸撒豆以飼馬馬久與丸習乃出擲丸于野馬見丸而奔隨而擊之抑揚頓挫（杜甫進雕賦表臣之述作沈鬱頓挫）無不如意云其射毬之法中失其傳今皮毬及箭俱在軍器寺

武藝圖譜通志 卷之四 擊毬 四十九

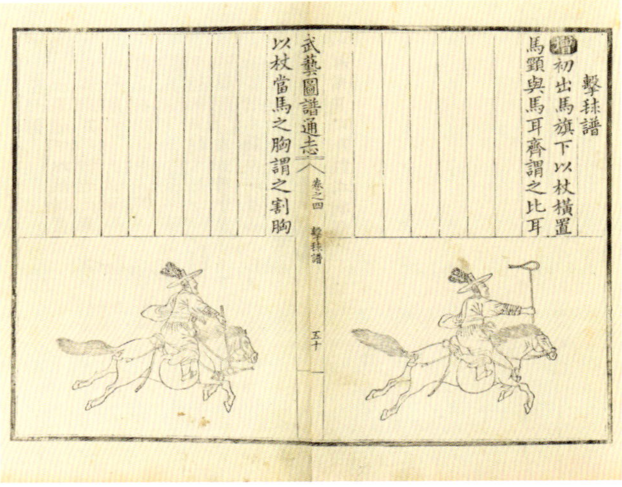
擊毬譜

譜 初出馬旗下以杖橫置馬頸與馬耳齊謂之比耳

以杖當馬之胸謂之割胸

武藝圖譜通志 卷之四 擊毬譜 五十

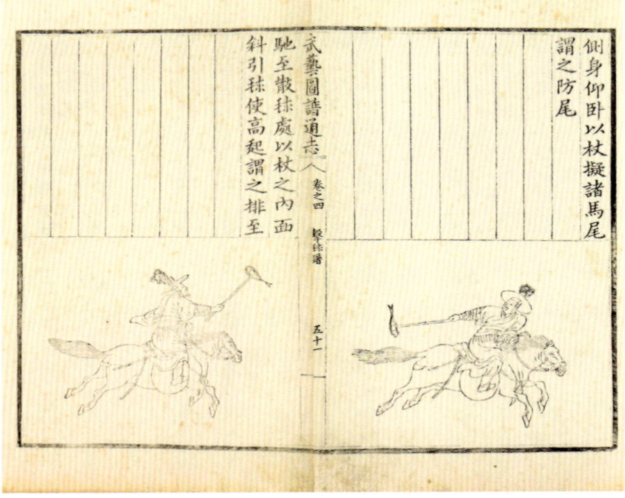
側身仰卧以杖擬諸馬尾謂之防尾

馳至散毬處以杖之內面斜引毬使高起謂之排至

武藝圖譜通志 卷之四 擊毬譜 五十一

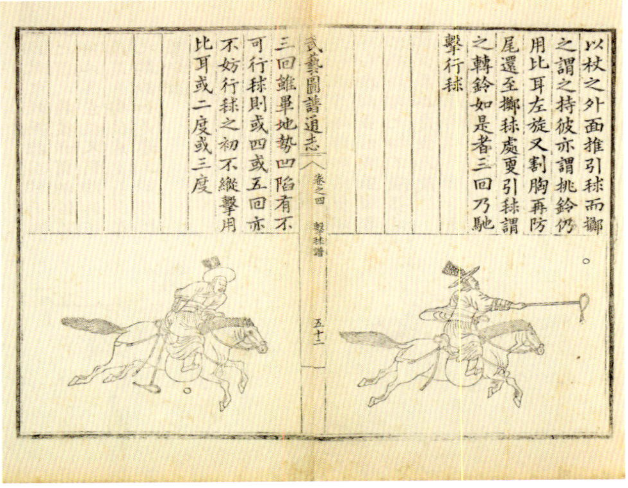
以杖之外面推引毬而擲之謂之持彼亦謂挑鈴仍用比耳左旋又割胸再防尾還至擲毬處更引毬謂之轉鈴如是者三回乃馳擊行毬

三回雖畢地勢凹陷有不可行毬則或四或五回亦不妨行毬之初不縱擊用比耳或二度或三度

武藝圖譜通志 卷之四 擊毬譜 五十二

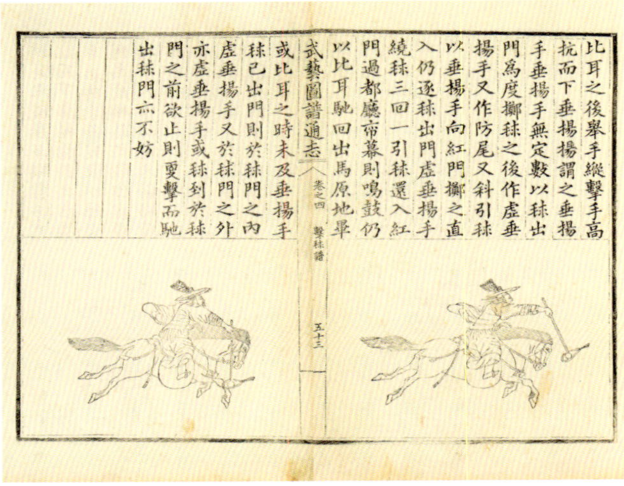
比耳之後舉手縱擊手高抗而下垂揚揚謂之垂揚手垂揚手無定數以毬出門爲度擲毬之後作虛垂揚手又作防尾又斜引毬以垂揚手向紅門擲之直入仍逐毬出門虛垂揚手繞毬三回一引毬還入紅門過都廳帟幕則鳴鼓仍以比耳馳回出馬原地畢

或比耳之時未及垂揚手毬已出門則於毬門之內虛垂揚手又於毬門之外亦虛垂揚手或毬到於毬門之前欲止則更擊而馳出毬門亦不妨

武藝圖譜通志 卷之四 擊毬譜 五十三

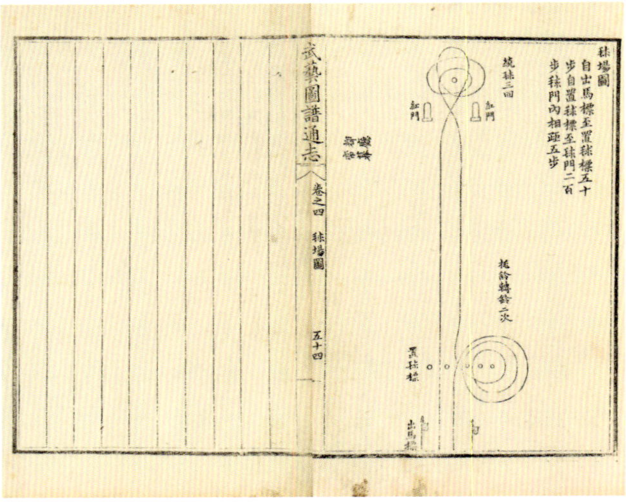

武藝圖譜通志 卷之四 毬場圖 五十四

·1795年
·韩国国家图书馆藏

结束语

中国古代马球滥觞于汉，辉煌于唐，赓续于宋辽金元，衰微于明清，同时传播至中国边疆少数民族及东亚地区。本书古代篇将马球文物按照这四个时期进行划分，以便在中国历史的坐标轴中厘清马球运动的前世今生，提炼并展示马球这一中华优秀传统体育项目的精神标识，更好地体现中国马球文物的历史价值、文化价值、审美价值、科技价值和时代价值。

作为中国古代最具代表性的运动项目之一，马球在中国历史上有着不可替代的作用。2008年北京奥运会期间，中国国家领导人向远道而来的国际奥委会主席雅克·罗格赠送了一幅《唐女马球图》刺绣作品。十年后，习近平主席访问阿根廷时，又将另一幅刺绣作品《唐女马球图》赠给毛里西奥·马克里总统。这充分说明了马球运动在中国人心中的地位——它是大唐盛世的象征之一。尽管马球也曾在岁月中沉寂数百年，但随着中华民族的再一次崛起，这项雄健而华丽的运动终将再次得到人们的喜爱。

在编写出版过程中，尽管我们研读了大量的中国古代马球史料、学术著作、研究论文及相关文章，也得到国内知名马球历史专家的指导，但本书展示的马球文物和马球事件仍可能存在不准确的地方。在博物馆、在民间可能还有不少未被发现的中国古代马球文物。随着科技的进步，未来一定会有更多的马球文物出土，会有更多的史料等待被发现。

希望本书能起到抛砖引玉的作用，对中国马球历史的研究有所助益，这也是我们的期盼！作为马球爱好者，我们编写此书的目的是展示中国古代和近现代马球历史，体现并演绎中国马球所具有的『激情、荣耀、勇敢、优雅、团队精神』等文化内涵，使中国马球为更多人所熟知。在本书出版付梓之际，我们编译的另一本《马球规则手册》已由江苏文艺出版社出版，这两本书代表着我们全家对中国当代马球事业的一份坚守、努力和期待！

相关名词中英文对照

（按正文中第一次出现顺序排列）

宾夕法尼亚大学　University of Pennsylvania

哥伦比亚大学　Columbia University

伦敦政治经济学院　The London School of Economics and Political Science

联合国妇女署　UN Women

维克森林大学　Wake Forest University

《激情与荣耀——一个世纪的阿根廷马球》　*Passion & Glory : A Century Of Argentine Polo*

宾夕法尼亚大学考古与人类学博物馆　Museum of Archaeology and Anthropology, University of Pennsylvania

宫内厅书陵部图书馆　Library of Imperial Household Agency

不列颠哥伦比亚大学图书馆　University of British Columbia Library

纳尔逊-艾金斯艺术博物馆　The Nelson-Atkins Museum of Art

大英博物馆　The British Museum

维多利亚和艾尔伯特博物馆　Victoria & Albert Museum

吉美国立亚洲艺术博物馆　National Museum of Asian Arts-Guimet

乔治·马洛里　George Mallory

波士顿美术馆　Museum of Fine Arts, Boston

诺顿艺术博物馆　Norton Museum of Art

底特律美术馆　Detroit Institute of Arts

克利夫兰艺术博物馆　Cleveland Museum of Art

圣地亚哥艺术博物馆　The San Diego Museum of Art

大英图书馆　The British Library

法国国家图书馆　National Library of France

弗利尔及赛克勒美术馆　Freer and Sackler Galleries

大都会艺术博物馆　The Metropolitan Museum of Art

狩野甚之丞　Kano Jinnojo

狩野探幽　Kano Tanyu

狩野古信　Kano Furunobu

韩国国家图书馆　National Library of Korea

雅克·罗格　Jacques Rogge

毛里西奥·马克里　Mauricio Macri

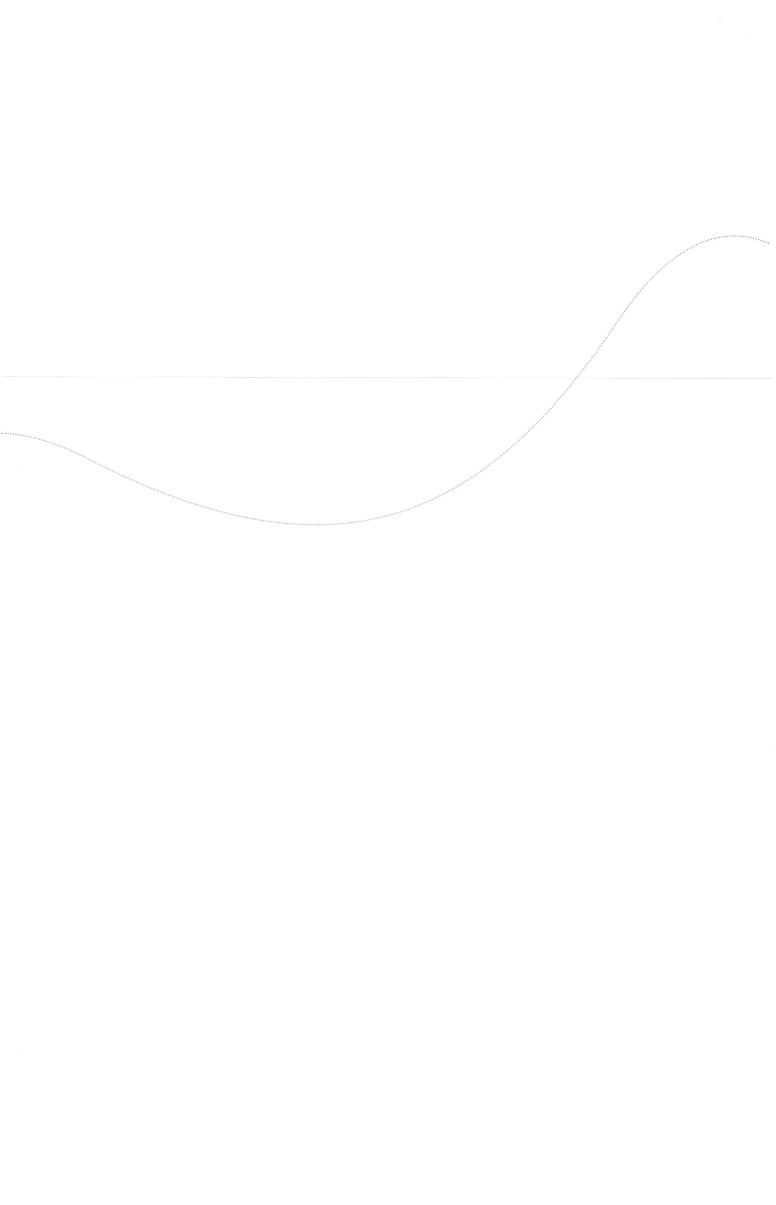

参考文献

古籍

1【唐】封演：《封氏闻见记》卷六《打球》，中华书局，1985年。
2【南朝梁】宗懔：《荆楚岁时记》，中华书局，1991年。
3【明】张居正：《帝鉴图说》，故宫出版社，2013年。
4【明】张居正：《帝鉴图说》，文物出版社，2019年。

著作

1（匈牙利）拉斯洛·孔著，颜绍泸译：《体育运动全史》，中国体育史学会，1985年。
2 刘秉果：《中国古代体育史话》，文物出版社，1987年。
3 国家体委体育文史工作委员会、中国马术协会：《中国马术运动史》，武汉出版社，1994年。
4 张鸿修：《中国唐墓壁画集》，岭南美术出版社，1995年。
5（印度）巴布尔，王治来译：《巴布尔回忆录》，商务印书馆，1997年。
6 山西省考古研究所：《平阳金墓砖雕》，山西人民出版社，1999年。
7（英）彼得·詹姆斯、尼克·索普著，颜可维译：《世界古代发明》，世界知识出版社，1999年。
8 International Olympic Committee: *5000 Years of Sport in China: Art and Tradition*, Olympic Museum Lausanne, 1999.
9 崔乐泉：《中国古代体育文物图录》，中华书局，2000年。
10 周天游：《章怀太子墓壁画》，文物出版社，2002年。
11 周天游：《新城、房陵、永泰公主墓壁画》，文物出版社，2002年。
12 李金梅：《中国马球史研究》，甘肃人民出版社，2002年。
13 陕西省考古研究所、富平县文物管理委员会：《唐节愍太子墓发掘报告》，科学出版社，2004年。
14 陕西省考古研究所：《唐李宪墓发掘报告》，科学出版社，2005年。
15 朱裕平：《中国三彩》，山东美术出版社，2005年。

16 降边嘉措、吴伟：《格萨尔王全传》，五洲传播出版社，2006年。

17 刘海文：《宣化下八里II区辽壁画墓考古发掘报告》，文物出版社，2008年。

18 李金梅、李重申：《丝绸之路体育图录》，甘肃教育出版社，2008年。

19 何林：《故宫藏镜》，紫禁城出版社，2008年。

20 Luisa Miguens: *Passion & Glory - A Century Of Argentine Polo*, Letemenda Casa Editon, 2008.

21 李重申、李金梅、夏阳：《中国马球史》，甘肃教育出版社，2009年。

22 王永平：《游戏、竞技与娱乐——中古社会生活透视》，中华书局，2010年。

23 黄聪：《中国古代北方民族体育史考》，人民出版社，2010年。

24 金开诚、张志：《别具一格的蹴鞠与马球》，吉林文史出版社，2011年。

25 喀什地区文化体育新闻出版局：《喀什非物质文化遗产代表性传承人》，新疆人民出版社，2012年。

26 吕建中、胡戟：《大唐西市博物馆藏墓志研究》，陕西师范大学出版社，2013年。

27 丁孟：《故宫经典——故宫铜镜图典》，故宫出版社，2014年。

28 《紫禁城》杂志编辑部：《神龙别种——中国马的美学传统》，故宫出版社，2014年。

29 王永平：《从『天下』到『世界』——汉唐时期的中国与世界》，中国社会科学出版社，2015年。

30 乔志霞：《中国古代体育》，中国商业出版社，2015年。

31 鄂尔多斯博物馆：《游戏竞技——历史上的北方少数民族体育》，内蒙古大学出版社，2015年。

32 杜文玉：《大明宫研究》，中国社会科学出版社，2015年。

33 霍宏伟、史家珍主编，冈村秀典监译，田中一辉、马渕一辉译：《洛阳铜镜》，科学出版社（东京），2016年。

34 陈康、段小强：《体育考古学导论》，中国社会科学出版社，2016年。

35 洛阳市文物考古研究院编，吴业恒、史家珍主编：《唐王雄诞夫人魏氏墓》，中州古籍出版社，2016年。

36 孙麒麟、毛丽娟、李重申：《从长安到雅典——丝绸之路古代体育文化》，甘肃教育出版社，2017年。

37 李小唐、林春、李重申：《丝绸之路岁时节日民俗体育图录》，甘肃教育出版社，2017年。

38 震旦文教基金会编辑委员会主编：《汉唐陶俑》，2017年。

39 吐鲁番市文物局等：《新疆洋海墓地》，文物出版社，2019年。

论文

1 唐豪：《试考我国隋唐以前的马球》，中华人民共和国体育运动委员会运动技术委员会《中国体育史参考资料》第二辑，人民体育出版社，1957年。

2 施萍婷：《本所藏〈酒帐〉研究》，《敦煌研究》创刊号（总第3期），1983年。

3 庞复庭：《旧中国马球史料初探》，中国体育科学学会体育科学理论学会、内蒙古体育文史工作领导小组编印《一九八四年体育史论文报告会论文集——内蒙古体育史料专辑》，1984年。

4 李连友：《朝鲜古代击球运动初探》，《哈尔滨体育学院学报》1985年第3期。

5 李国华：《〈温汤御球赋〉试译》，《体育文史》1985年第6期。

6 帅培业：《中国古代马毬规则综述》，成都体育学院1985年硕士学位论文。

7 刘秉果：《唐代徐州的马球场》，《徐州体育文史》1986年第2期。

8 亚森哈斯木：《维吾尔马球史探源》，《体育文史》1989年第1期。

9 吴礽骧、李永良：《敦煌马圈湾汉代烽燧遗址发掘报告》，《敦煌汉简释文》，甘肃人民出版社，1991年。

10 陈叔侗：《福州中唐文献孑遗——〈元和八年球场山亭记〉残碑考辨》，郑培升《福建历史文化与博物馆学研究》，福建教育出版社，1993年。

11 张新清：《唐代的马球场》，《文史知识》1994年第8期。

12 梁淑琴：《略论唐代皇家马球场——从〈明皇击球图〉谈起》，《辽海文物学刊》1995年第1期。

13 辽宁省文物考古研究所、朝阳县文物管理所：《辽宁朝阳木头城子辽代壁画墓》，《北方文物》1995年第2期。

14 董新林：《中国古代马球运动史述论考》，上海博物馆《周秦汉唐文明研究论集》，上海古籍出版社，2008年。

15 五钧钧：《隔门摧进打球名——唐代的打马球诗》，《古典文学知识》2009年第2期。

16 黄水云：《唐代诗赋中之球戏书写》，《东华人文学报》2011年第1期。

17 唱婉、陈楠：《新见东汉打马球画像砖分析》，《社会科学战线》2012年第11期。

18 王增明、李颖：《马球运动——失落的盛唐遗风》，《东方收藏》2012年第7期。

19 朱笛：《展障玉鸦叉——唐墓壁画中丁字仗用途初探》，《中国国家博物馆馆刊》2012年第11期。
20 郭红霞：《新疆塔吉克族马球研究》，新疆师范大学2013年硕士学位论文。
21 安尼瓦尔·哈斯木：《古代新疆的打马球运动》，《新疆地方志》2014年第1期。
22 李金梅、郑志刚：《中国古代马球源流新考》，《敦煌学辑刊》2014年第1期。
23 高原：《〈捉季布传文〉与汉代击鞠——兼论中国古代马球的起源》，《敦煌学辑刊》2014年第2期。
24 郭红卫：《国外马球文物图录稿》（未刊稿），郑州大学体育学院，2016年。
25 陈新勇：《吐鲁番鄯善洋海墓地出土马球考》，吐鲁番学研究院、吐鲁番博物馆《吐鲁番学研究——吐鲁番与丝绸之路经济带高峰论坛暨第五届吐鲁番学国际学术研讨会论文集》，上海古籍出版社，2016年。
26 赵迎山、臧留鸿：《马球起源考辨》，《体育文化导刊》2017年第7期。
27 张维慎：《论唐墓壁画中侍女所持『丁』字形杖的用途》，《文博》2017年第2期。
28 西安市文物保护考古研究院：《西安曲江唐博陵郡夫人崔氏墓发掘简报》，《文物》2018年第8期。
29 葛承雍：《『化画入石』——新见唐人墓志上的线刻画》，《美术研究》2019年第4期。
30 王永平：《马毬运动传播的全球史》，史学理论与中外史学史前言论坛会议论文，2020年。
31 穆宏燕：《波斯古代的书籍制作与图书馆》，《读书》2021年第4期。

公元前770年
春秋至南北朝时期
公元581年
公元589年
隋唐五代时期
公元907年
公元960年
宋辽金元时期
公元1368年
明清时期
公元1859年
公元1911年
公元1932年
公元1945年
公元1949年
公元1978年
公元2005年
现代马球传入中国
中国人的马球队
中国现代马球的兴盛
中国现代马球进入新时代

『荣耀与激情』代表着中国古代马球以及近现代马球生生不息的精神，
诠释着马球作为『王者运动』的文化内涵，
展现着马球的辉煌历史和光荣梦想。
『马球之家』代表着我们全家对马球运动和马球文化的挚爱。
『中国马球』是本书的书名。

我们有幸请到几位文化大师和书法篆刻家，
包括冯骥才、苏士澍、陈丹青、曾翔、邵岩、王建安和赵宏等，
为本书题词及篆刻『荣耀与激情』『马球之家』和『中国马球』；
邀请画家华绍栋和庞啸晨为本书创作水彩画《打马球》和国画《宋人马球图》。
感谢他们给予我们全家的厚爱和提携！
他们的关心与助力为本书添色生辉！

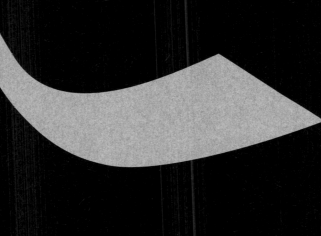

荣耀与激情

冯骥才

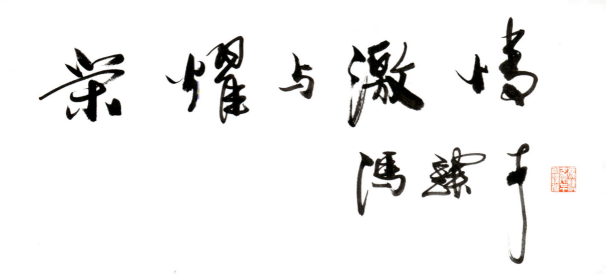

馬球之家
壬寅之春
蘇士澍書

中國馬球
丹青

马球之家

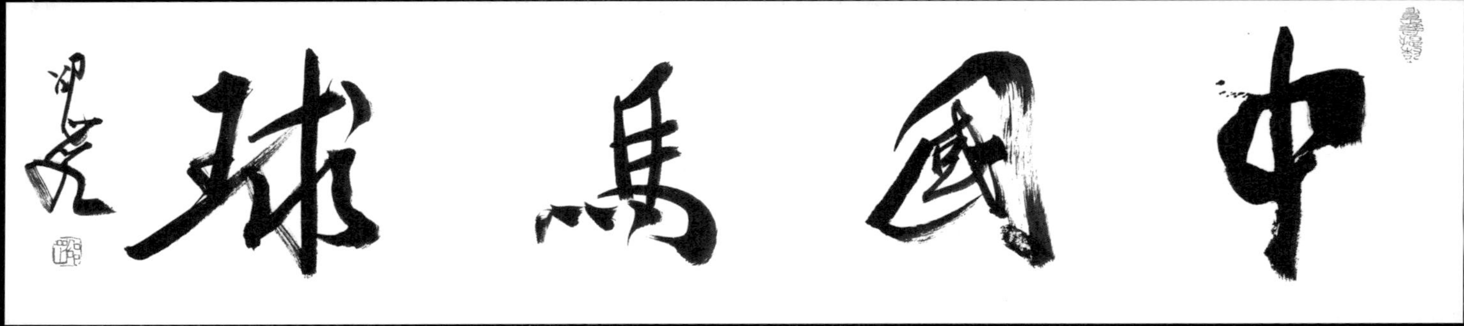
中國馬球

榮耀與激情
辛丑

·青年画家庞啸晨为本书创作国画《宋人马球图

·纵115、横 200厘米

·天津画院著名画家华绍栋为王婧婵创作水彩画

·纵56、横56厘米

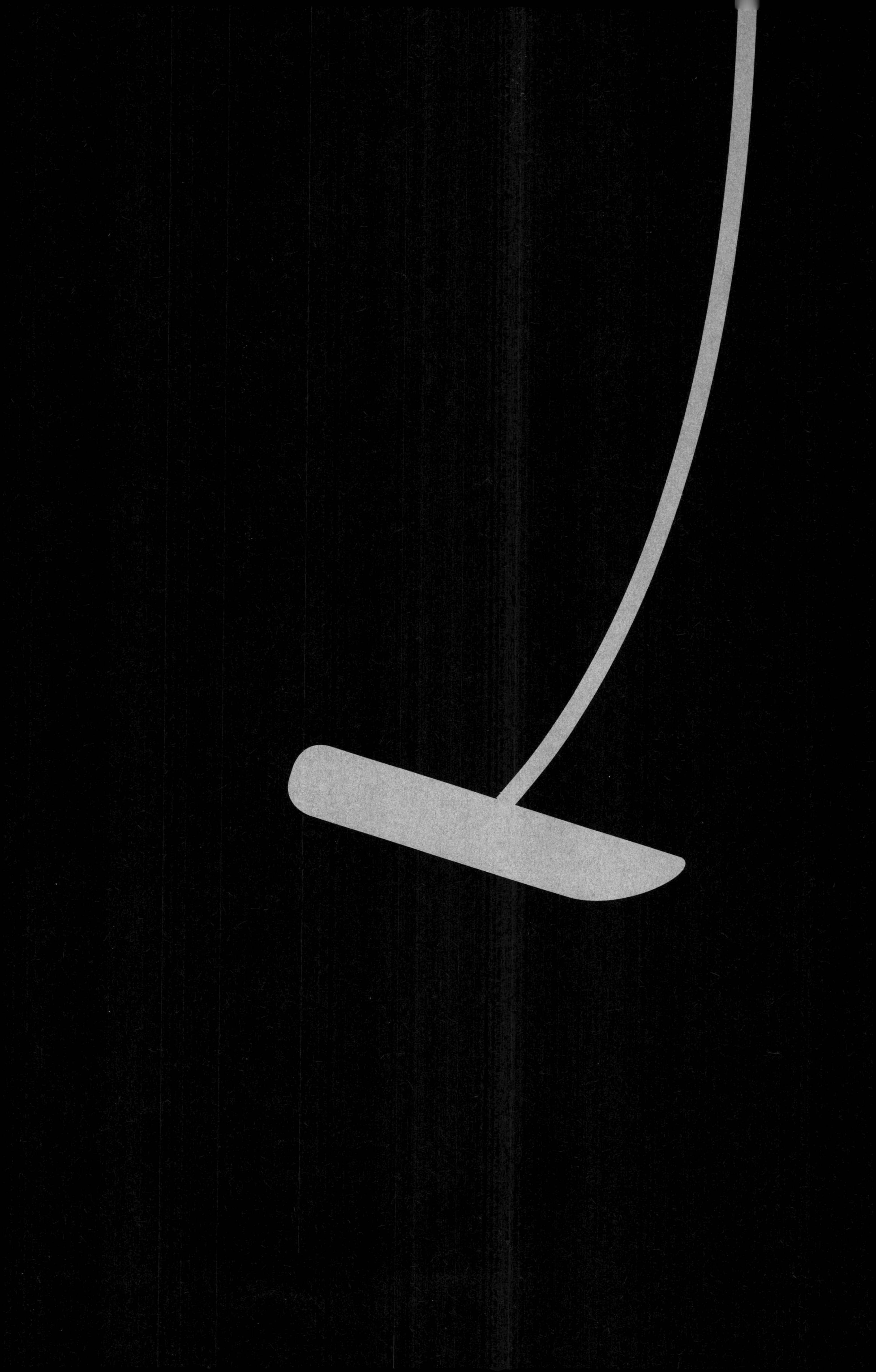